AF824412

Die Reichsversicherungsordnung

Handausgabe

mit

gemeinverständlichen Erläuterungen

von

Dr. Manes
Professor
Dozent der
Handelshochschule Berlin

Dr. Mentzel
Regierungs-Rat
Mitglied des
Reichsversicherungsamts

Dr. Schulz
Regierungs-Rat
Mitglied des
Reichsversicherungsamts

Zweiter Band

Die Krankenversicherung

Leipzig
G. J. Göschen'sche Verlagshandlung
1912

Die Krankenversicherung

Erläutert
von

Professor Dr. Manes
Dozent der Handelshochschule Berlin

Leipzig
G. J. Göschen'sche Verlagshandlung
1912

Inhalt

Krankenversicherung.

Abkürzungen:

a. a. O.	= am angeführten Ort.
Abs.	= Absatz.
a. E.	= am Ende.
A. N.	= Amtliche Nachrichten des Reichsversicherungsamts.
Anl.	= Anleitung des RVA. betreffend den Kreis der versicherten Personen.
Anm.	= Anmerkung.
Art.	= Artikel.
AV.	= Altersversicherung.
Ausf.-Ge.	= Ausführungsgesetz.
Bd.	= Band.
Begr.	= Begründung des Entwurfs der Reichsversicherungsordnung.
Bek.	= Bekanntmachung.
Besch.	= Bescheid oder Beschluß (in A. N.).
BRB.	= Bundesratsbeschluß.
betr.	= betreffend.
BG. (n)	= Berufsgenossenschaft (en).
BGB.	= Bürgerliches Gesetzbuch.
BUVG.	= Bau-Unfallversicherungsgesetz v. 30. 6. 1900.
Einf.-Ge.	= Einführungsgesetz zur Reichsversicherungsordnung.
Entsch.	= Entscheidung.
forstw.	= forstwirtschaftlich.
G. oder Ges.	= Gesetz.
Gen.	= Genossenschaft
Gew. O.	= Gewerbe-Ordnung.
GVG.	= Gerichtsverfassungsgesetz.
GUVG.	= Gewerbeunfallversicherungsgesetz v. . . .
HG.	= Hauptgesetz, d. i. Gesetz betr. die Abänderung der Unfallversicherungsgesetze v. 30. 6. 1900.
HGB.	= Handelsgesetzbuch.
Handbuch	= Handbuch der Unfallversicherung. III. Aufl.
HKG.	= Hilfskassengesetz.
HV.	= Hinterbliebenenversicherung.
I. u. AV.	= Invaliden- und Altersversicherung.
I. u. HV.	= Invaliden- u. Hinterbliebenenversicherung.
KK.	= Krankenkasse.
IV.	= Invalidenversicherung.
IVG.	= Invalidenversicherungsgesetz.

Abkürzungen.

Kom. Ber.	= Bericht der 16. Kommision über den Entwurf einer Reichsversicherungsordnung.
KVG.	= Krankenversicherungsgesetz v. 15. 6. 1883, 10. 4. 1892, 30. 6. 1900, 25. 5. 1903.
KV.	= Krankenversicherung.
landw.	= landwirtschaftlich.
LUVG.	= landwirtschaftliches Unfallversicherungsgesetz v. 30. 6. 1900.
LV. Amt (er)	= Landesversicherungsamt (-ämter).
LV. Anst.	= Landesversicherungsanstalt.
Nr.	= Nummer.
OVA.	= Oberversicherungsamt.
R. Anz.	= Reichsanzeiger.
Rek. Entsch.	= Rekursentscheidung.
Rev. Entsch.	= Revisionsentscheidung.
RG.	= Reichsgericht.
RGBl.	= Reichsgesetzblatt.
RVA.	= Reichsversicherungsamt.
RVO.	= Reichsversicherungsordnung.
S.	= Seite.
Sch. V.	= Verordnung betr. Verfahren vor d. Schiedsgerichten für Arbeiterversicherung vom 22. 11. 1900.
SUVG.	= See-Unfallversicherungsgesetz v. 30. 6. 1900.
Sten. Ber.	= Stenographischer Bericht über die Verhandlungen des Reichstags 12. Legislatur-Periode II. Session 1909/1911.
StGB.	= Strafgesetzbuch.
u.	= und.
usw.	= und so weiter.
UVBeh.	= Untere Verwaltungs-Behörde.
U. Verh.	= Unfallverhütung.
U. V.	= Unfallversicherung.
UVG.	= Unfallversicherungsgesetz vom 6. 7. 1884.
v.	= vom.
V. v. 19. 10. 00.	= Verordnung betr. den Geschäftsgang und das Verfahren des RVA. v. 19. 10. 1900.
V. Amt	= Versicherungsamt.
V. Anst.	= Versicherungsanstalt.
vgl.	= vergleiche.
Z.	= Ziffer.
z. B.	= Zum Beispiel.
Z. B.	= Zentralblatt ür das Deutsche Reich.
ZPO.	= Zivilprozeßordnung.

Die Anordnung dieser Ausgabe, deren Bände I bis IV vorliegen und einzeln käuflich sind, ist folgende:

Band I: Die für alle Versicherungszweige geltenden Vorschriften der Reichsversicherungsordnung (1., 5. und 6. Buch) nebst Einleitung und Einführungsgesetz.

Band II: Die Krankenversicherung.

Band III: Die Unfallversicherung.

Band IV: Die Invaliden- und Hinterbliebenenversicherung.

Ergänzungsband: Die zur Reichsversicherungsordnung ergangenen Gesetze, Verordnungen und sonstigen offiziellen Bekanntmachungen (erscheint Mitte 1912).

Vorwort.

Diese Ausgabe der Reichsversicherungsordnung (RVO.) einschließlich ihres Einführungsgesetzes (Einf.-Ges.) und aller zu ihr ergehenden Gesetze, Verordnungen und sonstigen offiziellen Bekanntmachungen, will in bequemer und praktischer Form eine für das Studium und die Handhabung der neuen Kodifikation geeignete Grundlage bieten. Sie möchte zwischen Textausgabe und Kommentar eine Mittelstellung einnehmen: dem Juristen will sie das wichtigste der Gesetzesmaterialien und der bisher ergangenen aber auch noch künftig geltenden Rechtsprechung bieten, dem Nichtjuristen durch gemeinverständliche Erläuterungen die Tragweite und den Zusammenhang der gesetzlichen Bestimmungen klarmachen, beide aber auch auf die wirtschaftliche Bedeutung der Reichsversicherungsgesetzgebung hinweisen.

In die Bearbeitung des ganzen Stoffes haben sich die Verfasser in folgender Weise geteilt:

1. Buch	Manes
2. Buch	Manes
3. Buch	Schulz
4. Buch	Mentzel
5. Buch	Mentzel
6. Buch	Schulz

Jeder Verfasser hat auch die einschlägigen Teile des Einführungsgesetzes erläutert. Bei Bearbeitung des 1. und 2. Buches hat sich Herr Regierungsassessor Dr. Sitzler umfassend beteiligt.

Der Wunsch der Verfasser ist es, daß diese Ausgabe sich insbesondere brauchbar erweisen möge einerseits für den Studenten der Universitäten wie der Handelshochschulen, andrerseits für den Industriellen und den Kaufmann.

Berlin, im September 1911.

Die Verfasser.

Zweites Buch.

Krankenversicherung.

Einleitung.

Die soziale Krankenversicherung, welche durch das Gesetz vom 15. Juni 1883 zur Einführung gelangte, konnte an eine ganze Reihe geeigneter, schon vorhandener Einrichtungen anknüpfen. Für das erkrankte Gesinde war in einzelnen deutschen Staaten durch die Gesindeordnungen gesorgt worden; es bestand weiter u. a. nach dem preußischen allgemeinen Landrecht eine gewisse Fürsorge für die Schiffsmannschaft. Das allgemeine deutsche HGB. und in Anlehnung an dieses das zurzeit geltende HGB. hat eine Fürsorge für erkrankte Handlungsgehilfen geschaffen. Weniger kommt hier in Betracht das RG. über die Haftpflicht. Auf der anderen Seite bestand schon früher eine genossenschaftliche Fürsorge in Handwerk und Gewerbe.

Auch der Bergbau wies von alters her Verordnungen auf, welche „Arztgelder" für erkrankte Bergleute erwähnen und Knappschaftskassen mit Zwangsmitgliedschaft kennen, zu welchen die Bergwerksbesitzer meist Zuschüsse zu leisten haben.

Neben dieser Entwickelung von Zwangskassen und Kassenzwang, wie sie sich aus Einrichtungen einer früheren Wirtschaftsepoche ergeben haben, läuft eine Entwickelung modernen Assoziationsgeistes, wie sie naturgemäß zuerst in England aufkam und dann von hier sich auf den Kontinent fortpflanzte, nämlich die Einrichtung der freien Hilfskassen, in denen sich Arbeiter zu gegenseitiger Hilfe namentlich bei Krankheit vereinen.

Der deutsche Gesetzgeber fand, als er an die Ausarbeitung der Arbeiterversicherungsgesetze ging, mithin eine große Mannigfaltigkeit von Krankenfürsorge-Organisationen vor, welche ebenso verschieden waren in bezug auf ihren örtlichen Geltungsbereich wie auf den Personenkreis ihrer Mitglieder, ihre finanzielle Leistungsfähigkeit u. dgl. m. Das historisch Gewordene wollte und konnte man nicht unberücksichtigt lassen, und so erklärt sich die heutige etwas verwickelte Organisation der deutschen sozialen KV. aus den geschilderten historischen Zuständen.

Die Entwickelung der deutschen sozialen KV.-Gesetzgebung ist in der Weise verlaufen, daß Verbesserungen, Vereinfachungen, vor allen Dingen aber Ausdehnungen in bezug auf den versicherten Personenkreis wie auf die den Versicherten zugute kommenden Leistungen vorgenommen worden sind. Durch das Ausdehnungsgesetz vom 28. Mai 1885 wurde die KV. u. a. auf das Transportgewerbe erstreckt. Das G. v. 5. Mai 1886 bezieht sich auf die KV. der in land- und forstwirtschaftlichen Betrieben beschäftigten Personen. Das G. v. 10. April 1892 bewirkte eine Umgestaltung und Erweiterung in verschiedenen Richtungen. Das G. v. 26. Juli 1897, eine Novelle zur Gewerbeordnung, ergänzte die Vorschrift über die Innungskrankenkassen. Das G. v. 30. Juni 1900 bestimmte u. a., daß die Versicherungspflicht nicht nur, wie bisher, durch statutarische Bestimmung der Gemeinde oder Kommunalverbände, sondern auch durch Beschluß des Bundesrats auf die Hausindustrie erstreckt werden kann. Am bedeutungsvollsten ist aber das G. v. 25. Mai 1903. Hier wurde die frühere Höchstdauer der Krankenunterstützung von 13 auf 26 Wochen ausgedehnt. Es wurde so erreicht, daß die Leistungen der Invalidenversicherung (s. dort) sich unmittelbar anschließen an die der KV. Weiterhin wurden die Leistungen ausgedehnt u. a. auf Geschlechtskrankheiten. Die Grundsätze der Unübertragbarkeit, Unverpfändbarkeit und Unpfändbarkeit der

Unterstützungsansprüche, wie sie schon für die Unfall- und Invalidenversicherung früher gegolten hatten, wurden auch auf die K. angewandt. Eine Erweiterung des Kreises der versicherten Personen trat durch Einbeziehung der Handlungsgehilfen und Lehrlinge ein u. dgl. m.

Das **Bedürfnis nach einer Reform** hat sich bei der KV. mit besonderem Nachdruck geltend gemacht, da dieser Versicherungszweig seine ursprüngliche Form trotz der Novellengesetzgebung am meisten bewahrt hat. Bei der Reform der KV., wie sie durch die RVO. nun durchgeführt ist, handelte es sich namentlich um folgende Punkte:

1. Erweiterung des Kreises der versicherten Personen.
2. Anbahnung einer Beseitigung der übermäßigen Zersplitterung des Kassenwesens.
3. Regulierung des Verhältnisses der Kassen zu ihren Angestellten.
4. Bessere Einordnung der als Ersatzkassen zugelassenen Hilfskassen.
5. Vereinfachung des Instanzenzugs bei Streitfällen.
6. Abänderung nichtbewährter Einzelvorschriften.
7. Übersichtlichere und zweckmäßigere Redaktion des Gesetzes.

Dieses Reformprogramm ist jedoch keineswegs sehr scharf durchgeführt, insbesondere ist es nicht gelungen, eine Verringerung der Zahl der Krankenkassen, etwa unter Beseitigung der Zwergkassen, in wirklich großem Maßstabe herbeizuführen, auch kann die von der RVO. vorgenommene Regelung des Verhältnisses zwischen Kassen und Ärzten keineswegs als eine Lösung dieses schwierigen Problems bezeichnet werden.

Darüber, ob die als eine Zurückdrängung der Hilfskassen aufzufassende „bessere Einordnung“ dieser in das System der Krankenversicherung als eine wertvolle Reform anzusehen ist, wird man sehr geteilter Meinung sein. Nicht möglich ist es gewesen, die vom Gesetzgeber ebenfalls beabsichtigte „Abstellung der Mängel der inneren Kassenverwaltung, namentlich soweit sie auf den gegenwärtigen Unterschied im Anteil der Arbeitgeber und den Versicherten an den Angelegenheiten der Kassen beruhen“ vorzunehmen; die Halbierung der Beitragsleistung und der Stimmenzahl in der Kassenverwaltung anstelle der Drittelung (zwei Drittel Kosten und Stimmen für die Arbeiter, ein Drittel für die Unternehmer) konnte nicht durchgeführt werden.

Als außerordentlich großer Fortschritt sind dagegen die oben unter Ziffer 1, 3, 5, 6 und 7 bezeichneten Reformmaßregeln anzusehen.

Nach den Vorschriften über die KV. sind gewisse Personen versicherungspflichtig. (§ 165 bis 167), andere versicherungsberechtigt (§ 176 bis 178). Von der Versicherungspflicht gibt es eine Anzahl Ausnahmen (§ 168 bis 175). Träger der KV.sind die verschiedenen Arten von Krankenkassen (§ 225 bis 257), welche in der Regel für kleinere Bezirke errichtet sind. Jeder Versicherungspflichtige muß einer Kasse angehören (sogenannter Kassenzwang). Die Leistungen der Versicherungsträger (freie ärztliche Behandlung, Arznei usw., Krankengeld, Sterbegeld, Wöchnerinnenfürsorge usw.) sind genau vorgeschrieben (§ 179 bis § 224). Ebenso enthält das Gesetz u. a. Vorschriften über die Aufbringung der Mittel (§ 380 bis § 405) und die von Arbeitern und Unternehmern gemeinsam unter staatlicher Aufsicht erfolgende Kassenverwaltung (§ 306 bis § 376). Das Verfahren wird für die KV. wie für die übrigen Zweige im Sechsten Buche geregelt, das Verhältnis der Versicherungsträger zueinander im Fünften Buch.

Nach der letzten offiziellen Statistik, welche das Jahr 1909 umfaßt, sind von der deutschen Gesamtbevölkerung, welche rund 64 Millionen beträgt, 13½ Millionen in der KV., das sind 210 auf 1000 der Gesamtbevölkerung oder 824 auf 1000 der erwerbstätigen Arbeiterbevölkerung. Über die Leistungen der KV. in ihrer bisherigen Gestalt geben folgende Ziffern ein Bild. Seit ihrem Bestehen (1885) hat die Krankenversicherung den versicherten Arbeitern (1909 9 946 585 Männer, 3 457 713 Frauen) zugewendet für:

Arzt usw.	845,1	Millionen Mark
Arznei usw.	615,9	„ „
Krankengeld an Mitglieder .	1 736,2	„ „
Krankengeld an Angehörige .	39,5	„ „
Wöchnerinnen	63,7	„ „
Krankenhaus	510,6	„ „
Sterbegeld	122,0	„ „
Sonstige Leistungen . . .	61,4	„ „
Insgesamt:	3 994,4	Millionen Mark

Die Zuwendungen im Jahre 1909 betrugen insgesamt . . . . 342 200 000 Mark

Das Gesamtvermögen betrug Ende des Jahres 1909 . . . 286 525 100 Mark

---

Erster Abschnitt.

Umfang der Versicherung.

I. Versicherungspflicht.

Versicherungspflichtige Personen.

§ 165. Für den Fall der Krankheit werden versichert

1. Arbeiter, Gehilfen, Gesellen, Lehrlinge, Dienstboten,
2. Betriebsbeamte, Werkmeister und andere Angestellte in ähnlich gehobener Stellung, sämtlich, wenn diese Beschäftigung ihren Hauptberuf bildet,
3. Handlungsgehilfen und -lehrlinge, Gehilfen und Lehrlinge in Apotheken,
4. Bühnen- und Orchestermitglieder ohne Rücksicht auf den Kunstwert der Leistungen,

5. Lehrer und Erzieher,
6. Hausgewerbtreibende,
7. die Schiffsbesatzung deutscher Seefahrzeuge, soweit sie weder unter die §§ 59 bis 62 der Seemannsordnung (Reichs-Gesetzbl. 1902 S. 175 und 1904 S. 167), noch unter die §§ 553 bis 553b des Handelsgesetzbuchs fällt, sowie die Besatzung von Fahrzeugen der Binnenschiffahrt.

Voraussetzung der Versicherung ist für die im Abs. 1 unter Nr. 1 bis 5 und Nr. 7 Bezeichneten mit Ausnahme der Lehrlinge aller Art, daß sie gegen Entgelt (§ 160) beschäftigt werden, für die unter Nr. 2 bis 5 Bezeichneten sowie für Schiffer außerdem, daß nicht ihr regelmäßiger Jahresarbeitsverdienst zweitausendfünfhundert Mark an Entgelt übersteigt.

Vgl. § 1 Abs. 1 bis 3, § 2 Abs. 1, Nr. 1, 2, 4, 6, §§ 2a, 2b § 4 Abs. 2 KVG.

Der Gesetzgeber hat den Kreis der Versicherungspflichtigen auf den Gebieten der KV. und der IV. möglichst gleichmäßig gestalten wollen. Er hat dabei die bisherige Regelung der IV. zu Grunde gelegt. Demnach deckt sich der Kreis der nach § 165 Versicherungspflichtigen fast genau mit dem Kreis der nach § 1226 Zwangsversicherten. Auch die in den §§ 168, 169 und 172 Nr. 1 bis 3 aufgestellten Ausnahmen von der Versicherungspflicht entsprechen der Regelung in den §§ 1232, 1234 und 1235.

Allerdings ließ sich keine völlige Gleichheit auf beiden Rechtsgebieten erzielen. Zunächst wird daran festgehalten, daß das Lebensalter ohne Einfluß auf die Versicherung gegen Krankheit ist. Demgemäß tritt, wie schon seither, diese Versicherung auch für Personen ein, die das sechzehnte Lebensjahr noch nicht vollendet haben. Jedoch wird die Beschäftigung jugendlicher Personen, namentlich von noch schulpflichtigen Kindern in der Landwirtschaft häufig unter § 168 fallen.

Lehrlinge unterliegen nach § 165 Abs. 2 der Kranken-Versicherung ganz unbeschränkt, während sie nach § 1226 Abs. 2 nur dann versicherungspflichtig sind, wenn sie gegen Entgelt beschäftigt werden.

Bei den Hausgewerbetreibenden ist hier der Kreis der Versicherten größer als in der IV. Nr. 6. Der § 165 zieht die Hausgewerbetreibenden allgemein in die Versicherung ein, während ihre Versicherung gegen Invalidität nur auf Grund eines Beschlusses des Bundesrats eintreten wird (1229).

Die Zahl der nach Nr. 7 des § 177 Versicherten ist sehr wesentlich beschränkt gegenüber der Nr. 6 der § 1226, in dem alle diejenigen zur Schiffsbesatzung deutscher Seefahrzeuge gehörenden Personen auszunehmen waren, für welche im Erkrankungsfall durch die Vorschriften entweder der Seemannsordnung oder des Handelsgesetzbuches bereits anderweit gesorgt ist.

Für die Krankenversicherung ist nicht übernommen worden die Ausnahme von der Versicherung, die § 1227 für Beschäftigungsverhältnisse vorsieht, die nur durch Gewährung freien Unterhalts entlohnt werden. Der Schutz, den diese Ausnahme den Trägern der IV. gegen Ausbeutung durch vorgeschützte Arbeitsverhältnisse gewährt, ist für die KV. nicht in gleichem Maße nötig, da Lieferung und Gegenleistung sich hier zeitlich näher stehen und ein auffälliges Mißverhältnis zwischen beiden deshalb leichter zu vermeiden ist (Begr.).

Auch bezüglich der Befreiung von der Versicherungspflicht bestehen in beiden Versicherungszweigen erhebliche Unterschiede.

Der Kreis der gegen Krankheit versicherten Personen hat sich gegenüber dem KVG. sehr erheblich geändert. Die Versicherungspflicht hängt nicht mehr wie bisher von der Beschäftigung in bestimmten Arten von Betrieben ab, sondern umfaßt die in untergeordneter abhängiger Stellung beschäftigten Personen in allen Berufszweigen. Neu der Versicherungspflicht unterworfen sind insbesondere die land- und forstwirtschaftlichen Arbeiter, die Dienstboten, die unständigen Arbeiter, die im Wandergewerbe beschäftigten Personen und die in nicht gewerbsmäßig sich vollziehenden Betrieben Beschäftigten.

Soweit sich die Bestimmungen der KV. und der IV. hinsichtlich der Versicherungspflicht decken, sind für die Auslegung auch der Vorschriften über die KV. die Grundsätze von Bedeutung, welche das RVA. in seiner bisherigen Rechtsprechung zu dem durch die RVO. nicht erheblich geänderten IVG. ausgebildet hat. (Vgl. hierüber die Anleitung des RVA.s, betr. den Kreis der nach dem IVG. versicherten Personen vom 6. Dezember 1905 — A. N. 1905, S. 612 flg., welche im Folgenden benutzt worden ist.)

Lebensalter und Geschlecht ist ohne Einfluß auf die Versicherung. Auch der Familienstand ist grundsätzlich ohne Bedeutung. Jedoch begründet die Beschäftigung eines Ehegatten durch den andern kraft der ausdrücklichen — der bisherigen Praxis des RVA.s entsprechenden — Vorschrift des § 159 keine Versicherungspflicht. Zwischen Verwandten ist dagegen ein die Versicherungspflicht oder die Versicherungsberechtigung begründendes Arbeitsverhältnis möglich. Unter nahen Verwandten bedarf es aber stets einer genauen Prüfung, ob ein wirkliches

Arbeitsverhältnis und nicht nur ein familienhaftes Gemeinschaftsleben mit beiderseitiger unverbindlicher Hilfeleistung vorliegt. So ist ein Arbeitsverhältnis der Tochter zum Vater angenommen in der Rev. Entsch. 1512 (A. N. 1910, S. 647) und in dem Beschl. 1489 (A. N. 1910, S. 532); in ersterem Falle begründete es die Versicherungspflicht, in letzterem das Recht zu Selbstversicherung. Dagegen ist in dem Beschl. 1505 (A. N. 1910, S. 582) zwischen Adoptivvater und Adoptivsohn und im Beschl. 1529 (A. N. 1910, S. 659) zwischen Schwester und Bruder ein Arbeitsverhältnis verneint worden.

Die Versicherungspflicht ist von der Staatsangehörigkeit unabhängig. Sie erstreckt sich daher auch auf die im Inlande beschäftigten Ausländer.

In räumlicher Beziehung endigt der Versicherungszwang an den Grenzen der inländischen Staatsgewalt. Arbeiter, die im Auslande wohnen, aber im Inlande beschäftigt sind, unterliegen daher der Versicherungspflicht. Ebenso die im Inlande tätigen Arbeiter eines ausländischen Betriebs. Fremde Kriegsschiffe und unter der Flagge ihres Staatsoberhauptes fahrende fremde Seeschiffe gelten allerdings auch beim Aufenthalt in deutschen Häfen nach völkerrechtlichen Grundsätzen nicht als Inland (Rev. Entsch. 587, A. N. 1897, S. 380). Auf andere fremde Seeschiffe in deutschen Häfen und Gewässern erstreckt sich die Versicherung wenigstens insoweit, als es sich um nicht zur Schiffsbesatzung gehörende Personen handelt. Deutsche Seefahrzeuge dagegen werden nach § 165 Abs. 1, Nr. 7 auch beim Aufenthalt im Auslande als zum Inlande gehörig anzusehen sein. Die deutschen Schutzgebiete gelten im allgemeinen als Ausland. Die außerhalb der Grenzen der inländischen Staatsgewalt beschäftigten Personen unterliegen grundsätzlich nicht der Versicherungspflicht, gleichgültig, ob sie Inländer oder Ausländer sind, und ob sie bei Inländern oder Ausländern beschäftigt werden. Dabei kann freilich eine Tätigkeit im Auslande sich als Teil, Zubehör oder unselbständige Ausstrahlung eines inländischen Betriebs darstellen und insofern einer Beschäftigung im Inlande gleichzuachten sein.

In zeitlicher Beziehung ist zu bemerken, daß die Vorschriften über Versicherungspflicht wie auch die übrigen Vorschriften der RVO. über Krankenversicherung, soweit es sich nicht um Maßnahmen zur Durchführung des neuen Rechtes handelt (Art. 1 des Einf.-Ges.), erst an einem vom Kaiser mit Zustimmung des Bundesrates noch festzusetzenden Tage in Kraft treten (Art. 4 des Einf.-Ges.). Soweit sich der Umfang der Versicherungspflicht gegenüber dem bisherigen Rechtszustand ändert, findet eine Rückwirkung auf die Zeit vor dem Inkrafttreten der KV. nicht statt.

Der Versicherungspflicht unterliegen nur freie Arbeiter. Strafgefangene sind auch dann nicht versicherungspflichtig, wenn sie Entgelt für ihre Arbeit erhalten. Sie können aber unter bestimmten Voraussetzungen die Versicherung fortsetzen (vgl. § 313).

Begrifflich setzt die Versicherungspflicht zwar nicht, wie bei der Unfallversicherung die Zugehörigkeit zu einem bestimmten Betrieb voraus, wohl aber ein mit persönlicher und wirtschaftlicher Abhängigkeit verbundenes entgeltliches Beschäftigungsverhältnis. Die Personen müssen „beschäftigt werden". Eine Ausnahme von diesem Grundsatz bilden aber die Hausgewerbetreibenden, die selbständige Unternehmer sind. Auch bei den Lehrern und Erziehern wird eine Ausnahme zu machen sein, vgl. hierüber unten unter Nr. 5.

Die Frage, ob die zur Begründung der Versicherungspflicht erforderliche persönliche und wirtschaftliche Abhängigkeit vorliegt, ist nicht nach rein zivilrechtlichen und formellen, sondern hauptsächlich nach tatsächlichen und wirtschaftlichen Gesichtspunkten zu entscheiden. Auf den Abschluß eines sog. Dienst- oder Arbeitsvertrages kommt es daher nicht an. Die äußerliche Gestaltung eines Beschäftigungsverhältnisses läßt häufig seine wirkliche Natur nicht erkennen. Wer über gewisse Betriebsmittel verfügt, ständige Betriebseinrichtungen besitzt, regelmäßig gelohnte Hilfskräfte beschäftigt, einen wesentlichen Teil seiner Arbeitskraft und Arbeitszeit auf die Leitung und Beaufsichtigung verwendet, nicht sowohl Einzelleistungen zu verrichten, als vielmehr einen Arbeitserfolg zu vertreten hat, Arbeitszeit und Arbeitsfolge nach eigenem Ermessen bestimmt, für eine Mehrzahl von Auftraggebern tätig ist, die Arbeit nicht persönlich auszuführen braucht, aus seiner Tätigkeit einen Gewinn erzielt, der über den üblichen Verdienst eines Arbeiters seiner Berufsgruppe hinausgeht, Gewerbe- und Einkommensteuer zahlt, wird regelmäßig als selbständig anzusehen sein. Natürlich brauchen nicht alle diese Merkmale zusammenzutreffen. Sie sind auch nicht erschöpfend und können bei der Vielgestaltigkeit des wirtschaftlichen Lebens nicht erschöpfend sein, sollen vielmehr nur einen Anhalt geben. Merkmale der Unselbständigkeit sind: Verrichtung gewöhnlicher, eine besondere Ausbildung nicht erfordernder Handarbeiten, Regelung der Arbeitszeit und Überwachung der Arbeitsausführung durch den Auftraggeber, Tätigkeit an der Betriebsstätte oder in der Behausung des Auftraggebers und dergl.

Treffen Merkmale der einen und der andern Art zusammen, so ist zu prüfen, welchen die überwiegende Bedeutung zukommt. Unselbständig sind meist die sog. Akkordanten. Arbeitgeber der von den Akkordanten angenommenen Hülfskräfte sind die Auftraggeber der Akkordanten.

Auch eine sonst selbständige Person kann in unselbständiger und deshalb versicherungspflichtiger Beschäftigung stehen. Ebenso kann unter Umständen eine an einem Unternehmen als Mitunternehmer beteiligte Person in demselben Unternehmen als Arbeitnehmer tätig sein, so z. B. der Gewerke als Häuer im Betriebe seiner Gewerkschaft.

Die Art der Tätigkeit ist für die Frage der Versicherungspflicht insofern von Bedeutung, als nach der Absicht des Gesetzgebers Personen mit einer wissenschaftlichen oder sonstigen höheren geistigen Tätigkeit dem Versicherungszwange nicht unterstellt werden sollten. Namentlich gilt dies für Personen, welche, mit einer auf Hochschulen erworbenen Vorbildung ausgerüstet eine selbtständige wissenschaftliche oder gleichwertige Tätigkeit entfalten, ohne zu materieller, lediglich ausführender Arbeit herangezogen zu werden. Dieser Grundsatz ist jedoch insoweit durchbrochen, als bestimmte höhere Berufsgruppen der Versicherung unterstellt sind (insbesondere Lehrer und Erzieher und Bühnen- und Orchestermitglieder).

Die Dauer der Beschäftigung ist auf die Versicherungspflicht grundsätzlich ohne Einfluß; s. jedoch § 168, 441.

Über Entgelt s. d. Anm. zu § 160.

Streitigkeiten darüber, ob eine Person der Versicherungspflicht unterliegt oder nicht, sind, wenn sie bei der Rentenfestsetzung hervortreten, im instanzlichen Verfahren, sonst als Beitragsstreitigkeiten gemäß § 405 zu entscheiden.

Im Einzelnen ist zu bemerken:

Nr. 1: Arbeiter in dem hier fraglichen engeren Sinne ist, wer im wesentlichen seine körperliche Arbeitskraft einem andern berufsmäßig zur Verfügung stellt. Der Begriff ist aber nicht fest abgegrenzt. Häufig setzt die Tätigkeit des Arbeiters auch größere technische Kenntnisse und erheblichere geistige Fähigkeiten voraus.

Gehilfen sind die mit Diensten niederer Art betrauten Personen, welche den im vorigen Absatz besprochenen „Arbeitern" hinsichtlich der Art ihrer Tätigkeit verwandt sind, aber in Beschäftigungsverhältnissen stehen, für welche die Bezeichnung „Arbeiter" nicht sprachgebräuchlich ist. Hierher gehören nicht nur die Gehilfen im Sinne der Gew. O., sondern auch die niederen Beamten im öffentlichen Dienst, wie Polizisten, Polizeidiener, Flur- und Feldhüter, Kirchendiener u. dergl.

Gesellen sind die in Handwerksbetrieben beschäftigten, technisch vorgebildeten Personen. Gew. O. § 121.

Lehrling ist, wer zum Zwecke seiner — namentlich gewerblichen — Fachausbildung in einem Beschäftigungsverhältnisse steht. Gew. O. § 126. Lehrlinge sind auch dann versicherungspflichtig, wenn sie nicht gegen Entgelt beschäftigt werden.

Dienstboten sind die mit niederen Diensten in der Haus- und Landwirtschaft beschäftigten Personen, für sie gelten die besonderen Bestimmungen der §§ 435 bis 440. Vgl. dort das Nähere; über den Begriff siehe Vorbem. Seite 231.

Nr. 2: Die Beschäftigten in gehobener Stellung unterliegen sämtlich der Versicherungspflicht nur, wenn die angegebenen Beschäftigungen ihren Hauptberuf bilden.

Den Hauptberuf bildet diejenige Beschäftigung, welche für die Lebensstellung maßgebend ist. Sie bestimmt sich bei mehreren Erwerbstätigkeiten in der Regel nach dem Verhältnisse der auf sie verwendeten Arbeitszeit und des dafür gewährten Entgelts (Anl. Ziffer 23 Abs. 2).

Im Entwurf waren hier wie im IVG., auch die Techniker genannt. Sie sind aber auf Grund eines Kommissionsbeschlusses gestrichen. Sie fallen in der Regel unter die Angestellten mit gehobener Stellung, sind aber infolge der Streichung bei höherer mehr wissenschaftlicher Tätigkeit im Gegensatz zu der bisherigen Spruchübung auf dem Gebiet der IV. nach allgemeinen Grundsätzen versicherungsfrei.

Als Betriebsbeamter ist anzusehen, wer in einem Betriebe entweder als Bevollmächtigter, oder in leitender und beaufsichtigender Stellung tätig ist (s. Handb. d. UV. III. Aufl. Bd. I, S. 68). Dabei ist der Begriff des Betriebs weiter zu fassen, als in der Unfallversicherung und ganz allgemein als Inbegriff fortdauernder wirtschaftlicher Tätigkeit zu verstehen; ob diese Tätigkeit sich als technische oder kaufmännische äußert, ist belanglos. Zu den Betriebsbeamten gehören z. B. Privatförster, Gutsverwalter, Versicherungsinspektoren.

Werkmeister sind Personen, die zwischen den Betriebsbeamten und den Gehilfen stehen und teils leitend teils ausführend tätig sind (Anl. Ziffer 21). Hierher gehören z. B. die Zuschneider in Garderobengeschäften.

Angestellte in gehobener Stellung sind dieselben Personen, welche das IVG. als „sonstige Angestellte" bezeichnete. Getroffen werden hauptsächlich solche Personen, die innerhalb eines nicht unter den Begriff „Betrieb" fallenden, aber ähnlich gearteten Inbegriffs von Geschäften eine von dessen Leitung abhängige Stellung einnehmen, aber nach der Art ihrer Tätigkeit einerseits nicht zur Klasse der niederen, lediglich ausführenden Hülfsarbeiter zugehören, anderseits auch nicht eine höhere, mehr wissenschaftliche Tätigkeit ausüben (Begr.). Hierher gehören z. B. die mittleren Beamten in öffentlichen oder privaten

Verwaltungen, wie Registratoren, Expedienten, desgleichen gewisse Hülfspersonen im Haushalt mit einer den Dienstboten übergeordneten Stellung, wie Privatsekretäre, Gesellschafterinnen. Es ist indessen nicht ausgeschlossen, den Angestelltenbegriff auch auf Personen anzuwenden, die in einem „Betriebe" tätig sind, z. B. auf das Büreaupersonal in Geschäftsbetrieben aller Art, auf Rechnungsführer von Gutsverwaltungen u. dergl.

Nr. 3: Handlungsgehilfen sind Personen, die in einem Handelsgewerbe zur Leistung kaufmännischer Dienste angestellt sind (§ 59 HGB.). Hierher gehören Verkäufer, Reisende, Buchhalter, nicht dagegen Hausdiener, Kutscher, Packer und andere Personen, die sich entweder in gesindeähnlicher Stellung befinden, oder gewerblich-technische Arbeiten verrichten (Anl. Ziffer 22).

Über den Begriff des Handelsgewerbes vgl. §§ 1 bis 3 HGB.

Handlungslehrlinge sind Personen, die in einem Handelsgewerbe zum Zwecke ihrer kaufmännischen Ausbildung und zur Leistung der erlernten Dienste durch Vertrag angestellt sind (vgl. Staub, Kommentar zum HGB. 8. Aufl. Bd. I, Anm. 1 zu § 76).

Zu beachten ist § 63 HGB. Wird der Handlungsgehilfe durch unverschuldetes Unglück an der Leistung der Dienste verhindert, so behält er seinen Anspruch auf Gehalt und Unterhalt, jedoch nicht über die Dauer von sechs Wochen hinaus. Der Handlungsgehilfe ist nicht verpflichtet, sich den Betrag anrechnen zu lassen, der ihm für die Zeit der Versicherung aus einer Kranken- oder Unfallversicherung zukommt. Eine Vereinbarung, welche dieser Vorschrift zuwiderläuft, ist nichtig.

Die Gehilfen und Lehrlinge in Apotheken sind neu in die Versicherung einbezogen. Sie gehören weder zu den Gewerbegehilfen (§ 154 Gew. O.), noch zu den Handlungsgehilfen (§§ 59 ff. HGB.), sondern nehmen eine Sonderstellung ein.

Nach § 494 wird Krankengeld nicht gewährt Lehrlingen aller Art, die ohne Entgelt beschäftigt werden.

Nr. 4: Bühnen- und Orchestermitglieder waren nach der Praxis des RVA.'s unter der Herrschaft des IVG. versicherungsfrei, wenn sie in einem Unternehmen tätig waren, bei dessen Darbietungen ein höheres Kunstinteresse obwaltete. Auf den höheren oder geringeren Kunstwert der persönlichen Leistungen der einzelnen Bühnen- und Orchestermitglieder kam es dabei nicht an (Anl. Ziffer 25). In letzterer Beziehung wird auch jetzt kein Unterschied gemacht. Aber jetzt wird auch nicht mehr unterschieden zwischen Unternehmungen von höherem oder geringerem Kunstwert, vielmehr sind nunmehr alle Bühnenangehörigen und Musiker in abhängiger Stellung versicherungspflichtig, soweit nicht Abs. 2 entgegensteht. Die Begriffe „Bühne und

„Orchester" sind in weitestem Sinne zu verstehen. Als Bühne ist daher auch ein Zirkus anzusehen (vgl. Kom. Ber. zu § 165). Der Begriff des Orchesters setzt voraus, daß sich mehrere Musiker zu musikalischen Darbietungen vereinigen und dabei einem Leiter derart unterordnen, daß sie als seine Gehilfen, nicht als seine Mitunternehmer anzusehen sind (vgl. Komm.-Verf. zu § 1226). Dahin gehören Schauspieler, Sänger, Choristen, Souffleure, Musiker ohne Rücksicht auf die Art des Unternehmens, an dem sie tätig sind. Auch Artisten in einem Zirkus gehören hierher. Ausgenommen sind solche Schauspieler, Sänger usw., welche nicht einer Bühne oder einem Orchester angehören, sondern selbständig erwerbstätig sind.

Nr. 5: Als Lehrer und Erzieher kommen nicht alle Personen in Betracht, die irgend eine Lehr- oder Erziehertätigkeit ausüben. Vielmehr muß die Lehrtätigkeit in erster Linie der geistigen Entwicklung des Schülers, die Erziehertätigkeit in erster Reihe der Charakter- und Gemütsbildung dienen. Unterricht in körperlichen und mechanischen Fertigkeiten gehört nur dann hierher, wenn er gleichzeitig dem Erziehungszwecke dient, das ist namentlich dann anzunehmen, wenn er in den Lehrplan einer Erziehungsanstalt aufgenommen ist (z. B. Turn-, Schwimm-, Zeichen- und Handarbeitsunterricht in Schulen), nicht dagegen, wenn er als Gewerbe betrieben wird (z. B. Reit-, Tanz-, Fechtunterricht). — Die in solchen Gewerbebetrieben tätigen Personen können aber als „Angestellte" versicherungspflichtig sein.

Im übrigen ist die Art der Lehrtätigkeit ohne Belang. Es kommt daher nicht darauf an, ob sie der allgemeinen Bildung oder der Fachbildung dient. Auch der höhere oder geringere Grad der Vorbildung, den der Lehrer oder Erzieher genossen hat, ist an sich ebensowenig von Bedeutung, wie der Umstand, ob er mehr wissenschaftliche oder nur elementare Kenntnisse vermittelt.

Der Versicherungspflicht unterliegen nicht nur Lehrer an Schulen und Hauslehrer, sondern sie wird nach der Begründung zum IVG. wie bisher auch fernerhin — trotz selbständiger Erwerbstätigkeit — für solche Personen (insbesondere Musik- und Sprachlehrer) anzunehmen sein, welche stundenweis in ihren oder fremden Wohnungen Unterricht erteilen (Anl. Ziffer 24).

Nr. 6: Die Hausgewerbetreibenden. Sie sind im Gegensatz zu allen andern Versicherungspflichtigen selbständig, stehen aber wegen ihrer wirtschaftlichen Abhängigkeit von ihrem Auftraggeber den Lohnarbeitern nahe. Über den Begriff vgl. d. Anm. zu § 162. Die eigenartigen Verhältnisse der Hausindustrie boten der Einbeziehung in die Versicherung große Schwierigkeiten und machten eine vielfach abweichende Sonderregelung in den §§ 466 bis 493 erforderlich.

Nr. 7: Zur Schiffsbesatzung deutscher Seefahrzeuge gehören alle auf dem Schiffe angestellten, im Dienste des Fahrzeugs beschäftigten Personen, also die sog. Seeleute im Sinne des § 1046 Nr. 1, insbesondere die Schiffer, Schiffsoffiziere, die Schiffsmannschaft, Maschinisten, Aufwärter und sonstige für den Schiffsdienst als solchen verpflichtete Personen. Nicht dahin gehören solche Personen, die, ohne für den Schiffsdienst verpflichtet zu sein, nur zu vorübergehenden Verrichtungen an Bord gehen, wie Lotsen, Handwerker. Näheres vgl. bei § 1046.

Die Schiffer, d. h. die Schiffsführer (Kapitäne) unterliegen der Versicherungspflicht nur, wenn ihr regelmäßiger Jahresarbeitsverdienst 2500 M. nicht übersteigt.

Die im Gesetz zitierten Paragraphen der Seemannsordnung und des HG. siehe S. 209 d. Bds.

Als deutsches Seefahrzeug gilt nach § 163 jedes Fahrzeug, das unter deutscher Flagge fährt und ausschließlich oder vorzugsweise zur Seefahrt benutzt wird. Im übrigen vgl. die Anm. zu § 163.

Die Bestimmungen der Deutschen Seemannsordnung und des Handelsgesetzbuches geben der Schiffsmannschaft (das sind sämtliche zum Dienst auf dem Schiff während der Fahrt für Rechnung des Reeders angestellten Personen mit Ausnahme des Kapitäns, der Offiziere, der Ärzte und des Lotsen) und dem Schiffer im Falle der Erkrankung Ansprüche gegen den Reeder. Sie umfassen hauptsächlich Verpflegung und Heilbehandlung, Zurückförderung und Weiterzahlung der Heuer.

Zur Besatzung von Fahrzeugen der Binnenschiffahrt gehören der Schiffer (Schiffsführer), die Schiffsmannschaft und alle übrigen zum Schiffahrtsdienst angenommenen Personen mit Ausnahme des Zwangslotsen (§ 3 Abs. 2 des Gesetzes, betr. die privatrechtlichen Verhältnisse der Binnenschiffahrt, v. 20. Mai 1898, vgl. auch § 21 daselbst).

Über die Abgrenzung der Binnenschiffahrt gegen die Seeschiffahrt vgl. §§ 163, 1046 bis 1050, 1058; vgl. auch Handbuch d. UV. III. Aufl. Bd. I, S. 158, Anm. 115 zu § 1 GUVG, danach gehören zur Binnenschiffahrt diejenigen Fahrzeuge, welche ausschließlich oder überwiegend innerhalb der Grenzen verkehren, die durch den § 1 der zum § 25 des Flaggengesetzes vom 22. Juni 1899 erlassenen Ausführungsbestimmungen vom 10. November 1899 festgesetzt sind.

Wegen der Sonderbehandlung einiger Berufsgruppen vgl. § 166; wegen der ausnahmsweisen Befreiung von der Versicherungspflicht §§ 169—175.

Besondere Berufszweige.

§ 166. Für die Versicherung der in der Landwirtschaft, als Dienstboten, unständig oder im Wandergewerbe Beschäftigten, der Hausgewerbtreibenden und ihrer hausgewerblich Beschäftigten sowie der ohne Entgelt beschäftigten Lehrlinge aller Art gelten die besonderen Vorschriften der §§ 416 bis 494.

Vgl. § 2 Abs. 1, Nr. 1, 4, 6, § 4 Abs. 2 KVG.

Es handelt sich hier um Gruppen von Beschäftigten, die der KV. neu unterstellt worden sind, und deren eigenartige wirtschaftliche Verhältnisse eine von den allgemeinen Bestimmungen vielfach abweichende Sonderregelung notwendig machte. Für diese Gruppen gelten also die allgemeinen Vorschriften nur insoweit, als nicht im 8. Abschnitt Ausnahmen vorgesehen sind. Solche finden sich für die in der Landwirtschaft Beschäftigten in den §§ 417 bis 434, für die Dienstboten in §§ 435 bis 440, für die unständig Beschäftigten in §§ 441 bis 458, für die im Wandergewerbe Beschäftigten in §§ 459 bis 465, für die Hausgewerbetreibenden in §§ 466 bis 493 und für die ohne Entgelt beschäftigten Lehrlinge in § 494.

Weitergehende landesrechtliche Versicherungspflicht.

§ 167. Sind in einem Bundesstaate beim Inkrafttreten dieses Gesetzes andere Gruppen von Beschäftigten verpflichtet, eine landesrechtliche Versicherung einzugehen, so kann die Landesregierung anordnen, daß sie nach diesem Gesetze für den Fall der Krankheit versichert sind, und näheres darüber bestimmen.

Neu.

In gewissen Bundesstaaten ist schon jetzt durch landesrechtliche Vorschriften die Pflicht zur Krankenversicherung auf einzelne Gruppen von Personen erstreckt worden, welche dieses Gesetz nicht in den Rahmen der Versicherung einbezieht. Es würde unbillig sein, diese Gruppen versicherungsrechtlich schlechter zu stellen als bisher. Die RVO. läßt daher nicht nur die Möglichkeit unberührt, den gegenwärtigen Zustand aufrecht zu erhalten, sondern überläßt es den beteiligten Regierungen auch, jene Personen durchweg seinen eigenen Vorschriften zu unterstellen und die zu diesem Zwecke etwa erforderlichen Ausführungsbestimmungen zu treffen.

Vgl. § 177 betr. landesrechtliche Versicherungsberechtigung.

Versicherungsfreiheit vorübergehender Dienstleistungen.

§ 168. Der Bundesrat bestimmt, wieweit vorübergehende Dienstleistungen versicherungsfrei bleiben.

Neu.

Nachdem auch die vorübergehend Beschäftigten grundsätzlich dem Kranken-Versicherungszwang unterworfen worden sind, hat das Gesetz auch diese, dem § 1232 entsprechende Bestimmung aus der Invalidenversicherung übernehmen müssen, weil die Durchführung der Versicherung für die nur gelegentlich vielleicht nur einmal vorübergehend beschäftigten Personen zu schwierig und auch sachlich nicht geboten ist.

Die Bezeichnung „Dienstleistung“ dürfte eine besondere Bedeutung nicht haben, sondern mit „Beschäftigung“ gleichbedeutend sein.

Vorübergehend ist eine Diensleistung nicht nur dann, wenn sie nur verhältnismäßig kurze Zeit im Jahre — z. B. in der Ernte — stattfindet, sondern auch dann, wenn sie zwar regelmäßig, aber jedesmal nur kurze Zeit ausgeführt wird (z. B. die tägliche Besorgung des Frühstücks oder desgl.). Welchen Voraussetzungen eine vorübergehende Dienstleistung im einzelnen genügen muß, um versicherungsfrei zu bleiben, bestimmt der Bundesratsbeschluß. Er bestimmt auch, wieweit Personen, die nach § 168 versicherungsfrei sind und deren jährliches Gesamteinkommen 2500 M. nicht übersteigt, der Versicherung freiwillig beitreten können (§ 176 Abs. 2, vgl. auch § 215).

Eine vorübergehende Dienstleistung kann zugleich unständige Beschäftigung im Sinne des § 441 flg. sein, bleibt aber auch dann versicherungsfrei (§ 442 Abs. 1).

Bisher ist ein Bundesratsbeschluß zur Ausführung der Vorschrift noch nicht erlassen. Unter der Herrschaft des IVG. bestimmte der Bundesratsbeschluß vom 27. Dezember 1899 (A. N. 1900, S. 181) das Nähere.

Versicherungsfreiheit versorgter Personen.

§ 169. Versicherungsfrei sind die in Betrieben oder im Dienste des Reichs, eines Bundesstaats, eines Gemeindeverbandes, einer Gemeinde oder eines Versicherungsträgers Beschäftigten, wenn ihnen gegen ihren Arbeitgeber ein Anspruch mindestens entweder auf Krankenhilfe in Höhe und Dauer der Regelleistungen der Krankenkassen (§ 179) oder für die gleiche Zeit auf Gehalt, Ruhegeld, Wartegeld oder ähnliche Bezüge im anderthalbfachen Betrage des Krankengeldes (§ 182) gewährleistet ist.

Das Gleiche gilt für Lehrer und Erzieher an öffentlichen Schulen oder Anstalten.

Vgl. § 3 KVG.

Die hier genannten Personen sind versicherungsfrei, auch wenn sie im übrigen allen Voraussetzungen des § 165 genügen. Dieser Ausnahme liegt der Gedanke zu Grunde, daß ein Bedürfnis zur Versicherung von Personen, welchen anderweit eine gleichwertige Fürsorge gesichert ist, nicht besteht.

Hinsichtlich des befreiten Personenkreises deckt sich § 165 mit § 1234. Er entspricht dem § 3 KVG., unterscheidet sich von ihm aber bezüglich der persönlichen Begrenzung und der Voraussetzungen der Befreiung. Ob die Beamteneigenschaft der fraglichen Personen unerheblich ist, erscheint nach den Verhandlungen des Reichstags zu § 1234 zweifelhaft. S. S. 1906 des Sten. Ber.

Die Befreiung ist eine absolute und bedarf keines Antrags. Weitere Fälle in § 172. Dagegen Befreiung nur auf Antrag in §§ 170, 171, 173, 174.

Unter Anspruch ist nur ein rechtlich verfolgbarer Rechtsanspruch zu verstehen.

Wegen Gemeindeverband vgl. §§ 526, 527 wegen Versicherungsträger § 3, wegen Krankenhilfe §§ 182, 183.

Versicherungsfreiheit auf Antrag öffentlicher Arbeitgeber.

§ 170. Die in Betrieben oder im Dienste anderer öffentlicher Verbände oder öffentlicher Körperschaften Beschäftigten werden auf Antrag des Arbeitgebers durch die oberste Verwaltungsbehörde von der Versicherungspflicht befreit, wenn ihnen gegen ihren Arbeitgeber einer der im § 169 bezeichneten Ansprüche gewährleistet ist, oder sie lediglich für ihren Beruf ausgebildet werden.

Das Gleiche gilt für Beamte und Bedienstete der landesherrlichen Hof-, Domanial-, Kameral-, Forst- und ähnlichen Verwaltungen der Herzoglich Braunschweigischen Landschaft und der Fürstlich Hohenzollernschen Fideikommißverwaltung.

Neu bezw. § 3 KVG.

In den Fällen des § 170 ist die oberste Verwaltungsbehörde verpflichtet, dem Befreiungsantrag bei Vorliegen der gesetzlichen Voraussetzungen stattzugeben, während es in § 171 ihrem freien

Ermessen überlassen ist. Beide Paragraphen sind erst in den Reichstagsverhandlungen getrennt worden und entsprechen zusammen dem § 1242.

Es handelt sich hier ebenso wie in § 171 um eine generelle Befreiung von der Versicherungspflicht, die nicht nur einzelne bestimmte Personen, sondern allgemeine Gruppen von Beschäftigten umfaßt und auch für Personen wirkt, die erst nach der Befreiung in das bezeichnete Beschäftigungsverhältnis eintreten.

In Betracht kommen hier z. B. öffentliche Feuerversicherungsanstalten, Deichverbände, landschaftliche Kreditorganisationen u. dergl. m., welche z. T. ihren Angestellten weit höhere Unterstüzungen gewähren.

Bei der Befreiung der lediglich zur Ausbildung für ihren Beruf Beschäftigten wird es sich meist um junge Leute aus wohlhabenderer Familie handeln, die vorübergehend eine untergeordnete Tätigkeit ausüben, um nach vollendeter Ausbildung sich um höhere Stellen zu bewerben.

Der Ausdruck „gewährleistet" bedeutet nicht nur, daß ein Rechtsanspruch bestehen muß, sondern verlangt auch, daß die Leistungsfähigkeit des Verpflichteten sicher ist.

Versicherungsfreiheit auf Antrag privater Arbeitgeber.

§ 171. Die oberste Verwaltungsbehörde kann auf Antrag des Arbeitgebers bestimmen, wieweit auch die in Betrieben oder im Dienste nicht öffentlicher Körperschaften oder als Lehrer und Erzieher an nicht öffentlichen Schulen oder Anstalten Beschäftigten versicherungsfrei sind, wenn ihnen gegen ihren Arbeitgeber einer der im § 169 bezeichneten Ansprüche gewährleistet ist oder sie lediglich für ihren Beruf ausgebildet werden.

Neu.

Vgl. die Anm. zu § 170.

Lehrer und Erzieher an öffentlichen Schulen oder Anstalten sind nach § 169 Abs. 2 versicherungsfrei.

Weitere Fälle von Versicherungsfreiheit.

§ 172. Versicherungsfrei sind

1. Beamte des Reichs, der Bundesstaaten, der Gemeindeverbände, der Gemeinden und der Versicherungsträger, Lehrer und Erzieher an öffentlichen Schulen

oder Anstalten, solange sie lediglich für ihren Beruf ausgebildet werden,

2. Personen des Soldatenstandes, die eine der im § 165 bezeichneten Tätigkeiten im Dienste oder während der Vorbereitung zu einer bürgerlichen Beschäftigung ausüben, auf die § 169 anzuwenden ist,
3. Personen, die während der wissenschaftlichen Ausbildung für ihren zukünftigen Beruf gegen Entgelt unterrichten,
4. Mitglieder geistlicher Genossenschaften, Diakonissen, Schulschwestern und ähnliche Personen, wenn sie sich aus religiösen oder sittlichen Beweggründen mit Krankenpflege, Unterricht oder anderen gemeinnützigen Tätigkeiten beschäftigen und als Entgelt nicht mehr als den freien Unterhalt beziehen.

Neu.

Die Bestimmungen Nr. 1 bis 3 stellen die gleichen Personen versicherungsfrei, wie sie nach § 1235 von der Invalidenversicherungspflicht befreit sind.

In Nr. 1 handelt es sich hier um Personen, die im gewöhnlichen Lauf der Dinge in Ämter oder sonstige Stellungen gelangen, deren Inhaber ohne weiteres der Versicherungspflicht entzogen sind. Neu hinzugekommen sind hier die bei den Versicherungsträgern (Krankenkassen, Berufsgenossenschaften, VAnstalten und Sonderanstalten), lediglich zur Ausbildung für ihren Beruf beschäftigten Beamten. Wegen Gemeindeverband vgl. §§ 526, 527. Ob eine Person Beamter ist, ist nach den für seine dienstliche Stellung maßgebenden Vorschriften, gesetzlichen oder Verwaltungsvorschriften, zu entscheiden.

Nr. 2: Die Beseitigung der Versicherungspflicht von Personen des Soldatenstandes, die eine dieser Tätigkeiten zur Vorbereitung auf eine bürgerliche Beschäftigung ausüben, ist eingeführt worden, weil die Versicherung der außerdienstlich bei den im § 169 bezeichneten Behörden und Verwaltungsstellen regelmäßig keinen Zweck hätte. Militäranwärter, welche dem Soldatenstande nicht mehr angehören, fallen nicht unter die Vorschrift des § 172. Ebenso unterliegt die außerdienstliche Beschäftigung von Militärpersonen gegen Barlohn an sich der Versicherungspflicht, so z. B. diejenige von Soldaten, die in der Ernte Aushülfe leisten.

Nr. 3: Diese Vorschrift will namentlich Studierende aller Fächer treffen, die sich das Studium durch Erteilen von Privatunterricht zu erleichtern suchen.

Nr. 4: Diese erst im Reichstag beigefügte und in der IV. nicht enthaltene Bestimmung trägt dem Umstand Rechnung, daß bei der KV. die Beschäftigung nur gegen freien Unterhalt nicht ohne weiteres wie nach § 1227 versicherungsfrei ist.

Befreiung nicht voll Arbeitsfähiger.

§ 173. Auf seinen Antrag wird von der Versicherungspflicht befreit, wer auf die Dauer nur zu einem geringen Teile arbeitsfähig ist, solange der vorläufig unterstützungspflichtige Armenverband einverstanden ist.

Vgl. § 3a Abs. 1 KVG.

Als „auf die Dauer nur zu einem geringen Teile arbeitsfähig" haben Personen zu gelten, bei denen die Beschränkung der Arbeitsfähigkeit erheblich ist und voraussichtlich nicht vorübergehen wird. Es sind dies also im allgemeinen dieselben Personen, die § 3a Abs. 1, Nr. 1 des Krankenversicherungsgesetzes im Auge hatte. Da die voraussichtliche Dauer der Arbeitsunfähigkeit immerhin eine Besserung des Zustandes nicht ausschließt, soll die Befreiung zugleich mit der Voraussetzung wegfallen, daß der Armenverband zustimmt, also von dem Zeitpunkt ab, wo dieser der Kasse gegenüber seine Zustimmung widerruft. Zur Vermeidung von Zweifeln wird ausdrücklich bestimmt, daß es auf das Einverständnis des vorläufig verpflichteten Armenverbandes ankommt. Diesem kann es überlassen bleiben, sich mit dem endgültig unterstützungspflichtigen Armenverband auseinanderzusetzen. Wechselt der zuständige Armenverband, so wird bis zu einer entgegengesetzten Erklärung des neu zuständig gewordenen Verbandes die Fortdauer des Einverständnisses anzunehmen sein (Begr.).

Widerruf ist jederzeit zulässig.

Bei Personen, die mindestens eine Woche gegen Lohn oder Gehalt beschäftigt worden sind, ist der Ortsarmenverband des Dienst- oder Arbeitsortes zur Kostentragung während der ersten 26 Wochen endgiltig verpflichtet. Ges. üb. d. Unterstützungs-Wohnsitz v. 30. Mai 1908 (RGBl. S. 381).

Über den vorläufig unterstützungspflichtigen Armenverband vgl. § 28 des Ges. über den Unterstützungswohnsitz.

Wegen des Verfahrens bei der Befreiung und des Zeitpunkts ihrer Wirksamkeit vgl. § 175.

Weitere Befreiungsfälle.

§ 174. Auf Antrag des Arbeitgebers werden von der Versicherungspflicht befreit

1. Lehrlinge aller Art, solange sie im Betrieb ihrer Eltern beschäftigt sind,
2. Personen, die bei Arbeitslosigkeit in Arbeiterkolonien oder ähnlichen Wohltätigkeitsanstalten vorübergehend beschäftigt werden.

Vgl. § 3b KVG.

Die Bestimmung betrifft nur die Befreiung bestimmter einzelner Personen in bestimmten Beschäftigungsverhältnissen. Die Befreiung muß gewährt werden, falls die gesetzlichen Voraussetzungen erfüllt sind.

Lehrlinge waren bisher nach § 3b des KVG. auf Antrag des Arbeitgebers von der Versicherungspflicht zu befreien, wenn ihnen durch den Arbeitgeber ein Anspruch auf freie Kur oder Verpflegung in einem Krankenhause gesichert war. Das gilt nun nicht mehr. Lediglich die bei ihren Eltern beschäftigten Lehrlinge können noch von der Versicherung befreit werden, diese aber ohne weitere Voraussetzung. Hier liegt für die Versicherung kein Bedürfnis vor. Die Vorschrift gilt für Lehrlinge aller Art, also auch für die in § 165 Abs. 1, Nr. 3 bezeichneten.

Arbeitgeber der in Nr. 2 bezeichneten Personen ist die beschäftigende Arbeiterkolonie usw.

Weitergehende Befreiungen auf Antrag des Arbeitgebers, als die hier vorgesehenen sind unter bestimmten Voraussetzungen für die in der Landwirtschaft Beschäftigten möglich; vgl. hierüber §§ 418, 419.

Entscheidung über den Befreiungsantrag.

§ 175. Über den Antrag auf Befreiung (§§ 173, 174) entscheidet der Kassenvorstand. Die Befreiung wirkt vom Eingang des Antrags an.

Wird der Antrag abgelehnt, so entscheidet auf Beschwerde das Versicherungsamt endgültig.

Vgl. § 3a Abs. 2 KVG.

Die Entscheidung des Kassenvorstands befreit nur von der Zugehörigkeit zu dieser Kasse. Verzieht der Befreite in einen anderen Kassenbezirk oder wird er aus sonstigem Grunde Mitglied einer andern Kasse, so ist eine neue Befreiung erforderlich.

Wegen der Beschwerde vgl. § 1791 flg. Zu ihrer Einlegung ist nur der Antragsteller befugt.

II. Versicherungsberechtigung.

Berechtigte Personen.

§ 176.

1. Versicherungsfreie Beschäftigte der im § 165 Abs. 1 bezeichneten Art,
2. Familienangehörige des Arbeitgebers, die ohne eigentliches Arbeitsverhältnis und ohne Entgelt in seinem Betriebe tätig sind,
3. Gewerbtreibende und andere Betriebsunternehmer, die in ihren Betrieben regelmäßig keine oder höchstens zwei Versicherungspflichtige beschäftigen,

können der Versicherung freiwillig beitreten, wenn nicht ihr jährliches Gesamteinkommen zweitausendfünfhundert Mark übersteigt.

Der Bundesrat bestimmt, wieweit unter der gleichen Voraussetzung Personen, die nach § 168 versicherungsfrei sind, der Versicherung freiwillig beitreten können.

Die Satzung der Krankenkasse kann das Recht zum Beitritt von einer bestimmten Altersgrenze und von der Vorlegung eines ärztlichen Gesundheitszeugnisses abhängig machen. Die Festsetzung der Altersgrenze bedarf der Zustimmung des Oberversicherungsamts.

Vgl. § 4 Abs. 2, Satz 1, § 19 Abs. 3, Satz 1, § 63 Abs. 2, § 72 Abs. 3. KVG.

§ 176 bezieht sich auf die Selbstversicherung, das ist die Befugnis, der Versicherung kraft eigener Willensentschließung beizutreten. Außerdem gibt die RVO. unter bestimmten Voraussetzungen Versicherten das Recht, nach Erlöschen der Versicherungspflicht freiwillig in der Versicherung zu verbleiben (sogen. Weiterversicherung, § 313). Beide Fälle bilden zusammen den Begriff der Versicherungsberechtigung, den die RVO. allerdings auch im engeren Sinne für die Selbstversicherung allein anwendet.

Die Selbstversicherten müssen der Kasse durch schriftliche oder mündliche Anmeldung beitreten (§ 310). Kassenleistungen und Beiträge können durch die Satzung für sie beschränkt werden (§ 215). Sie haben die Beiträge allein zu tragen (§ 380). Über die Kassenzugehörigkeit und das Erlöschen der Mitgliedschaft vgl. §§ 238, 314.

Der Kreis der zur Selbstversicherung Berechtigten weist erhebliche Unterschiede gegenüber der IV. auf (vgl. § 1243).

Der Ausdruck „versicherungsfreie Beschäftigte", unter Ziffer 1, stellt klar, daß sich das Recht zur freiwilligen Versicherung nicht auch auf selbständige Personen der im § 165 Abs. 1 bezeichneten Art erstreckt, die in keinem Beschäftigungsverhältnisse stehen. Er trifft die dort in Ziffer 6 bezeichneten Hausgewerbetreibenden nicht mit, da diese nicht als „Beschäftigte" anzusehen sind. Für diese Gruppe besteht kein Bedürfnis nach einer freiwilligen Versicherung, da die ihr angehörigen Personen durchweg versichert sind. Die einzige im § 467 zugelassene Ausnahme bezieht sich nur auf Hausgewerbetreibende mit einem höheren jährlichen Gesamteinkommen als zweitausendfünfhundert Mark. Getroffen werden hier also namentlich die Personen, die unentgeltlich beschäftigt werden, sowie diejenigen, welche an sich unter § 165 fallen würden, aber in den §§ 168 ff. aus besonderen Gründen für versicherungsfrei erklärt werden.

Der Begriff „Familienangehörige" in Nr. 2 erfordert ein rechtlich anerkanntes Familienverhältnis zum Arbeitgeber, also Verwandtschaft oder Schwägerschaft. Nicht hierher gehört also z. B. eine Haushälterin.

Bei § 176 Ziffer 3 ist der Ausdruck Betriebsunternehmer (nicht Arbeitgeber) gewählt, um zu verhüten, daß auch Dienstherrschaften, die etwa zwei Dienstboten beschäftigen, die Versicherungsberechtigung erhalten.

Abs. 2 bringt eine notwendige Einschränkung des im ersten Absatz aufgestellten Grundsatzes. Anderenfalls würde die kürzeste vorübergehende Beschäftigung, selbst wenn sie nur einmal stattfindet, das Recht zur Selbstversicherung begründen. Der Bundesrat wird daher, wenn er nach § 168 die Grenze für die Versicherungspflicht zieht, gleichzeitig auch diejenige für die Versicherungsberechtigung festsetzen müssen. „Unter der gleichen Voraussetzung" bedeutet, daß das jährliche Gesamteinkommen 2500 Mark nicht übersteigt.

Die im letzten Absatz ausgesprochene Vorsichtsmaßregel findet ihre Erklärung darin, daß die versicherungsberechtigten Personen eine viel größere Belastung der Kassen als die versicherungspflichtigen darstellen. Denn von dieser Berechtigung machen in der Regel nur schwache und kränkliche Personen Gebrauch, die dann die Kassen stark belasten.

„Ärztliches Gesundheitszeugnis" bedeutet nur Zeugnis über den Gesundheitszustand, nicht etwa Bescheinigung über vorhandene Gesundheit. Verlangt die Satzung Vorlegung eines Gesundheitszeugnisses, so muß dieses der Anmeldung beigefügt sein (§ 310 Abs. 2, Satz 2). Genügt das Gesundheitszeugnis nicht, so kann die Kasse binnen einem Monat den Beitritt mit Wirkung von der Meldung an zurückweisen (§ 310 Abs. 3). Die Kasse kann Versicherungsberechtigte, die sich zum Beitritt melden, außerdem ärztlich untersuchen lassen (§ 310 Abs. 2 und 3)

Die Zustimmung erfolgt nach freiem Ermessen, die Versagung endgiltig durch die Beschlußkammer des OVA. (§ 324 Abs. 3).

Welch schlechtes Risiko die freiwillig Versicherten für die Kassen bilden, beweist eine Statistik der Ortskrankenkasse Leipzig, wonach die

a) Krankheitsfälle

	von Männern	von Frauen
bei Pflichtmitgliedern . .	376 809 = 39,8 %	108 524 = 41,8 %
bei freiwillig Versicherten	34 370 = 78,8 %	19 105 = 66,8 %

b) Krankheitstage

	auf 100 Mitgl.	auf 100 Mitgl.
bei Pflichtmitgliedern . .	8 144 721 = 855	2 674 568 = 1030
bei freiwillig Versicherten	1 251 936 = 2860	696 300 = 2439

betragen haben.

Freiwillige Versicherung nach Landesrecht.

§ 177. Haben beim Inkrafttreten dieses Gesetzes in einem Bundesstaate nach Landesrecht noch andere Gruppen das Recht, der Versicherung freiwillig beizutreten, so bewendet es dabei nach näherer Bestimmung der obersten Verwaltungsbehörde.

Neu.

Dieser Paragraph ergänzt die Vorschriften des § 167 über die landesrechtliche Versicherungspflicht.

Erlöschen der Versicherungsberechtigung.

§ 178. Die Versicherungsberechtigung erlischt in allen Fällen, wenn das regelmäßige jährliche Gesamteinkommen viertausend Mark übersteigt.

Neu.

Diese Bestimmung, welche in der Kommissionsberatung hinzugefügt wurde, will einem Mißbrauch der Zwangskassen durch Personen mit sehr hohem Einkommen begegnen. Sie entspringt einem in ärztlichen Kreisen geäußerten Wunsche, wohlhabende Leute nicht als Kassenpatienten behandeln zu müssen.

Die Vorschrift bezieht sich sowohl auf Selbstversicherung als auf Weiterversicherung (§ 313). In beiden Fällen erlischt das Recht auf weitere Mitgliedschaft durch Überschreitung der Einkommensgrenze. Versicherungsberechtigung bedeutet also hier das Recht, freiwillig in der Kasse zu verbleiben.

Mit der Versicherungsberechtigung endet aber nicht ohne weiteres auch die Mitgliedschaft. Diese erlischt vielmehr nach § 314 Abs. 2 erst durch eine Mitteilung des Vorstands an das freiwillige Mitglied, zu der dieser verpflichtet ist, sobald er die Überschreitung der Einkommensgrenze glaubhaft erfährt.

Zweiter Abschnitt.

Gegenstand der Versicherung.

I. Leistungen im allgemeinen.

Vorbemerkung.

Die Leistungen der Krankenkassen sind keine öffentlichen Armenunterstützungen (§ 118). Sie sind teils Sachleistungen (z. B. Krankenpflege, Krankenhauspflege), teils Barleistungen. Trunksüchtigen können aber auch statt der Barleistungen Sachleistungen gewährt werden (§§ 120, 121).

Der Umfang der Leistungen kann für die einzelnen Kassen und auch innerhalb der Kassen für die einzelnen Mitglieder verschieden sein. Das Gesetz schreibt gewisse Leistungen vor (Regelleistungen! vgl. § 179), gibt aber der Kasse die Möglichkeit, durch die Satzung weitergehende im Gesetz vorgesehene Leistungen (Mehrleistungen) bis zu einer bestimmten Höchstgrenze einzuführen. Die Regelleistungen sind in der Hauptsache die gleichen wie im KVG., dagegen sind die Mehrleistungen beträchtlich erweitert.

Der Anspruch auf die Leistungen entsteht in der Regel mit der Mitgliedschaft (§ 206; vgl. aber §§ 207 und 208). Ihre Übertragung, Verpfändung und Pfändung ist beschränkt (§ 119). Ebenso ihre Aufrechnung (§ 223). Die Ansprüche verjähren abweichend von der allgemeinen Bestimmung des § 28 in zwei Jahren nach dem Tag der

Entstehung (§ 223). Über Fälligkeit vgl. § 210, über Ruhen §§ 216, 218 und über Abfindung §§ 217, 218.

Die Leistungen auf dem Gebiet der KV. werden nur auf Antrag gewährt (§ 1545). Wegen des Verfahrens vgl. das 6. Buch.

Für Versicherungsfälle, in denen beim Inkrafttreten der RVO. die Leistungspflicht der Kasse nach altem Recht noch fortdauert, gelten von diesem Tage ab die Vorschriften der RVO., soweit sie für den Berechtigten günstiger sind. (Art. 30 Einf.-Ges.).

Über das Zusammentreffen von Leistungen der Krankenversicherung mit solchen der andren Versicherungszweige vgl. §§ 1501 ff., 1518 ff.

Regelleistungen und Mehrleistungen.

§ 179. Gegenstand der Versicherung sind die in diesem Buche vorgeschriebenen Leistungen der Krankenkassen (§ 225) an Krankenhilfe, Wochengeld und Sterbegeld.

Diese Leistungen gelten als Regelleistungen der Kassen, und zwar auch dann, wenn die Satzung von den Vorschriften der §§ 188, 192 Gebrauch macht.

Gegenstand der Versicherung sind auch die durch die Satzung bestimmten Mehrleistungen; sie sind nur soweit zulässig, wie es dieses Buch vorsieht.

Vgl. § 5 Abs. 1, §§ 6, 6a, 20, 21, 64, § 72 Abs. 3, § 73 Abs. 1 KVG.

Das bisherige Krankenversicherungsgesetz regelte in seinen §§ 6, 6a und 7 lediglich die Leistungen der Gemeindekrankenversicherung, während es diejenigen der organisierten Krankenkassen nebst den sonstigen Vorschriften über die Unterstützungen in den verschiedenen Abschnitten zerstreut behandelt, so in den §§ 20, 21, 26 bis 28, 56, 57a, 58, 64, 72, 73. In der RVO. wird dieser Gegenstand an einer Stelle zusammengefaßt. Dabei sind die Vorschriften über die einzelnen Leistungen der Krankenversicherung in sich auch ohne Unterschied darauf einheitlich geordnet, ob sie auf dem Gesetze selbst oder auf besonderer Bestimmung der Satzung beruhen.

Die regelmäßigen, schon kraft des Gesetzes zu gewährenden Leistungen der Krankenversicherung sind für deren ganzes Gebiet, unbeschadet der Abstufung nach dem Arbeitsverdienste der Versicherten, gleichgestellt. Sie bestehen in Krankenhilfe, Wochen- und Sterbegeld.

Die RVO. bezeichnet diese Leistungen als „Regelleistungen". Sie bilden den Gegensatz einerseits zu den erhöhten oder erweiterten Leistungen, welche die Kasse freiwillig durch ihre Satzung übernimmt („Mehrleistungen"), andererseits zu den eingeschränkten oder anders bemessenen Leistungen, die für besondere Berufszweige nach §§ 416 bis 494 zugelassen sind. Dagegen gelten die Unterstützungen der Krankenkasse auch dann als „Regelleistungen", wenn die Satzung ihre Gewährung an gewisse gesetzlich zugelassene Maßgaben knüpft (z. B. § 207). Soweit aber an Stelle von Krankenpflege und Krankengeld Krankenhauspflege (sogen. erweiterte Krankenpflege) gewährt wird, gilt diese Leistung als Regelleistung (vgl. §§ 429, 435, 487); hier wird also der Begriff der Regelleistung abgeändert.

Die Regelleistung braucht der tatsächlichen Leistung der Kasse im Einzelfall nicht zu entsprechen. Unterschiede ergeben sich hauptsächlich, soweit die oben erwähnten Mehr- und Minderleistungen in Frage kommen, soweit die Kasse die in Abs. 2 ausdrücklich erwähnten §§ 188, 192 anwendet und soweit die Regelleistungen in bestimmten Fällen beschränkt sind (z. B. § 215 Abs. 1 und 2).

Der Begriff der Regelleistungen wird in der RVO. häufig verwandt (vgl. z. B. §§ 169 bis 171, 188, 507).

Für die Mehrleistungen gibt Abs. 3 nur die Höchstgrenze an. Die Satzung kann Mehrleistungen auch in beschränkterem Umfang zubilligen.

Wegen Krankenhilfe, Wochengeld und Sterbegeld vgl. die §§ 182 flg., 195, 201.

Bemessungen der Leistungen nach Grundlohn.

§ 180. Die baren Leistungen der Kassen werden nach einem Grundlohn bemessen. Als solchen setzt die Satzung den durchschnittlichen Tagesentgelt derjenigen Klassen Versicherter, für welche die Kasse errichtet ist, bis fünf Mark für den Arbeitstag fest.

Die Satzung kann den durchschnittlichen Tagesentgelt auch nach der verschiedenen Lohnhöhe der Versicherten stufenweise bis sechs Mark festsetzen.

Die Festsetzung bedarf der Zustimmung des Oberversicherungsamts (Beschlußkammer).

Die Satzung kann statt des durchschnittlichen Tagesentgelts den wirklichen Arbeitsverdienst der einzelnen Versicherten bis sechs Mark für den Arbeitstag als Grundlohn bestimmen.

Für freiwillig Beitretende, für die sich hiernach kein Grundlohn ermitteln läßt, bestimmt ihn die Satzung.

Vgl. § 6 Abs. 1, Nr. 2, § 20 Abs. 1, Nr. 1, Abs. 2, § 26a Abs. 2, Nr. 6, § 64, § 72 Abs. 3, § 73 Abs. 1 KVG.

Auf Umfang und Wert der Sachleistungen (ärztliche Behandlung, Arznei, Heilmittel sowie der etwa an deren Stelle tretenden Kur und Verpflegung in einem Krankenhaus) ist der Arbeitsverdienst des Versicherten ohne Einfluß. Diese Leistungen kommen allen Versicherten je nach dem Bedarfe gleichmäßig zugute. Dagegen sind die baren Leistungen, welche die Krankenkassen gewähren, und dementsprechend auf der anderen Seite auch die Versicherungsbeiträge nach dem Arbeitsentgelt des Versicherten abgestuft. Den Betrag, der hierbei als Maßstab zugrunde zu legen ist, bezeichnet die Reichsversicherungsordnung als „Grundlohn". Sie kennt verschiedene Arten der Bemessung dieses Grundlohns, zwischen denen die Kasse die Wahl hat.

a) Bemessung nach Klassen der Versicherten gemäß Abs. 1. Die Klasseneinteilung kann nach verschiedenen Gesichtspunkten (z. B. nach Berufszweigen, Stellung, Geschlecht, Alter) erfolgen. Der durchschnittliche Tagesentgelt aller einer Klasse Angehörenden bildet für diese Klasse den Grundlohn. Der Höchstbetrag ist 5 M.

Die Bestimmungen des Grundlohns nach Klassen war bisher nur wenig verbreitet. Sie empfiehlt sich auch nur bei einfachen Verhältnissen.

b) Bemessung nach Lohnstufen gemäß Abs. 2 (z. B. 1. Stufe: bis 1 M.; 2 Stufe: mehr als 1 M. bis 2 M. usw.). In eine Lohnstufe gehören alle Versicherten, deren Lohn sich innerhalb der für die Stufe festgestellten Grenzen hält. Der höchsten Lohnstufe gehören auch alle an, deren Lohn 6 M. übersteigt.

Diese Art der Grundlohnbemessung war bisher von der großen Mehrzahl aller Klassen angenommen. Sie kann auch mit der Bemessung nach Klassen vereinigt werden,

c) Bemessung nach dem wirklichen Arbeitsverdienst jeden einzelnen Versicherten bis zu 6 M. gemäß Abs. 4.

d) Schließlich kann in bestimmten Fällen der Ortslohn als Grundlohn gewährt werden; vgl. § 181.

Die freiwillig Beitretenden sind in die entsprechende Klasse oder Lohnstufe einzureihen. Für Fälle, wo dies nicht angeht, hat die Satzung Fürsorge zu treffen.

Die für die Zuteilung eines Mitglieds zu einer bestimmten Klasse oder Stufe erforderlichen Angaben erhält die Kasse durch die Meldungen der Arbeitgeber. Änderungen in der Lohnstufe treten, soweit die Satzung nicht anders bestimmt, erst mit der nächsten Beitragszahlung ein (§ 318). Streitigkeiten über die Zugehörigkeit eines Mitglieds zu einer bestimmten Klasse oder Stufe werden gemäß § 405 Abs. 2 entschieden.

Die nach Abs. 3 erforderliche Zustimmung des OVA.s darf nur durch die Beschlußkammer versagt werden. Die Entscheidung ist endgiltig (§ 324 Abs. 3).

Grundlohn bei Landkrankenkassen.

§ 181. Bei Landkrankenkassen kann die Satzung den Ortslohn als Grundlohn bestimmen.

Dabei ist jedoch für Betriebsbeamte, Werkmeister und andere Angestellte in ähnlich gehobener Stellung sowie für Facharbeiter der Grundlohn nach § 180 festzusetzen. Das Gleiche gilt in Bezirken ohne allgemeine Ortskrankenkassen für die Versicherten, die einer solchen nach der Art ihrer Beschäftigung anzugehören hätten.

In Bezirken ohne Landkrankenkasse kann die Satzung der allgemeinen Ortskrankenkasse den Ortslohn als Grundlohn für die Versicherten bestimmen, die nach der Art ihrer Beschäftigung einer Landkrankenkasse anzugehören hätten; dabei gilt Abs. 2 Satz 1 entsprechend. Das Oberversicherungsamt kann die Aufnahme einer solchen Bestimmung anordnen.

Für Versicherte, deren Grundlohn hiernach abweichend vom regelmäßigen Grundlohn der Kasse bestimmt ist, hat diese die Beiträge und Leistungen gesondert zu buchen, soweit die oberste Verwaltungsbehörde nichts anderes bestimmt.

Vgl. § 6 Abs. 1, Nr. 2 KVG.

Der Ortslohn als Grundlohn (vgl. §§ 149 bis 152) soll in der Regel nur für die besonderen Berufszweige der §§ 416 bis 493 und auch hier nur dann zur Anwendung kommen, wenn es die

Satzung ausdrücklich vorschreibt. Macht die Satzung hiervon Gebrauch, so muß sie aber die in Abs. 2 genannten Gruppen ausnehmen und für diese eine der Bemessungsarten des § 180 wählen.

Im allgemeinen kommt der Ortslohn hiernach nur für Landkrankenkassen in Betracht. Befinden sich in diesen da, wo keine allgemeine Ortskrankenkasse errichtet ist (vgl. § 230), auch Mitglieder, die sonst einer Kasse der letzteren Art anzugehören hätten, so werden sie durch Abs. 2 Satz 2 vor Schlechterstellung hinsichtlich des Grundlohns geschützt. Umgekehrt wird in Abs. 2 der Ortslohn auch bei allgemeinen Ortskrankenkassen in dem Ausnahmefalle zugelassen, daß für den betreffenden Bezirk keine Landkrankenkasse errichtet ist (vgl. § 228). Werden demgemäß in den genannten Fällen bei der gleichen Kasse die baren Leistungen und die Beiträge zum Teil nach dem Ortslohn, zum anderen nach dem durchschnittlichen Tagelohn oder wirklichen Arbeitsverdienste bemessen, so sind zur Prüfung der finanziellen Wirkung dieser Maßnahme auf die verschiedenen Arten der Kassenmitglieder und aus statistischen Gründen die Beiträge und Leistungen beider Gruppen getrennt zu buchen. Da dieses aber nicht überall der Fall zu sein braucht, so sollen die Kassen von einer solchen Pflicht entbunden werden können.

Betr. Betriebsbeamte, Werkmeister usw. vgl. § 165 Nr. 2.

Zu den anderen Angestellten in ähnlich gehobener Stellung gehören z. B. Förster, Gärtner, Müller, Ziegler, Stellmacher, Schmiede, Brenner, Heizer, Maschinenführer.

Gegen die Anordnung nach Abs. 3 ist fristlose Beschwerde im Aufsichtsweg zulässig (vgl. auch § 320 Abs. 3).

II. Krankenhilfe.

Inhalt der Krankenhilfe.

§ 182. Als Krankenhilfe wird gewährt

1. Krankenpflege von Beginn der Krankheit an; sie umfaßt ärztliche Behandlung und Versorgung mit Arznei sowie Brillen, Bruchbändern und anderen kleineren Heilmitteln und,
2. Krankengeld in Höhe des halben Grundlohns für jeden Arbeitstag, wenn die Krankheit den Versicherten arbeitsunfähig macht; es wird vom vierten Krankheitstage an, wenn aber die Arbeitsunfähigkeit erst später eintritt, vom Tage ihres Eintritts an gewährt.

Vgl. § 5 Abs. 1, § 6 Abs. 1, § 20 Abs. 1, Nr. 1, § 64, § 72 Abs. 3, § 73 Abs. 1 KVG.

Hinsichtlich der Höhe und Dauer der gesetzlichen Krankenhilfe hat die neue RVO. nichts gegenüber dem geltenden Rechte geändert. Soweit die Leistungen der Kassen in Gewährung der ärztlichen Behandlung, der Arznei, sowie von Brillen, Bruchbändern und kleineren Heilmitteln bestehen, faßt das Gesetz sie unter der Bezeichnung „Krankenpflege" zusammen.

Die Krankenpflege ist zu gewähren, auch wenn keine Arbeitsunfähigkeit vorliegt.

Der Begriff Krankheit wird im Gesetz nicht näher bestimmt; nach herrschender Ansicht ist als Krankheit anzusehen ein anormaler körperlicher oder geistiger Zustand, welcher ärztliche Behandlung oder Anwendung von Heilmitteln notwendig macht, oder die Arbeitsfähigkeit beeinträchtigt. Schmerzhaftigkeit ist kein Begriffsmerkmal. Krankheit in medizinischem Sinne und im Sinne des Gesetzes sind nicht immer identisch; wenn sich weder Arbeitsunfähigkeit noch die Notwendigkeit einer Kur zeigt, liegt im Sinne des Gesetzes keine Krankheit vor. Dabei kommt es auf die Auffassung des Versicherten selbst nicht an. Auch die Ursache der Erkrankung ist unerheblich; insbesondere ist nicht erforderlich, daß die Krankheit im Zusammenhang mit dem Beruf des Versicherten entstanden ist. Nicht als Krankheit im Sinne des Gesetzes gelten Störungen, die mit der natürlichen Entwicklung zusammenhängen, wie Altersschwäche, Schwangerschaft, sofern sie nicht eine anormale Entwicklung nehmen. Auch bei dauernd fehlerhaften Zuständen des Körpers, wie Plattfüße, Schielen, ist nur dann eine Krankheit im Sinne des Gesetzes anzunehmen, wenn die Notwendigkeit ärztlicher Hilfe oder Erwerbsunfähigkeit sich daraus ergeben. Als krank sind unter Umständen auch Rekonvaleszenten anzusehen.

Die Krankheit „beginnt", sobald Arbeitsunfähigkeit eintritt oder Krankenpflege notwendig wird. Gleichgiltig ist, wann die Krankheit nach Ansicht der medizinischen Wissenschaft begonnen hat, wann sie entdeckt worden und wann ärztliche Hilfe tatsächlich in Anspruch genommen worden ist. Eine Erkrankung, die beim Beitritt eines Versicherungsberechtigten bereits besteht, begründet keinen Anspruch auf Kassenleistungen (§ 310 Abs. 2). Dagegen haben Versicherungspflichtige auch für solche Krankheiten Anspruch auf Krankenhilfe, die bei Eintritt der Versicherung bereits bestehen.

Ärztliche Behandlung ist grundsätzlich die Behandlung durch einen approbierten Arzt oder Zahnarzt. Sie umfaßt die Hilfeleistungen anderer Personen, wie Bader, Hebammen usw. nur dann, wenn der Arzt sie anordnet oder wenn in dringenden Fällen kein Arzt zugezogen werden kann. Wegen der Einzelheiten vgl. §§ 122, 123.

Arznei fällt unter den weiteren Begriff Heilmittel; es sind darunter alle Präparate usw. zu verstehen, welche nach der Verordnung betreffend den Verkehr mit Arzneimitteln vom 22. Oktober 1901 nebst Bekanntmachung vom 1. Oktober 1903 feilgehalten oder verkauft werden dürfen. Soweit jedoch Arzneien nicht nur in Apotheken feilgehalten werden, dürfen sie auch aus inländischen Drogerien bezogen werden.

Wenn die RVO. von anderen, kleineren Heilmitteln spricht und nicht, wie § 6 KVG. von „ähnlichen" Heilmitteln, so bedeutet dies keine sachliche Änderung. Es kommen Heilmittel der verschiedensten Art in Betracht. Ausgeschlossen sind aber erhebliche, mit größeren Kosten verbundene Leistungen wie z. B. Badereisen. Auch die sogen. nicht dem eigentlichen Heilzweck dienenden „Hilfsmittel" gehören nicht hierher (z. B. Künstliche Gliedmaßen, Gebisse); sie können aber durch die Satzung nach § 187 Nr. 3 zugebilligt werden (vgl. auch § 193).

Das Krankengeld bezweckt Ersatz für den dem Versicherten entgehenden Lohn oder Gehalt. Ob der Erkrankte vollkommen oder nur teilweise arbeitsunfähig ist, ist ohne Einfluß auf die Höhe des Krankengeldes; ob Bedürftigkeit vorliegt oder nicht, spielt ebensowenig eine Rolle wie der Umstand, ob der Versicherte trotz der Krankheit Lohn oder Gehalt weiter bezieht. Zur Vermeidung einer Überversicherung vgl. §§ 189, 190, 511.

Arbeitstage sind nur solche Tage, an denen der Erkrankte tatsächlich gearbeitet haben würde. Arbeitet also ein Versicherter regelmäßig nur an einigen Tagen der Woche, so bezieht er auch nur für diese Tage Krankengeld. Eine Ermäßigung der Beiträge für solche Versicherte ist im Gesetz nicht vorgesehen, aber wohl aus dem allgemeinen, vielfach zum Ausdruck gekommenen Grundsatz, daß Beitrag und Leistung sich entsprechen soll, zu entnehmen. Umgekehrt erhalten Versicherte auch für Sonn- und Feiertage Krankengeld, wenn diese Tage für sie Arbeitstage sind. Nach § 384 Abs. 3 können in diesem Falle die Beiträge entsprechend erhöht werden.

Vom vierten Krankheitstage an, drückt nur kurz das nämliche aus, wie das bisher KVG. mit „vom dritten Tage nach dem Tage der Erkrankung ab" bezeichnet. Trotz dieser Befristung ist der Anspruch des Versicherten schon mit der Erkrankung entstanden.

Arbeitsunfähigkeit steht anstelle des bisherigen Begriffes Erwerbsunfähigkeit; der neue Ausdruck soll nach dem Wunsch des Gesetzgebers genau dasselbe bezeichnen, was im KVG. unter Erwerbsunfähigkeit verstanden wurde (vgl. insbesondere die §§ 5, 6, 20). Arbeitsunfähigkeit im Sinne der RVO. besteht, wenn der Versicherte nicht, oder doch nur mit Gefahr, seinen Zustand zu verschlimmern, fähig ist, seiner bisherigen Erwerbstätigkeit nachzugehen. Sie wird durch die Möglichkeit nicht ausgeschlossen, diesen Erwerb durch Übergang zu einer anderen Berufstätigkeit zu gewinnen, auch wenn solche seinen Kräften und Fähigkeiten entspricht und ihm unter Berücksichtigung seiner Ausbildung und seines seitherigen Berufs zugemutet werden kann. Wie Potthoff in der Sozialen Praxis vom 1. Juni 1911 ausführt, handelt es sich also um eine Versicherung gegen vorübergehende Berufsunfähigkeit im engsten Sinne. Eine andere Bedeutung hat der Begriff der Erwerbsunfähigkeit als Voraussetzung für den Bezug der Unfallrente (vgl. § 559 und der Begriff der Invalidität in der IV. (vgl. § 1255). Zu beachten ist, daß die Arbeitsunfähigkeit Folge der Krankheit sein muß.

An die Stelle von Krankenpflege kann eine Barleistung treten, falls die ärztliche Versagung dadurch ernstlich gefährdet ist, daß eine Kasse keinen Vertrag zu angemessenen Bedingungen mit einer ausreichenden Anzahl Ärzte schließen kann (vgl. § 370).

Dauer der Krankenhilfe.

§ 183. Die Krankenhilfe endet spätestens mit Ablauf der sechsundzwanzigsten Woche nach Beginn der Krankheit, wird jedoch Krankengeld erst von einem späteren Tag an bezogen, nach diesem. Fällt in den Krankengeldbezug eine Zeit, in der nur Krankenpflege gewährt wird, so wird diese Zeit auf die Dauer des Krankengeldbezugs bis zu dreizehn Wochen nicht angerechnet.

Ist Krankengeld über die sechsundzwanzigste Woche nach Beginn der Krankheit hinaus zu zahlen, so endet mit seinem Bezug auch der Anspruch auf Krankenpflege.

Vgl. § 6 Abs. 2, § 20 Abs. 1, Nr. 1, § 64, § 72 Abs. 3, § 73 Abs. 1 KVG.

Durch die Vorschrift Abs. 1 Satz 2 wird die herrschende Streitfrage, ob Unterbrechungen der Arbeitsunfähigkeit in die Zeit des Krankengeldbezugs einzurechnen sind oder nicht beseitigt. Die bisherige wohlwollende Praxis der Krankenkassen ist wenigstens teilweise berücksichtigt worden. Der Versicherte hat, nach der Fassung des Gesetzes, vom Beginn der mit Arbeitsunfähigkeit verbundenen Krankheit an, Anspruch auf Krankenhilfe für höchstens 39 Wochen. Bezieht er in diesen 39 Wochen mit Unterbrechungen 25 Wochen nur Krankenpflege, so verringert sich sein Krankengeldanspruch auf

14 Wochen. Der erste Tag der Krankheit wird nach § 124 nicht mitgerechnet. Die wirkliche Unterstützungsdauer beträgt daher 183 Tage.

Tritt die Arbeitsunfähigkeit erst im Laufe der Erkrankung ein, so dauert die Krankenhilfe von diesem Zeitpunkt an 26 Wochen, also günstigstenfalls 51 Wochen und 6 Tage.

Die Satzung kann die Krankenhilfe bis auf ein Jahr erweitern (§ 187).

Krankenhauspflege.

§ 184. An Stelle der Krankenpflege und des Krankengeldes kann die Kasse Kur und Verpflegung in einem Krankenhause (Krankenhauspflege) gewähren. Hat der Kranke einen eigenen Haushalt oder ist er Mitglied des Haushalts seiner Familie, so bedarf es seiner Zustimmung.

Bei einem Minderjährigen über sechzehn Jahre genügt seine Zustimmung.

Der Zustimmung bedarf es nicht, wenn

1. die Art der Krankheit eine Behandlung oder Pflege verlangt, die in der Familie des Erkrankten nicht möglich ist,
2. die Krankheit ansteckend ist,
3. der Erkrankte wiederholt der Krankenordnung (§ 347) oder den Anordnungen des behandelnden Arztes zuwidergehandelt hat,
4. sein Zustand oder Verhalten seine fortgesetzte Beobachtung erfordert.

In den Fällen des Abs. 3 Nr. 1, 2, 4 soll die Kasse möglichst Krankenhauspflege gewähren.

Wo mehrere geeignete Krankenhäuser zur Verfügung stehen, die bereit sind, die Krankenhauspflege zu gleichen Bedingungen zu übernehmen, soll die Krankenkasse dem Berechtigten, vorbehaltlich des § 371, die Auswahl unter ihnen überlassen.

Vgl. § 7 Abs. 1, § 20 Abs. 1, Nr. 1, § 64, § 72 Abs. 3, § 73 Abs. 1 KVG.

Die Einleitung einer Krankenpflege liegt regelmäßig im Interesse des Versicherten. Wenn trotzdem in der Mehrzahl der

Fälle seine Zustimmung verlangt wird, so waren hierfür psychologische Gründe, insbesondere die vielfach bestehende Abneigung gegen Krankenhauspflege maßgebend.

Die Gewährung der Krankenhauspflege bildet keine Verpflichtung, sondern nur eine nach pflichtgemäßem Ermessen auszuübende Befugnis der Kasse. Der in der Kommission gestellte Antrag, in bestimmten Fällen eine Verpflichtung der Kassen auszusprechen, wurde abgelehnt, weil er wegen des Mangels an Krankenhäusern vielfach nicht durchführbar sei. Jedoch kann durch die oberste Verwaltungsbehörde für landwirtschaftlich Beschäftigte und Dienstboten statt der Krankenpflege und des Krankengeldes Kur und Verpflegung in einem Krankenhaus oder einer ähnlichen Heilanstalt (sogen. erweiterte Krankenpflege als obligatorische Leistung eingeführt werden (vgl. §§ 426, 429, 435).

Kur und Verpflegung umfaßt die Fürsorge für die gesamten persönlichen Lebensbedürfnisse des Versicherten und mithin außer ärztlicher Behandlung die Gewährung von Arznei, Heilmitteln, Unterkunft, Kost; in beschränktem Umfang auch Kleidung, soweit es sich etwa um vorgeschriebene Anstaltskleidung handelt. Auch die Gewährung von Transportmitteln zur Beförderung in das Krankenhaus fallen darunter, nicht dagegen in der Regel Kosten für Rückbeförderung und Beerdigungskosten.

Krankenhaus ist jede Art von Heilanstalt ohne Rücksicht, ob sie privat oder öffentlich ist, auch Irrenanstalten, dagegen nicht Asyle, Walderholungsstätten, Armenhäuser oder Verpflegung im Privathaushalt.

Die zwangsweise Überführung in ein Krankenhaus anzuordnen ist die Kasse nicht in der Lage; sie kann nur, falls der Versicherte der Anordnung Widerstand entgegensetzt, oder sich eigenmächtig aus dem Krankenhause entfernt, jeden weiteren Unterstützungsanspruch versagen, solange seine Weigerung währt. In solchen Fällen würde alsdann der Armenverband einzutreten haben. Wer die Überweisung in das Krankenhaus anzuordnen hat, ist nicht gesagt. Hierüber wird zweckmäßigerweise die Satzung der Kasse das Nähere regeln.

Zu beachten ist, daß im Gegensatz zur früheren Fassung in Absatz 1 es nicht mehr heißt: „Ist der Kranke verheiratet oder hat er einen eignen Haushalt". Ein Verheirateter, der mit seiner Familie nicht zusammenlebt, soll nicht anders behandelt werden als ein Unverheirateter. Ein Haushalt erfordert eigene Wohnung, Beköstigung und Bedienung; ein gemietetes Zimmer mit eigenen Möbeln ist noch kein Haushalt.

Die Zustimmung des Minderjährigen „genügt". Verweigert er sie also, so kann sie durch seinen gesetzlichen Vertreter immer noch ersetzt werden.

Unter Nr. 4 fällt auch der Fall, daß der Zustand oder das Verhalten des Kranken Zweifel an dem Bestehen der Krankheit erwecken.

Abs. 5. Die erst im Reichstag eingefügte Bestimmung bezieht sich nur auf den Fall, daß die Kasse keinen Vertrag mit einem Krankenhause geschlossen hat.

Wegen Zahlung von Hausgeld und Krankengeld neben der Krankenhauspflege vgl. §§ 186, 194; wegen ungenügender Krankenhauspflege §§ 372, 373.

Hauspflege.

§ 185. Die Kasse kann mit Zustimmung des Versicherten Hilfe und Wartung durch Krankenpfleger, Krankenschwestern oder andere Pfleger namentlich auch dann gewähren, wenn die Aufnahme des Kranken in ein Krankenhaus geboten, aber nicht ausführbar ist, oder ein wichtiger Grund vorliegt, den Kranken in seinem Haushalt oder in seiner Familie zu belassen.

Die Satzung kann gestatten, dafür bis zu einem Viertel des Krankengeldes abzuziehen.

Neu.

Der § 185 räumt den Krankenkassen ein neues Recht ein. Nicht selten kommt es vor, daß die Krankenkasse selbst die Krankenhauspflege für angezeigt erachtet, sie aber nicht durchführen kann, sei es z. B., weil der Zustand des Erkrankten die Überführung nicht gestattet oder weil die zur Verfügung stehenden Krankenhäuser überfüllt oder zu weit entfernt sind. In solchen Fällen kann es für den Verlauf des Heilprozesses von erheblichem Vorteil sein, wenn die Erkrankten wenigstens in der eigenen Behausung angemessene Hilfe und Wartung durch geeignete Pflegepersonen auf Kosten der Krankenkasse verschafft werden kann. Da die Kasse in diesem Falle die Kosten für den Unterhalt der Pflegepersonen ihrerseits zu tragen hat, so erwächst dem Versicherten aus einer solchen Anordnung nur eine Erleichterung; es ist daher nicht unbillig, wenn der Satzung für Fälle dieser Art das Recht zugestanden wird, eine angemessene Kürzung des Krankengeldes zuzulassen. Bedenken hiergegen werden um so weniger erhoben werden können, als die ganze Maßnahme stets an die Zustimmung des Versicherten geknüpft ist.

Die Hauspflege ist also vom beiderseitigen Einverständnis der Kasse und des Versicherten abhängig. Die im Text genannten

Fälle bilden nicht Voraussetzungen, sondern wichtige Anwendungsfälle der Hauspflege.

§ 184 Abs. 2 findet hier keine Anwendung.

Führt die Satzung eine Bestimmung nach Abs. 2 ein, so stellt der Abzug zwar ein Recht aber keine Verpflichtung der Kasse dar.

Hausgeld.

§ 186. Wird Krankenhauspflege einem Versicherten gewährt, der bisher von seinem Arbeitsverdienst Angehörige ganz oder überwiegend unterhalten hat, so ist daneben ein Hausgeld für die Angehörigen im Betrage des halben Krankengeldes zu zahlen. Das Hausgeld kann unmittelbar an die Angehörigen ausgezahlt werden.

Vgl. § 7 Abs. 2, § 20 Abs. 1, Nr. 1, § 64, § 72 Abs. 3, § 73 Abs. 1 KVG.

Für diese Beihilfe ist entsprechend ihrem Zwecke, den im Hause verbleibenden Angehörigen zu dienen, die Bezeichnung „Hausgeld" gewählt worden. Es ist nicht zu verwechseln mit der in § 205 behandelten Familienhilfe.

Erforderlich ist, daß der Versicherte die Angehörigen von seinem Arbeitsverdienst unterhalten hat, da ihnen sonst durch die Erkrankung kein Schaden erwächst.

Angehörige ist wie in § 176 Nr. 2 zu verstehen. Erforderlich und genügend ist also ein rechtlich anerkanntes Familienverhältnis (Verwandtschaft oder Schwägerschaft).

Die neue Fassung „ganz oder überwiegend" will klarstellen, daß, wie auch seither schon angenommen worden ist, die Gewährung einer Beihilfe für die Angehörigen nicht davon abhängig zu machen ist, daß das Kassenmitglied den Unterhalt der Angehörigen zuvor ausschließlich bestritten habe.

Wegen des Betrags des Krankengeldes vgl. § 182 Nr. 2. Das Hausgeld beträgt also höchstens 1,50 M.

Das Hausgeld ist auch dann zu zahlen, wenn der Versicherte seinen Anspruch auf Krankengeld gemäß § 192 verwirkt hat. Es stellt zwar lediglich einen Anspruch des Versicherten dar, kann aber unmittelbar an die Angehörigen bezahlt werden, damit es diesen auch tatsächlich zugute kommt.

Mehrleistungen an Krankenhilfe.

§ 187. Die Satzung kann

1. die Dauer der Krankenhilfe bis auf ein Jahr erweitern,

2. Fürsorge für Genesende, namentlich durch Unterbringung in einem Genesungsheim, bis zur Dauer eines Jahres nach Ablauf der Krankenhilfe gestatten,
3. Hilfsmittel gegen Verunstaltung und Verkrüppelung zubilligen, die nach beendigtem Heilverfahren nötig sind, um die Arbeitsfähigkeit herzustellen oder zu erhalten.

Vgl. § 21 Abs. 1, Nr. 1, 3a, § 64, § 72 Abs. 3, § 73 Abs. 1 KVG.

Nr. 1: Verlängerung der Krankenhilfe auf mehr als 1 Jahr ist unzulässig (§ 179 Abs. 3). Nur privaten Kassen ist dies gestattet. Wird die Krankenhilfe (§ 182) erweitert, so hat jedes Mitglied einen Rechtsanspruch auf diese Mehrleistung.

Nr. 2: Auch hier bildet nach § 179 Abs. 3 ein Jahr die Höchstgrenze für die Mehrleistung. Im Gegensatz zu Nr. 1 stellt aber die Fürsorge für Genesende stets nur eine Befugnis der Kasse dar. Die Art der Fürsorge steht im Ermessen der Kasse; die Unterbringung in ein Genesungsheim stellt nur ein Beispiel dar. Auch die Gewährung von Krankenkost und Unterbringung in Walderholungsstätten gehört hierher.

Das Gesetz vermeidet es absichtlich, sich in der Fassung seiner Vorschriften zu eng dem augenblicklichen Stande der medizinischen Wissenszweige anzupassen, weil man durch eine etwas allgemeinere Fassung eine Berücksichtigung auch zukünftiger weiterer Fortschritte bei Anwendung und bei Auslegung hat ermöglichen wollen.

Nr. 3: Durch Zulassung dieser Hilfsmittel geht die RVO. einen bedeutenden Schritt über die eigentliche Krankenfürsorge hinaus. Voraussetzung der Gewährung ist einmal, daß ein Heilverfahren vorhergegangen ist und dann, daß die Hilfsmittel zur Herstellung oder Erhaltung der Arbeitsfähigkeit nötig sind. Es gehören hierher z. B. Krücken und künstliche Gliedmaßen.

Beschränkung der Leistungen gegenüber chronisch Kranken.

§ 188. Die Satzung kann für Versicherte, die auf Grund der Reichsversicherung oder aus einer knappschaftlichen Krankenkasse oder aus einer Ersatzkasse binnen zwölf Monaten bereits für sechsundzwanzig Wochen hintereinander oder insgesamt Krankengeld oder die Ersatzleistungen dafür bezogen haben, in einem neuen Versicherungsfalle, der im Laufe der nächsten zwölf Monate eintritt, die Krankenhilfe auf die Regelleistungen und auf die Gesamtdauer von dreizehn Wochen beschränken. Dies gilt nur, wenn die Krankenhilfe durch dieselbe nicht gehobene Krankheitsursache veranlaßt wird.

Vgl. § 6a Abs. 1, Nr. 3, § 26a Abs. 2, Nr. 3, § 64, § 72 Abs. 3, § 73 Abs. 1 KVG.

Ein Schutz der Krankenkassen gegen Ausbeutung durch chronisch Kranke kennt bereits das bisherige Recht (§§ 6a, 26a). Die RVO. enthält jedoch gegenüber dem bestehenden Recht eine Veränderung zu Ungunsten der Versicherten. Bisher trat eine Beschränkung der Krankenunterstützung nur ein, wenn der Versicherte die Krankenunterstützung von derselben Krankenkasse bezogen hatte. Nach dem neuen Recht ist dies dagegen auch dann der Fall, wenn der Versicherte die Unterstützung von verschiedenen Krankenkassen und sogar von Ersatzkassen erhalten hat. Allerdings ist die Notwendigkeit nicht zu verkennen, daß sich die Kassen gegen eine übermäßige Inanspruchnahme durch chronisch Kranke schützen, da die dauernde Unterstützung chronisch Kranker in deren Beiträgen keine entsprechende Gegenleistung findet und sonach nur auf Kosten der übrigen Versicherten erfolgen kann. Zudem ist die Krankenversicherung ihrem ganzen Aufbau nach nicht für chronisch Kranke bestimmt.

Ein neuer Versicherungsfall d. h. eine neue Krankheit ist dann anzunehmen, wenn der Versicherte eine Zeitlang weder Krankenpflege bedurft hat, noch erwerbsunfähig war. Dabei ist gleichgiltig, ob die Krankheitsursache (die Krankheit im medizinischen Sinne) die gleiche ist oder nicht.

Liegt nur eine Krankheit vor, so bestimmt sich die Dauer der Krankenhilfe nach § 183. Liegen mehrere Krankheiten im Sinne des Gesetzes vor, so ist grundsätzlich für jede die gleiche Unterstützung zu gewähren. Beruht aber die neue Erkrankung auf derselben nicht gehobenen Krankheitsursache, so kann für sie die hier vorgesehene Beschränkung durch die Satzung eingeführt werden.

Die zwölfmonatliche Frist ist vom Ende der vorhergegangenen 26 wöchigen Krankenhilfe zu rechnen. Wegen Regelleistungen vgl. § 129. Es besteht also insbesondere kein Anspruch auf Mehrleistungen.

Zur Anwendung der Bestimmung genügt noch nicht Wiedereintritt der gleichen Krankheit; es muß vielmehr in der Zwischenzeit die Krankheitsursache, als deren Ausfluß sich die Krankheit

im gesetzlichen Sinne darstellt, fortbestanden haben. Ein Beispiel bietet rheumatische Veranlagung, die von Zeit zu Zeit zu Anfällen führt.

Wegen Ersatzkassen vgl. § 503 fge. Siehe auch § 1511.

Vermeidung der Überversicherung.

§ 189. Erhält ein Versicherter Krankengeld gleichzeitig aus einer anderen Versicherung, so hat die Krankenkasse ihre Leistung so weit zu kürzen, daß das gesamte Krankengeld des Mitglieds den Durchschnittsbetrag seines täglichen Arbeitsverdienstes nicht übersteigt.

Die Satzung kann die Kürzung ganz oder teilweise ausschließen.

Vgl. § 26a Abs. 1, § 64, § 72 Abs. 3, § 73 Abs. 1 KVG.

Der § 189 soll eine Überversicherung verhindern. Er gilt für Versicherungspflichtige wie für Versicherungsberechtigte. Aber nur das Krankengeld kann gekürzt werden.

Das Gesetz will durch diese Vorschrift nicht etwa verhindern, daß ein besserer Schutz gegen die wirtschaftlichen Nachteile von Erkrankungen durch Abschluß einer zweiten Versicherung auf eigene Kosten des Versicherten erfolgt. Es beschränkt solche Doppelversicherung keineswegs; es will nur eine sogenannte Überversicherung ausschließen. Hierin folgt es dem allgemeinen Grundsatz des gesamten Versicherungsrechts, daß der Eintritt des Versicherungsfalls dem Versicherten lediglich einen Ausgleich des wirtschaftlichen Nachteils, nicht dagegen einen Vorteil bringen dürfe.

Maßgebend ist der Durchschnittsbetrag des eigenen täglichen Arbeitsverdienstes, den das betreffende Kassenmitglied tatsächlich erzielt, nicht der Durchschnitt seiner Lohnklasse. Die näheren Bestimmungen über die Berechnung trifft die Satzung.

Meldepflicht hinsichtlich anderer Bezüge.

§ 190. Die Satzung kann die Mitglieder verpflichten, dem Vorstand, wenn sie Krankengeld oder die Ersatzleistungen dafür beanspruchen, die Höhe der Bezüge mitzuteilen, die sie gleichzeitig aus einer anderen Krankenversicherung erhalten. Die Frage, aus welcher Krankenversicherung die Bezüge herrühren, ist nicht gestattet.

Vgl. § 26a Abs. 2, Nr. 1, § 64, § 72 Abs. 3, § 73 Abs. 1 KVG.

Da es sich nur um Kürzung des Krankengeldes handelt, so hat die Mitteilung keinen Zweck, wenn der Versicherte nur ärztliche Hilfe beansprucht. Voraussichtlich wird die Entwicklung dahin gehen, daß die Unterstützungskassen ihre Satzungen ändern und in solchen Fällen die satzungsmäßige Unterstützung nur in Höhe der Differenz zwischen Krankengeld und täglichem Arbeitsverdienst gewähren.

Die Unterlassung der Mitteilung ist nach § 529 strafbar.

Mehrleistungen an Krankengeld.

§ 191. Die Satzung kann das Krankengeld bis auf drei Viertel des Grundlohns erhöhen und es allgemein für Sonn- und Feiertage zubilligen.

Sie kann es schon vom ersten Tage der Arbeitsunfähigkeit an zubilligen bei Krankheiten, die länger als eine Woche dauern, zum Tode führen oder durch Betriebsunfall verursacht worden sind, sowie mit Zustimmung des Oberversicherungsamts auch bei andern Krankheiten.

Vgl. § 6a Abs. 1, Nr. 4, § 21 Abs. 1, Nr. 1a, 2, § 64, § 72 Abs. 3, § 73 Abs. 1 KVG.

Die Bestimmung sieht Mehrleistungen gegenüber dem § 182 Nr. 2 vor. Führt die Satzung sie ein, so hat jedes Mitglied einen Rechtsanspruch auf sie.

Die RVO. sieht von den bisherigen Erschwerungen, welche sich im alten KVG. § 21 betreffs Gewährung von Krankengeld für Sonn- und Feiertage finden, ab. Eine Ergänzung der Vorschrift bringt § 384 Abs. 3.

Abs. 2 ermöglicht die Beseitigung der Karenzzeit, die der Simulationen vorzubeugen und verhüten soll, daß die Versicherten sich schon bei den geringfügigsten Störungen des Wohlbefindens krank melden. Dagegen verliert die Karenzzeit bei wirklich ernsten, länger dauernden Erkrankungen ihre eigentliche Bedeutung und enthält eine gewisse Härte gegenüber den Versicherten.

Das Krankengeld für die Karenztage ist erst nach Ablauf der einwöchigen Krankheitsdauer zu bezahlen (Ausnahmen von § 210).

Die Entscheidung des OVA. erfolgt nach freiem Ermessen (vgl. § 324).

Verwirkung des Krankengeldes.

§ 192. Die Satzung kann Mitgliedern das Krankengeld ganz oder teilweise versagen, wenn sie

1. die Kasse durch eine strafbare Handlung geschädigt haben, die mit Verlust der bürgerlichen Ehrenrechte bedroht ist, für die Dauer eines Jahres nach der Straftat,
2. sich eine Krankheit vorsätzlich oder durch schuldhafte Beteiligung bei Schlägereien oder Raufhändeln zugezogen haben, für die Dauer dieser Krankheit.

Vgl. § 6a Abs. 1, Nr. 2, § 26a Abs. 2, Nr. 2, § 64, § 72 Abs. 3, § 73 Abs. 1 KVG.

Ob und in welchem Umfang das Krankengeld versagt wird, kann nicht der Entscheidung im Einzelfall überlassen bleiben, sondern muß ein für alle Mal bestimmt werden. Die Versagung ist nur hinsichtlich des Krankengeldes möglich, Krankenpflege ist zu gewähren; ebenso das Hausgeld gemäß § 186.

Nr. 1: Eine Verurteilung braucht nicht erfolgt zu sein. Mit dem Verlust der bürgerlichen Ehrenrechte bedrohte Handlungen sind sämtliche Verbrechen, auf welchem Todes- oder Zuchthausstrafe steht; außerdem insbesondere Urkundenfälschung, Betrug, Untreue, Diebstahl, Unterschlagung, Beiseiteschaffung amtlich aufbewahrter Urkunden etc.

Nr. 2: Die Trunkfälligkeit, welche das Krankenversicherungsgesetz noch als Grund für die Versagung des Krankengeldes anführte, ist hier mit Rücksicht auf die Vorschriften der §§ 120, 121 nicht mehr erwähnt.

Regelung der Krankenpflege durch die Satzung.

§ 193. Die Satzung kann mit Zustimmung des Oberversicherungsamts für kleinere Heilmittel einen Höchstbetrag festsetzen, auch bestimmen, daß die Kasse bis zu dieser Höhe einen Zuschuß für größere Heilmittel gewähren darf.

Sie kann bei der Krankenpflege noch andere als kleinere Heilmittel, insbesondere Krankenkost, zubilligen.

Sie kann Versicherten, die freiwillig Mitglieder der Kasse bleiben (§ 313), statt der Krankenpflege den Betrag mindestens des halben Krankengeldes dann zubilligen, wenn sie sich nicht im Bezirke der Kasse oder des Versicherungsamts aufhalten.

Abs. 1: Neu.

Abs. 2 und 3: § 21 Abs. 1, Nr. 2, § 27 Abs. 3, § 64, § 72 Abs. 3, § 73 Abs. 1 KVG.

Die Vorschrift im ersten Absatz ist neu. Sie ermöglicht es künftig den Kassen, ziffernmäßig festzulegen, was als kleineres Heilmittel im Sinne des § 182 Nr. 1 gilt. Wird ein Zuschuß für größere Heilmittel (z. B. Badereisen) eingeführt, so stellt seine Gewährung lediglich eine Befugnis der Kasse, nicht aber einen Anspruch des Mitglieds dar. Die Erteilung der Zustimmung steht im Ermessen des OVA. Über die Versagung entscheidet die Beschlußkammer endgiltig (§ 324 Abs. 3).

Der in Abs. 3 vorgesehene Ersatz für Krankenpflege bestimmt sich wohl nach dem Krankengeld (§ 182 Nr. 2), behält aber im übrigen seine Natur als Sachleistung. Er ist für die Karenzzeit und für Sonn- und Feiertage zu leisten und unterliegt nicht den Beschränkungen der §§ 189, 192. Auf freiwillig Beitretende (§ 176) bezieht sich die Bestimmung nicht.

Zustimmung des OVA. ist in Abs. 2 und 3 nicht erforderlich.

Mehrleistung an Hausgeld. Krankengeld neben Krankenhauspflege.

§ 194. Die Satzung kann

1. das Hausgeld bis zum Betrage des gesetzlichen Krankengeldes erhöhen,
2. Versicherten, für die kein Hausgeld zu zahlen ist, neben der Krankenhauspflege ein Krankengeld bis zur Hälfte des gesetzlichen Betrags zubilligen.

Vgl. § 21 Abs. 1, Nr. 3, § 64, § 72 Abs. 3, § 73 Abs. 1 KVG.

Führt die Satzung diese Mehrleistungen ein, so haben die Mitglieder Anspruch darauf.

Regelmäßig beträgt das Hausgeld nur die Hälfte des Krankengeldes (§ 186) und besteht neben Krankenhauspflege kein Anspruch auf Krankengeld (§ 184).

III. Wochenhilfe.

Vorbemerkung.

Mit dem Ausdruck Wochenhilfe umfaßt das Gesetz alle Unterstützungen, welche die Krankenkassen ihren weiblichen Mitgliedern vor und nach der Niederkunft gewährt. Die bare Unterstützung an Wöchnerinnen, welche die RVO. als „Wochengeld“ bezeichnet, gehört nunmehr zu den Regelleistungen der Krankenversicherung, während das Krankenversicherungsgesetz sie bei der Gemeindekrankenversicherung nicht mit umfaßte.

Es handelt sich bei der Wochenhilfe um dassselbe, was in der Regel mit dem Schlagwort „Mutterschaftsversicherung" bezeichnet wird. Nicht nur in der Kommissionsberatung, sondern auch bei der Plenarberatung und außerhalb des Parlements wurden von den verschiedenen Seiten eine weitere Ausgestaltung gerade dieses Zweiges der Versicherung, eine zeitgemäße Förderung des Mutterschutzes und der Säuglingsfürsorge verlangt, ohne daß jedoch diese Bestrebungen nennenswerten Erfolg gezeitigt haben. Das Reichstagsplenum hat in einer seiner letzten Sitzungen sogar eine sehr scharf befehdete Herabsetzung der Wochenhilfe gegenüber den Beschlüssen der Kommission bei den Landkrankenkassen für angebracht gehalten (vgl. § 195).

Wochengeld.

§ 195. Wöchnerinnen, die im letzen Jahre vor der Niederkunft mindestens sechs Monate hindurch auf Grund der Reichsversicherung oder bei einer knappschaftlichen Krankenkasse gegen Krankheit versichert gewesen sind, erhalten ein Wochengeld in Höhe des Krankengeldes für acht Wochen, von denen mindestens sechs in die Zeit nach der Niederkunft fallen müssen.

Für Mitglieder der Landkrankenkassen, die nicht der Gewerbeordnung unterstehen, bestimmt die Satzung die Dauer des Wochengeldbezuges auf mindestens vier und höchstens acht Wochen.

Neben Wochengeld wird Krankengeld nicht gewährt; die Wochen nach der Niederkunft müssen zusammenhängen.

Vgl. § 20 Abs. 1, Nr. 2, § 64, § 72 Abs. 3, § 73 Abs. 1 KVG.

Im § 195 ist die Zeitdauer, während deren das Wochengeld zu gewähren ist (acht Wochen statt wie bisher sechs), mit der neuen Vorschrift des Gesetzes, betreffend die Abänderung der Gewerbeordnung, vom 28. Dezember 1908 (Reichs-Gesetzblatt S. 667), in Einklang gebracht worden. Nach diesem erhält § 137 Abs. 6 der Gewerbeordnung folgende Fassung: „Arbeiterinnen dürfen vor und nach ihrer Niederkunft im ganzen während acht Wochen nicht beschäftigt werden. Ihr Wiedereintritt ist an den Ausweis geknüpft, daß seit ihrer Niederkunft wenigstens sechs Wochen verflossen sind." Diese Vorschrift bezieht sich in der Hauptsache nur auf Arbeiterinnen in Betrieben mit mehr als zehn Beschäftigten. In der RVO. muß indessen die zeitliche Ausdehnung der Leistung allgemein stattfinden. Denn es wäre unbillig, die nichtgewerblichen Arbeiterinnen schlechter zu stellen, obwohl sie Mitglieder der gleichen Krankenkasse sein können und die gleichen Beiträge zahlen müssen. Nur bei den Landkrankenkassen ist eine unterschiedliche Behandlung möglich. S. Vorbem.

Wöchnerinnen sind Personen unmittelbar nach einer Entbindung. Ob es sich um eine Niederkunft handelt, wenn eine Totgeburt, eine Frühgeburt oder eine Fehlgeburt erfolgt, ist eine vom Arzt zu beantwortende Tatfrage. Bei Totgeburten dürfte fast stets die Voraussetzung für Wochenhilfe als vorliegend anzusehen sein; die anderen Fälle können Krankheiten darstellen. Daß eine normale Schwangerschaft und Wochenbett keine Krankheit darstellen, ist bereits bei § 182 ausgeführt.

Ob es sich um eheliche oder uneheliche Geburten handelt, macht hinsichtlich der Unterstützungen keinen Unterschied.

Nicht das „Krankengeld", sondern ein ihm gleicher Betrag ist als Wochengeld zu zahlen. Es handelt sich mithin, wie schon nach dem Krankenversicherungsgesetz, um eine rechtlich selbständige Leistung, die ohne Rücksicht auf tatsächliche Arbeitsunfähigkeit gewährt wird; die Wöchnerin soll nicht arbeiten, sondern sich schonen.

Da sich das Wochengeld in seiner Höhe nach dem Krankengeld (§ 182) richtet, so wird es, falls die Kasse nur die Regelleistungen gewährt, lediglich für Arbeitstage gezahlt.

Eine Karenzfrist kennt das Gesetz bei der Wochenhilfe jedoch nicht. Auch § 192 ist nicht anwendbar.

§ 195 betrifft nur versicherte Wöchnerinnen. Wegen Wochenhilfe an versicherungsfreie Ehefrauen von Versicherten vgl. § 205 Nr. 2.

Aufnahme ins Wöchnerinnenheim.

§ 196. Mit Zustimmung der Wöchnerinnen kann die Kasse

1. an Stelle des Wochengeldes Kur und Verpflegung in einem Wöchnerinnenheim gewähren,
2. Hilfe und Wartung durch Hauspflegerinnen gewähren und dafür bis zur Hälfte des Wochengeldes abziehen.

Im Falle der Nr. 1 gilt § 186 entsprechend.

Der § 196 wurde erst in der Kommissionsberatung zugesetzt. Die Gewährung dieser Ersatzleistungen entspricht den Grundgedanken des § 184. Eine Verpflichtung der Kasse zur Gewährung der Ersatzleistungen besteht so wenig wie dort.

Welche Einrichtungen als Wöchnerinnenheim gelten, wird zunächst die Kasse zu entscheiden haben. Neben der Kur und Pflege ist nach Abs. 2 ein Hausgeld im Betrag des halben Krankengeldes an die Angehörigen zu zahlen; vgl. die Anm. zu § 186.

Zu Nr. 2 vgl. § 185.

Ausgleich zwischen mehreren Kassen.

§ 197. Ist die Wöchnerin während des letzten Jahres bei mehreren Krankenkassen, knappschaftlichen Krankenkassen oder Ersatzkassen versichert gewesen, so haben die anderen der leistungspflichtigen Kasse für die Leistungen aus den §§ 195, 196 auf Verlangen den Betrag des Wochengeldes nach Verhältnis der Mitgliedzeit zu erstatten.

Neu.

Die Vorschrift beruht auf einem Wunsche, den viele Krankenkassen auf Grund ihrer praktischen Wahrnehmungen geäußert haben. Sie soll dazu dienen, die Abschiebung weiblicher Versicherter, die ihrer Niederkunft entgegensehen, an andere Krankenkassen zu verhindern.

Streitigkeiten werden im Spruchverfahren durch das Versicherungsamt entschieden; § 224.

Geburtshilfe.

§ 198. Die Satzung kann versicherungspflichtigen Ehefrauen oder allen weiblichen Versicherungspflichtigen unter der Voraussetzung des § 195 Abs. 1 Hebammendienste und ärztliche Geburtshilfe, die bei der Niederkunft erforderlich werden, zubilligen.

Vgl. § 21 Abs. 1, Nr. 4, § 64, § 72 Abs. 3, § 73 Abs. 1 KVG.

Die in diesem Paragraphen fakultativ gestattete erweiterte Wochenhilfe wurde als obligatorische Leistung von den verschiedensten Seiten gefordert. Demgegenüber ist bei der Vorberatung der Reichsversicherungsordnung sowohl im Preußischen Staatsministerium als auch von den anderen Regierungen im Bundesrat ausdrücklich beschlossen worden, daß über die sehr beträchtliche

Mehraufwendung hinaus, „welche die Vorlage in Aussicht nehme, weiteren Belastungen des Reichs oder des deutschen Wirtschaftslebens mit höheren Versicherungsleistungen nicht zugestimmt werden könne.“ Demgemäß erklärte der Staatssekretär des Innern, „er halte es für ausgeschlossen, daß die verbündeten Regierungen einem Beschlusse des Reichstags beitreten, der die Mehrleistungen (obligatorisch) einführt. Wenn ein solcher Beschluß gefaßt werden sollte, so würde dadurch die Reichsversicherungsordnung für die Regierung unannehmbar werden.“

Während die regelmäßige Wochenhilfe eine Unterscheidung ehelicher und außerehelicher Geburten nicht kennt, kann hier eine solche eingeführt werden. Die Bestimmung gilt für Versicherungsberechtigte nicht.

Während die regelmäßige Wochenhilfe eine Unterscheidung ehelicher und außerehelicher Geburten nicht kennt, kann hier eine solche eingeführt werden. Die Bestimmung gilt für Versicherungsberechtigte nicht.

Schwangerschaftsunterstützung.

§ 199. Die Satzung kann Schwangeren, die der Kasse mindestens sechs Monate angehören,

1. wenn sie infolge der Schwangerschaft arbeitsunfähig werden, ein Schwangerengeld in Höhe des Krankengeldes bis zur Gesamtdauer von sechs Wochen zubilligen,
2. auf die Dauer dieser Leistung die Zeit der Gewährung des Wochengeldes vor der Niederkunft anrechnen,
3. Hebammendienste und ärztliche Behandlung, die bei Schwangerschaftsbeschwerden erforderlich werden, zubilligen.

Vgl. § 21 Abs. 1, Nr. 4, § 64, § 72 Abs. 3, § 73 Abs. 1 KVG.

Eine regelmäßig verlaufende Schwangerschaft ist keine Krankheit. Geht sie aber in eine solche über, so tritt die gewöhnliche Krankenhilfe ein.

Das Schwangerengeld ist wie das Wochengeld eine rechtlich selbständige Leistung (vgl. die Anm. zu § 195), auf die gegebenenfalls ein Rechtsanspruch besteht.

Voraussetzung der Gewährung ist nicht wie in §§ 195 Abs. 1, 198 Zugehörigkeit zur Krankenversicherung, sondern Zugehörigkeit zu einer bestimmten einzelnen

Kasse. Ununterbrochen braucht aber die Zugehörigkeit nicht zu sein.

Nr. 2 ist eine Ergänzung, die durch die Ausdehnung der Dauer der Unterstützung nach § 195 erforderlich geworden ist. Nach der letzteren Vorschrift kann ein Wochengeld bis zur Dauer von zwei Wochen bereits für die Zeit vor der Niederkunft gewährt werden. Insoweit stellt sich diese Leistung der Krankenkasse schon als eine dem Schwangerengelde gleiche Unterstützung während der Schwangerschaft dar. Tatsächlich kann eine solche Beihilfe demnach bis zur Dauer von acht Wochen gewährt werden. Es bleibt aber, nach Ziffer 2, der Satzung überlassen, hier eine Anrechnung vorzuschreiben.

Über die Begriffe der Arbeitsunfähigkeit und der ärztlichen Behandlung siehe oben bei § 182.

Stillgeld.

§ 200. Die Satzung kann Wöchnerinnen der im § 195 Abs. 1 bezeichneten Art, so lange sie ihre Neugeborenen stillen, ein Stillgeld bis zur Höhe des halben Krankengeldes und bis zum Ablauf der zwölften Woche nach der Niederkunft zubilligen.

Neu.

Diese neue Vorschrift gewährt Krankenkassen, die sich in günstiger Vermögenslage befinden, die vielfach erwünschte Möglichkeit, sich auf dem wichtigen Gebiete der Säuglingsfürsorge in zweckmäßiger Weise zu betätigen. Die Bestimmung ist ein weiterer erfreulicher Fortschritt in der Richtung, die Krankenversicherung in den Dienst der allgemeinen Volkswohlfahrt und Hygiene zu stellen; denn das Selbststillen der Mütter ist von größter Bedeutung für die Gesundheit und Lebensdauer der Säuglinge.

Das Stillgeld wird neben dem Wochengeld (§ 195) gewährt und teilt seine rechtliche Natur. Seine Auszahlung wird die Vorlage einer ärztlichen Bescheinigung notwendig machen.

IV. Sterbegeld.

Höhe des Sterbegelds.

§ 201. Als Sterbegeld wird beim Tode eines Versicherten das Zwanzigfache des Grundlohns gezahlt.

Vgl. § 20 Abs. 1, Nr. 3, § 64, § 72 Abs. 3, § 73 Abs. 1 KVG.

Diese Bestimmung entspricht ebenso dem bisherigen Recht wie der Inhalt der folgenden Paragraphen. Neu ist nur, daß nunmehr alle gegen Krankheit Versicherten ohne Ausnahme Anspruch auf das Sterbegeld haben.

Dem Tode gleich ist die Todeserklärung zu behandeln.

Die Todesursache spielt nur insofern eine Rolle, als bei Tod durch Betriebsunfall die UV. Platz greift, s. § 586 Nr. 1. Soweit die Krankenkasse das Sterbegeld bezahlt, erhält sie von dem Träger der UV. Ersatz (§§ 1501, 1502). Das Sterbegeld ist auch bei vorsätzlicher Herbeiführung des Todes durch Selbstmord zu zahlen.

Auch beim Tod eines ehemals Versicherten kann die Auszahlung eines Sterbegeldes in Frage kommen, wenn die im nächsten Paragraph bezeichneten Voraussetzungen vorliegen.

Sterbegeld beim Tode eines nicht Versicherten kann als Mehrleistung nach (§ 205 Nr. 3 gewährt werden.

Wegen Grundlohn vergl. §§ 180, 181; im übrigen auch §§ 214 Abs. 2, 294, 425, 432, 452, 484.

Sterbegeld ausgeschiedener Mitglieder.

§ 202. Stirbt ein als Mitglied der Kasse Erkrankter binnen einem Jahre nach Ablauf der Krankenhilfe an derselben Krankheit, so wird das Sterbegeld gezahlt, wenn er bis zum Tode arbeitsunfähig gewesen ist.

Vgl. § 20 Abs. 3, § 64, § 72 Abs. 3, § 73 Abs. 1 KVG.

Arbeitsunfähige bleiben Mitglieder, solange die Kasse ihnen Leistungen zu gewähren hat (§ 311). Tritt der Tod während dieser Zeit ein, so ist Sterbegeld nach § 201 zu bezahlen. Mit dem Bezug der Kassenleistungen endet aber auch die Mitgliedschaft und ist Sterbegeld nur noch unter den Voraussetzungen des § 202 zu gewähren. Diese Voraussetzungen sind: Erkrankung als Mitglied, Arbeitsunfähigkeit bis zum Tode, Tod binnen einem Jahre nach Ablauf der Krankenhilfe und Tod an derselben Krankheit. Unter Krankheit ist hier dieselbe nicht gehobene Krankheitsursache (§ 188 Satz 2) zu verstehen.

Vgl. auch § 214.

Auszahlung des Sterbegelds.

§ 203. Vom Sterbegeld werden zunächst die Kosten des Begräbnisses bestritten und an den gezahlt, der das Begräbnis besorgt hat. Bleibt ein Überschuß, so sind nacheinander der Ehegatte, die Kinder, der Vater, die Mutter, die Geschwister bezugsberechtigt, wenn sie mit dem Verstorbenen zur Zeit seines Todes in häuslicher Gemeinschaft gelebt haben. Fehlen solche Berechtigten, so verbleibt der Überschuß der Kasse.

Vgl. § 20 Abs. 4, § 64, § 72 Abs. 3, § 73 Abs. 1 KVG.

Unter Begräbnis ist auch die Feuerbestattung zu verstehen. Findet eine Bestattung überhaupt nicht statt (z. B. Todeserklärung), so ist das ganze Sterbegeld Überschuß.

Die RVO. regelt die Zahlung des etwa verbleibenden Überschusses eingehender, als es das Krankenversicherungsgesetz tat, und beschränkt sie, dem Zwecke der Leistung entsprechend, auf die nächsten Angehörigen des Haushalts.

Mehrleistungen an Sterbegeld.

§ 204. Die Satzung kann das Sterbegeld bis zum Vierzigfachen des Grundlohns erhöhen, auch den Mindestbetrag auf fünfzig Mark festsetzen.

Vgl. § 21 Abs. 1, Nr. 6, § 64, § 72 Abs. 3, § 73 Abs. 1 KVG.

Die Festsetzung darf für die verschiedenen Klassen der Versicherten nur gleichmäßig nach dem Grundlohn erfolgen. Ein anderer Maßstab ist unzulässig.

Über diesen Betrag darf die Kasse nicht gehen (§ 179 Abs. 3). Wegen Grundlohn siehe §§ 180, 181.

V. Familienhilfe.

§ 205. Die Satzung kann zubilligen

1. Krankenpflege an versicherungsfreie Familienmitglieder der Versicherten,
2. Wochenhilfe an versicherungsfreie Ehefrauen der Versicherten.
3. Sterbegeld beim Tode des Ehegatten oder eines Kindes eines Versicherten. Es kann für den Ehegatten bis auf zwei Drittel, für ein Kind bis auf die Hälfte des Mitglieder-Sterbegeldes bemessen werden und ist um den Betrag des Sterbegeldes zu kürzen, auf das der Verstorbene selbst gesetzlich versichert war.

Vgl. § 6a Abs. 1, Nr. 5, § 21 Abs. 1, Nr. 5, 7, § 64, § 72 Abs. 3, § 73 Abs. 1 KVG.

Familienhilfe ist die Unterstützung erkrankter Angehörigen eines Versicherten, im Gegensatz zum Hausgeld (§ 186), das bei Erkrankung des Versicherten selbst gewährt wird.

Die Familienversicherung ist nach wie vor nicht obligatorisch, sondern nur eine freiwillige Mehrleistung der Kassen. Über das hier gegebene Maß darf nicht gegangen werden (§ 179 Abs. 3). Dagegen kann die Kasse beliebig darunter bleiben und Beschränkungen vorsehen.

Die Krankenkassen konnten bisher freie Krankenpflege für Familienangehörige satzungsmäßig entweder allgemein beschließen und dann keine Zusatzbeiträge erheben, oder sie nur auf Antrag gewähren und Zusatzbeiträge erheben. Die RVO. sieht von der Versicherung nur auf Antrag ab und gestattet lediglich ihre allgemeine Einführung, diese aber unter der Möglichkeit, Zusatzbeiträge zu erheben (§ 384 Abs. 2). Die an sich erwünschte Ausbreitung dieser der Satzung überlassenen Maßnahmen dürfte damit gefördert werden.

Die Familienhilfe wird trotz Ruhens der Krankenhilfe gewährt (§ 216 Abs. 2).

Nr. 1. Der Kreis der Familienmitglieder wird in der Satzung näher zu umschreiben sein.

Krankenpflege, nicht Krankenhilfe, wird gewährt, also kein Krankengeld; vgl. § 182.

Nr. 2. Den nicht selbst versicherungspflichtigen Ehefrauen der Kassenmitglieder konnte die Satzung nach dem Krankenversicherungsgesetz in der Fassung, die es vor der Novelle von 1903 hatte, im Falle der Entbindung die Wöchnerinnenunterstützung gewähren. Die genannte Novelle ließ für diese Personen die Gewährung der Schwangerschaftsunterstützung zu, der Wortlaut ihrer Vorschrift hierüber ist indessen, wohl nicht der Absicht des Gesetzgebers entsprechend, so gefaßt worden, daß die Möglichkeit fortfiel, fernerhin daneben auch die Wöchnerinnenunterstützung zu gewähren. Die RVO. stellt diese Möglichkeit für seine Wochenhilfe wieder her, wobei auch hier die zeitliche Ausdehnung gemäß § 195 Platz greift.

Ob in Nr. 2 ohne weiteres die Wartezeiten der §§ 195, 198, 199, 200 gelten, ist nicht unzweifelhaft. Jedenfalls können sie aber durch die Satzung angeordnet werden.

Vgl. auch § 384 Abs. 2.

Nr. 3. Hier ist Versicherungsfreiheit nicht verlangt, aber einem Doppelempfang des gesetzlichen Sterbegeldes vorgebeugt. Der Anspruch steht auch der unehelichen Mutter zu. Wegen der Höhe des Mitglieder-Sterbegeldes vgl. §§ 201, 204.

VI. Gemeinsame Vorschriften.

Vorbemerkung.

Dieser Abschnitt stellt eine Reihe allgemeiner Vorschriften, die für alle Leistungen gemeinsam gelten, in besserer Übersicht als bisher zusammen.

Beginn des Anspruchs Versicherungspflichtiger.

§ 206. Für die Versicherungspflichtigen entsteht der Anspruch auf die Regelleistungen mit ihrer Mitgliedschaft (§§ 306 bis 308).

Vgl. § 26 Abs. 1, Satz 1, § 64, § 72 Abs. 3, § 73 Abs. 1 KVG.

Eine Wartezeit (Karenzfrist) kann also nur für die Mehrleistungen bestimmt werden (§ 208). Wegen Regelleistungen vgl. § 179.

Wartezeit für freiwillig Beitretende.

§ 207. Die Satzung kann bestimmen, daß der Anspruch Versicherungsberechtigter, die der Kasse freiwillig beigetreten sind, erst nach einer Wartezeit von höchstens sechs Wochen entsteht.

Vgl. § 6a Abs. 1, Nr. 1, § 26a Abs. 2, Nr. 4, § 64, § 72 Abs. 3, § 73 Abs. 1 KVG.

Wird eine solche Vorschrift nicht getroffen, so entsteht auch der Anspruch Versicherungsberechtigter mit ihrer Mitgliedschaft, also mit dem Beitritt (§ 310). Eine beim Beitritt bestehende Erkrankung begründet aber keinen Anspruch auf Leistungen (§ 310 Abs. 2).

Für solche, die nicht freiwillig beigetreten sind, sondern die Versicherung freiwillig fortsetzen (§ 313), darf eine Wartezeit nicht angeordnet werden.

Tritt der Versicherungsfall vor Ablauf der Wartezeit ein, so ist für diese Krankheit ein Anspruch auch nach Ablauf der Wartezeit nicht begründet.

Wartezeit für Mehrleistungen.

§ 208. Sie kann bestimmen, daß der Anspruch auf Mehrleistungen der Kasse erst nach einer Wartezeit von höchstens sechs Monaten nach dem Beitritt entsteht. Eine solche Bestimmung gilt nicht für Mitglieder, die binnen der letzten zwölf Monate bereits für mindestens sechs Monate Anspruch auf Mehrleistungen einer Krankenkasse oder einer knappschaftlichen Krankenkasse gehabt haben.

Vgl. § 26 Abs. 3, § 64, § 72 Abs. 3, § 73 Abs. 1 KVG.

Dieser Paragraph gestattet die Einführung einer Wartezeit für alle Versicherten, also für die Versicherungspflichtigen wie für die -berechtigten, jedoch nur für Mehrleistungen der Kasse im Sinne von § 179 Abs. 3.

Der Anspruch auf Mehrleistungen besteht nur für Versicherungsfälle, die nach Ablauf der Wartezeit eintreten, nicht etwa auch für vorher eingetretene nach Ablauf der Wartezeit.

Der zweite Satz des § 208 beseitigt die Härte, die damit verbunden war, wenn Mitglieder einer Kasse, die sich deren Mehrleistungen durch lange Beitragszahlung erworben haben, zu einer anderen Kasse mit Karenzzeit übertraten. Namentlich im Kreise der kaufmännischen Angestellten ist dieser Übelstand oft schmerzlich empfunden worden. Daß die Mehrleistungen der beteiligten Kassen einander nach Umfang und Wert gleichstehen, wird nicht verlangt.

Beachte auch § 209.

Unterbrechung der Wartezeit.

§ 209. Durch Ausscheiden aus der Mitgliedschaft kann diese Wartezeit auf die Dauer von höchstens sechsundzwanzig Wochen unterbrochen werden.

Die Dauer erhöht sich für Mitglieder, die zur Erfüllung ihrer Dienstpflicht in Heer oder Marine ausscheiden, um diese Dienstzeit.

Vgl. § 26 Abs. 2, § 64, § 72 Abs. 3, § 73 Abs. 1 KVG.

Die Bestimmung besagt, daß auf die Wartezeit auch eine frühere Mitgliedschaft anzurechnen ist, sofern sie nicht weiter als 26 Wochen zurückliegt. Die Wartezeit braucht also nicht ununterbrochen zurückgelegt zu werden. Der Grund des Austritts ist gleichgiltig. Wegen der Berechnung siehe § 126.

Auszahlung der Barleistungen.

§ 210. Die Barleistungen mit Ausnahme des Sterbegeldes werden mit Ablauf jeder Woche ausgezahlt.

Vgl. § 6 Abs. 3, § 20 Abs. 1, Nr. 1, § 64, § 72 Abs. 3, § 73 Abs. 1 KVG.

Die bisherige auf die Auszahlung des Krankengeldes beschränkte Vorschrift, ist nunmehr auf alle Barleistungen ausgedehnt. Ob die Auszahlung wöchentlich an einem bestimmten Tage, oder jeweils eine Woche nach Beginn des Krankengeldbezugs zu erfolgen hat, bestimmt die Satzung. Vorauszahlung ist nicht zulässig.

Schwebende Unterstützungsansprüche bei Satzungsänderungen.

§ 211. Für Versicherungsfälle, die bereits eingetreten sind, können durch Satzungsänderung die Leistungen erhöht, nicht aber herabgesetzt werden; Änderungen des Grundlohns haben keinen Einfluß.

Vgl. § 26a Abs. 3, § 64, § 72 Abs. 3, § 73 Abs. 1 KVG.

§ 211 regelt eine Frage, die gegenüber § 26a Abs. 3 des Krankenversicherungsgesetzes bestritten war.

An sich ist für die Ansprüche des Versicherten lediglich der Zeitpunkt des Eintritts des Versicherungsfalles bestimmend. § 211 gestattet der Satzung nur, höhere als die bisher gewährten Leistungen auch für schwebende Ansprüche zuzubilligen, schließt aber Schlechterstellung bei Herabsetzung der Kassenleistungen aus. Zur Vermeidung von Weitläufigkeiten ist aber Änderungen des Grundlohns (§§ 180, 181) die Berücksichtigung versagt worden.

Wechsel der Kasse während der Unterstützung.

§ 212. Tritt ein Versicherter, der Kassenleistungen bezieht, zu einer anderen Kasse über, so übernimmt sie die weitere Leistung nach ihrer Satzung. Die Zeit der bereits genossenen Leistung wird angerechnet.

Die Mehrleistungen erhält er nur, wenn er schon in seiner früheren Kasse Anspruch auf Mehrleistungen erworben hatte.

Neu.

Im bisherigen Recht war die Frage bestritten, wie schwebende Unterstützungsansprüche eines Mitglieds beim Wechsel seiner Kasse zu behandeln seien. Dieser Streitfrage macht der vorliegende Paragraph ein Ende. Da die Reichsversicherung eine einheitliche Einrichtung ist und jeder Anspruch, der auf ihr beruht, in sich als ein einheitliches Ganzes betrachtet werden muß, so kann es sich nur darum handeln, wie die verschiedenen Träger die Verpflichtung unter sich zu teilen haben.

Die Anrechnung der von der alten Kasse gewährten Leistung erfolgt so, als sei der Versicherte bis dahin schon von der neuen Kasse nach dem Maße ihrer eigenen Satzung unterstützt worden. Ohne Belang bleibt es, ob die Leistungen der beiden Kassen ihrer Höhe nach gleich oder verschieden bemessen sind.

Hatte der Übertretende bei der alten Kasse schon einen Anspruch auf Mehrleistungen, so erhält er die Mehrleistungen der neuen Kasse auch dann, wenn diese gemäß § 208 an die Erfüllung einer Wartezeit geknüpft sind. Umgekehrt erhält er die Mehrleistungen der neuen Kasse, auch wenn er die Voraussetzungen dafür erfüllen würde, dann nicht, wenn er bei der alten Kasse keine Mehrleistungen bezog, sei es weil die Kasse überhaupt keine kannte, oder weil er die dort vorgeschriebene Wartezeit nicht erfüllt hatte.

Unter „Versicherter" ist nur ein Versicherungspflichtiger zu verstehen.

Leistungen an irrtümlich Versicherte.

§ 213. Hat eine Kasse für eine Person nach vorschriftsmäßiger und nicht vorsätzlich unrichtiger Anmeldung drei Monate ununterbrochen und unbeanstandet die Beiträge angenommen und stellt sich nach Eintritt des Versicherungsfalles heraus, daß die Person nicht versicherungspflichtig und nicht versicherungsberechtigt gewesen ist, so muß ihr die Kasse gleichwohl die satzungsmäßigen Leistungen gewähren.

Neu.

Die Bestimmung ist erst in den Reichstagsverhandlungen eingefügt worden. Die festgestellte Leistungspflicht der Kasse beruht nicht auf dem Zustandekommen eines Versicherungsverhältnisses, sondern lediglich auf Zahlung und Entgegennahme der Beiträge. Man hielt es für unbillig, wenn die Kasse längere Zeit die Beiträge annehme, dann aber später, wo der Erkrankte nicht mehr die Möglichkeit anderweitiger Versicherung habe, ihre Leistung verweigere.

Voraussetzung der Leistung ist also vorschriftsmäßige und nicht vorsätzlich unrichtige Anmeldung und dreimonatliche ununterbrochene und unbeanstandete Beitragsleistung. Dagegen braucht man nicht zu verlangen, daß der Mangel der Versicherungspflicht oder des Versicherungsrechtes erst nach Eintritt des Versicherungsfalles entdeckt werde; vielmehr wird die Kasse auch dann verpflichtet sein, wenn sie den Mangel zwar vorher entdeckt aber nicht beanstandet. Selbstverständlich hat die Kasse auch nach drei Monaten noch das Recht, falls der Versicherungsfall noch nicht eingetreten ist, die Mitgliedschaft durch Erklärung gegenüber dem Versicherten zu beanstanden und sich so von einer späteren Leistung zu befreien. Ob sie dann die Beiträge zurückerstatten muß, bestimmt sich nach dem bürgerlichen Rechte.

Wegen Ungewißheit, welche von mehreren Kassen verpflichtet ist, vgl. § 315.

Leistungen bei Ausscheiden wegen Erwerbslosigkeit.

§ 214. Scheiden Versicherte wegen Erwerbslosigkeit aus, die in den vorangegangenen zwölf Monaten mindestens sechsundzwanzig Wochen oder unmittelbar vorher mindestens sechs Wochen versichert waren, so verbleibt ihnen der Anspruch auf die Regelleistungen der Kasse, wenn der Versicherungsfall während der Erwerbslosigkeit und binnen drei Wochen nach dem Ausscheiden eintritt. Die Kasse hat dem Berechtigten auf Antrag seinen Anspruch auf diese Leistungen zu bescheinigen.

Sterbegeld wird auch nach Ablauf der drei Wochen gewährt, wenn die Krankenhilfe bis zum Tode geleistet worden ist.

Der Anspruch fällt weg, wenn der Erwerbslose sich im Ausland aufhält und die Satzung nichts anderes bestimmt.

Vgl. § 28, § 64, § 72 Abs. 3, § 73 Abs. 1 KVG.

Dieser Paragraph gewährt wie § 215 eine Kassenleistung nach beendeter Mitgliedschaft; er ist ein Ansatz zur Arbeitslosenversicherung. Die Bestimmung entspricht dem bisherigen Recht und kann leicht einen Anreiz zur Simulation bilden. Insofern ist jedoch eine Änderung zum Schutz der Kassen gegen mißbräuchliche Ausnutzung neu eingefügt, als die bisherige Versicherungsdauer von drei Wochen auf eine solche von sechs Wochen verlängert worden ist. Andererseits ist nunmehr zugunsten der Versicherten die 26wöchige Frist eingeführt, die nicht ununterbrochen unmittelbar vor dem Ausscheiden liegen muß.

Die Bestimmung bezieht sich nicht auf freiwillige Mitglieder, denn diese können nicht „wegen Erwerbslosigkeit" ausscheiden; unter „Versicherten" sind also nur Versicherungspflichtige zu verstehen.

Erwerbslosigkeit ist mangelnde entgeltliche Beschäftigung, bei der es auf den Grund nicht ankommt. Es haben also z. B. auch Streikende und Kontraktbrüchige den Anspruch. Nur vorübergehender kleiner Verdienst oder ein Geschenk kann als Beseitigung der Erwerbslosigkeit nicht angesehen werden. Als Erwerbslos ist auch zu betrachten, wer einen Arbeitsvertrag abgeschlossen, die Beschäftigung aber noch nicht begonnen hat. Verdienst Angehöriger hat keinen Einfluß auf die Erwerbslosigkeit.

Gegenstand des Anspruchs sind lediglich die Regelleistungen (§ 179).

Abs. 2 stellt eine bisher streitige Frage zu Gunsten der Versicherten klar.

Wegen Berechnung der Fristen vgl. §§ 124 flg.

Beschränkung der Versicherungsberechtigten.

§ 215. Bestimmt der Bundesrat, daß Personen, die nach § 168 versicherungsfrei sind, freiwillig der Versicherung beitreten können, so kann er die Regelleistungen für sie auf Krankenpflege oder auf Krankenhauspflege ohne Hausgeld oder deren Ersatz (§ 185) ohne Krankengeld beschränken.

Für diejenigen, welche der Versicherung freiwillig beitreten, kann die Satzung mit Zustimmung des Oberversicherungsamts die Kassenleistungen entweder in gleichem Maße oder auf das Krankengeld beschränken.

Für solche Versicherte sind die Beiträge entsprechend zu ermäßigen.

Neu.

Diese Beschränkung für die Versicherungsberechtigten rechtfertigt sich daraus, daß sie ein besonders gefährliches Risiko für die Kassen darstellen (vgl. § 146).

Abs. 1 bezieht sich auf die Personen, die nach einem noch zu erlassenden Bundesratsbeschluß durch Verrichtung vorübergehender Dienstleistungen versicherungsberechtigt werden (vgl. § 176 Abs. 2). Abs. 2 dagegen gilt allgemein für alle freiwillig Beitretenden (nicht aber für die Weiterversicherung, § 313). In Abs. 1 erfolgt die Beschränkung durch den Bundesrat, in Abs. 2 durch die Satzung.

Die fraglichen Personen erhalten also nur Krankenpflege (§ 182 Nr. 1) ohne Krankengeld (§ 182 Nr. 2) oder nur Krankenhauspflege (§ 184) ohne Hausgeld (§ 186) oder Krankenpflege und Hauspflege (§ 185) oder schließlich in Abs. 2 nur Krankengeld (§ 182 Nr. 2).

Die nach Abs. 2 erforderliche Zustimmung des OVA. erfolgt nach freiem Ermessen. Die Versagung erfolgt durch die Beschlußkammer und ist endgiltig (§ 324).

Abs. 3 bezieht sich auf Abs. 1 und 2. Die Ermäßigung muß erfolgen und zwar im Verhältnis des Wertes der gewährten Leistungen zu den Regelleistungen.

Ruhen der Krankenhilfe.

§ 216. Die Krankenhilfe ruht:

1. solange der Berechtigte eine Freiheitsstrafe verbüßt oder sich in Untersuchungshaft befindet oder in einem Arbeitshaus oder in einer Besserungsanstalt untergebracht ist; ist der Versicherte durch Krankheit arbeitsunfähig geworden und hat er von seinem Arbeitsverdienste bisher Angehörige ganz oder teilweise unterhalten, so ist ihnen das Hausgeld (§ 186) zu gewähren;
2. für Berechtigte, die sich nach Eintritt des Versicherungsfalls freiwillig ohne Zustimmung des Kassenvorstandes ins Ausland begeben, solange sie sich dort ohne diese aufhalten; für bestimmte Grenzgebiete kann der Bundesrat das Ruhen des Anspruchs ausschließen;
3. für berechtigte Ausländer, solange sie wegen Verurteilung in einem Strafverfahren aus dem Reichsgebiet ausgewiesen sind. Das Gleiche gilt für berechtigte Ausländer, die aus Anlaß der Verurteilung in einem Strafverfahren aus dem Gebiete eines Bundesstaats ausgewiesen sind, solange sie sich nicht in einem anderen Bundesstaat aufhalten.

Hat der Berechtigte im Inland Angehörige, denen die Satzung Familienhilfe zubilligt, so ist diese zu gewähren.

Neu.

Dieser Paragraph ist für das Gebiet der Krankenversicherung neu, entspricht aber ähnlichen Bestimmungen bei den anderen Versicherungszweigen (zu vgl. §§ 615, 1312 flg.).

Das Ruhen läßt die Mitgliedschaft und den Anspruch auf Krankenhilfe selbst unberührt; es bewirkt nur, daß der Anspruch unter den besonderen Umständen nicht geltend gemacht werden kann. Die Zeit des Ruhens zählt wie eine Zeit des Bezugs der Leistung. Nach Wegfall des Ruhens hat der Berechtigte daher nur noch Anspruch auf den noch nicht abgelaufenen Rest der Unterstützungsdauer.

Nr. 1. Der gesetzgeberische Grund für das Ruhen ist hier die anderweite Versorgung aus öffentlichen Mitteln. Auch Fürsorgerziehung gehört hierher. Ist aber der Zögling in einer Familie untergebracht, so ruht die Leistung nicht.

In Nr. 2 ist der Grund des Ruhens wie in Nr. 3 die große Schwierigkeit der Gewährung der Krankenhilfe ins Ausland. Tritt der Versicherungsfall erst im Ausland ein, so greift § 221 Platz. Die Erteilung der Zustimmung steht im freien Ermessen des Vorstands. Erfolgt sie nachträglich, so endet das Ruhen erst mit ihr.

Nr. 3. Solange ausländische Versicherte sich im Inland aufhalten, werden sie wie Inländer behandelt.

Wegen Familienhilfe vgl. § 205, wegen Ruhens der Wochenhilfe § 218.

Abfindung.

§ 217. Gibt ein Versicherter nach Eintritt des Versicherungsfalls seinen Aufenthalt im Inland auf, ohne daß die Krankenhilfe ruht, so kann ihn die Krankenkasse dafür durch einmalige Zahlung abfinden. Diese muß dem Werte der Kassenleistungen entsprechen, auf die er im Inland nach der voraussichtlichen Dauer der Krankheit Anspruch haben würde; hierbei sind für Krankenpflege drei Achtel des Grundlohns anzusetzen.

Für die Abfindung ist auch bei Streit das Gutachten des Arztes maßgebend, über den die Beteiligten sich einigen, sonst das des beamteten Arztes.

Neu.

Kapitalabfindungen an Ausländer kannte bisher nur die UV. und IV. (siehe RVO. §§ 616, 1316 flg.). In der Kommissionsberatung wurde sie nunmehr auch für das Gebiet der KV. eingeführt, weil die Gewährung der Krankenhilfe an im Auslande sich aufhaltende Versicherte für die Kassen mit großen Schwierigkeiten und Unzuträglichkeiten verbunden ist, es aber doch in vielen Fällen unbillig erscheint, hier die Krankenhilfe ganz zu versagen, so z. B. bei ausländischen Landarbeitern, die aus polizeilichen Gründen gezwungen werden, zeitweilig ins Ausland zurückzukehren.

Abfindung ist nicht zulässig, wenn die Krankenhilfe nach § 216 ruht. Sie steht im freien Ermessen der Kasse und ist von der Zustimmung des Versicherten nicht abhängig. Erfolgt sie, so ist der abgefundene Unterstützungsfall endgiltig erledigt, also z. B. auch bei Rückkehr ins Inland.

Dem amtlichen Arzte wird hier eine vom Kassenvorstand und Versicherten bindende Entscheidung über die Krankheitsdauer übertragen. Das widerspricht zwar dem Grundsatze der freien Beweiswürdigung, dient aber dazu, das Verfahren möglichst zu vereinfachen und zu beschleunigen.

Streit über die Abfindung wird im Spruchverfahren entschieden (§§ 1636, 1675); Revision ist aber ausgeschlossen (§ 1695 Nr. 5).

Wegen Grundlohn vgl. §§ 180, 18 ; außerdem siehe §§ 219 und 348.

Ruhen und Abfindungen bei Wochenhilfe.

§ 218. Die §§ 216, 217 gelten entsprechend bei Wochenhilfe sowie in den Fällen des § 205 Nr. 1, 2 für die berechtigten Familienmitglieder.

Neu.

Diese Bestimmungen ergeben sich daraus, daß die Wochenhilfe grundsätzlich der Krankenhilfe möglichst gleich gehandhabt wird.

Erkrankung außerhalb des Kassenbezirks wohnender Mitglieder.

§ 219. Kranke, die außerhalb des Bezirkes ihrer Kasse wohnen, erhalten auf Erfordern ihrer Kasse die ihnen bei ihr zustehenden Leistungen von der allgemeinen Ortskrankenkasse des Wohnorts. Besteht dort für Versicherte ihrer Art eine besondere Ortskrankenkasse oder eine Landkrankenkasse, so hat diese die Leistungen zu gewähren.

Das Gleiche gilt für berechtigte Familienmitglieder sowie für ausgeschiedene Erwerbslose (§ 214).

Vgl. § 57a Abs. 1, Satz 1, § 65 Abs. 3, § 72 Abs. 3, § 73 Abs. 1 KVG.

Die Vorschrift bezieht sich auch auf Mitglieder der Betriebs- und Innungskrankenkassen sowie nach § 500 auch auf Mitglieder knappschaftlicher Krankenkassen.

Verpflichtet, die vorläufige Unterstützung zu gewähren, ist in erster Reihe nur die allgemeine Ortskrankenkasse des Wohnorts. Besteht jedoch für Versicherte von der Beschäftigungsart des Mitglieds eine besondere Ortskrankenkasse oder eine Landkrankenkasse, so liegt diesen die Verpflichtung ob. Wegen der Pflicht einer knappschaftlichen Krankenkasse vgl. § 500 Abs. 2.

Erst wenn die Kasse von ihrem Rechte Gebrauch macht und die Kasse des Wohnorts zur Leistung auffordert, erlangt der Versicherte einen Anspruch gegen diese; vorher kann er sich nur an seine Kasse wenden.

Über die Erstattung der Kosten vgl. § 222, über Streit darüber § 224.

Erkrankung außerhalb des Kassenbereichs.

§ 220. Das Gleiche gilt für einen Versicherten, der während eines vorübergehenden Aufenthalts außerhalb seines Kassenbereichs erkrankt, solange er seines Zustandes wegen nicht nach seinem Wohnort zurückkehren kann. Eines Antrags seiner Kasse bedarf es nicht. Die Kasse, welche die Leistungen gewährt, hat jedoch binnen einer Woche den Eintritt des Versicherungsfalls der Kasse des Versicherten mitzuteilen und soll deren Wünsche wegen der Art der Fürsorge tunlichst befolgen.

Vgl. § 57a Abs. 2, § 65 Abs. 3, § 72 Abs. 3, § 73 Abs. 1 KVG.

Unter einem Versicherten ist auch ein nach § 214 Ausgeschiedener, noch Unterstützungsberechtigter zu verstehen.

Die Bestimmung ist nur anwendbar, wenn der Versicherte außerhalb des Kassenbereichs erkrankt, nicht etwa, wenn er sich nachträglich und nach der Erkrankung aus dem Kassenbereich entfernt.

Im Gegensatz zu § 219 hat hier der Erkrankte sofort einen unmittelbaren Anspruch gegen die Kasse des Erkrankungsortes, von dem er allerdings keinen Gebrauch zu machen hat.

Die endgültig verpflichtete Kasse soll rechtzeitig Mitteilung erhalten, um ihre Interessen wahren zu können. Zur Wahrung dieser Interessen ist ihr dann auch die Befugnis eingeräumt, der vorläufig eintretenden Kasse Anordnungen bezüglich der Art der Fürsorge zu geben.

Kommt die Kasse ihrer Mitteilungspflicht nicht nach, so wird die Heimatkasse die Kostenerstattung insoweit verweigern können, als sie bei Erfüllung der Verpflichtung zu vermeiden gewesen wären.

Über die Erstattung der Kosten vgl. § 222; über Streit darüber § 224.

Erkrankung im Ausland.

§ 221. Erkrankt ein Versicherter im Ausland, so erhält er, solange er seines Zustandes wegen nicht ins Inland zurückkehren kann, die ihm bei seiner Kasse zustehenden Leistungen vom Arbeitgeber. Dieser hat binnen einer Woche den Eintritt des Versicherungsfalls der Kasse mitzuteilen und soll deren Wünsche wegen der Art der Fürsorge tunlichst befolgen; die Kasse kann die Fürsorge selbst übernehmen.

Vgl. § 57a Abs. 3, Satz 1, § 65 Abs. 3 § 72 Abs. 3, § 73 Abs. 1 KVG.

Voraussetzung ist, daß die Krankheit erst im Ausland eintritt, anderenfalls kommt § 216 Abs. 2 in Frage. Es besteht ein unmittelbarer Anspruch gegen den Arbeitgeber, falls nicht die Kasse die Fürsorge selbst übernimmt.

Zum zweiten Satz vgl. die Bem. bei § 220. Siehe auch §§ 222, 223.

Kostenerstattung.

§ 222. In den Fällen der §§ 219 bis 221 hat die Krankenkasse des Versicherten der anderen Kasse und dem Arbeitgeber die Kosten zu erstatten. Dabei gelten drei Achtel des Grundlohns als Ersatz der Kosten für die Krankenpflege.

Vgl. § 57a Abs. 1, Satz 2, Abs. 2, Abs. 3, Satz 2, Abs. 4, § 65 Abs. 3, § 72 Abs. 3, § 73 Abs. 1 KVG.

Es handelt sich hier um einen selbständigen Erstattungsanspruch der Kasse. Der durch die Novelle von 1903 dem vierten Absatze des § 57a KVG. beigefügte Zusatz: „sofern nicht höhere Aufwendungen nachgewiesen werden“, ist nicht mehr übernommen. Dieser Zusatz sollte der Billigkeit entsprechen. Sein Zweck ist indessen, wie die Erfahrung gezeigt hat, nur sehr unvollkommen erreicht worden. In der Regel wurde bisher, wenn geringere Aufwendungen gemacht sind, stets das volle halbe Krankengeld, wenn aber höhere Aufwendungen nachgewiesen werden könnten, stets deren Ersatz gefordert. Daraus ergab sich ein unberechtigter Vorteil der vorläufig unterstützenden Kasse auf Kosten derjenigen, welche zur Ersatzleistung verpflichtet ist.

Streitigkeiten über Ersatzansprüche werden nach § 224 erledigt. Wegen Grundlohn vgl. §§ 180, 181.

Verjährung und Aufrechnung.

§ 223. Ansprüche auf Kassenleistungen verjähren in zwei Jahren nach dem Tage der Entstehung.

Die Ansprüche des Berechtigten dürfen nur aufgerechnet werden auf

Ersatzforderungen für Beträge, die der Berechtigte in den Fällen des § 1542 oder aus der reichsgesetzlichen Unfallversicherung bezog, aber an die Kasse zu erstatten hat,
geschuldete Beiträge,
gezahlte Vorschüsse,
zu Unrecht gezahlte Kassenleistungen,
Kosten des Verfahrens, die der Berechtigte zu erstatten hat,
Geldstrafen, welche die Kassenleitung verhängt hat.

Ansprüche auf Krankengeld dürfen nur bis zur Hälfte aufgerechnet werden.

Vgl. § 56 Abs. 1, 3, § 65 Abs. 3, § 72 Abs. 3, § 73 Abs. 1 KVG.

Die Vorschriften über Verjährung bilden eine Ausnahme von § 29 Abs. 3. Die Verjährung beginnt mit der Fälligkeit der Leistungen. Über die Berechnung der Frist vgl. § 125.

Die Aufrechnung ist nur unter den allgemeinen Voraussetzungen zulässig, daß die Leistung fällig und gleichartig ist. Unzulässig ist daher insbesondere die Aufrechnung von Sachleistungen (Krankenpflege auf Geldansprüche).

In den Fällen des § 1542 geht der Anspruch auf die Kasse über. Wird gleichwohl nach Zahlung an den Versicherten geleistet, so hat dieser die ungerechtfertigte Bereicherung der Kasse zu erstatten. Auf diese Ersatzforderung dürfen die Ansprüche des Versicherten aufgerechnet werden. Ebenso liegt der Sachverhalt hinsichtlich der aus der UV. bezogenen Beträge (§ 1501 flg.).

Über Kosten des Verfahrens, die der Berechtigte zu erstatten hat, vgl. §§ 1802, 1803; wegen Geldstrafen der Kassenleitung § 529.

Wegen Übertragung, Pfändung und Verpfändung von Ansprüchen auf Kassenleistungen vgl. § 119.

Abs. 2 und 3 gilt auch für knappschaftliche Kassen (§ 499).

Entscheidungen über Erstattungsansprüche.

§ 224. Das Versicherungsamt entscheidet im Spruchverfahren bei Streit über

1. Erstattungsansprüche nach den §§ 197, 222,
2. Ersatz zu Unrecht gewährter Leistungen zwischen Kassen.

Vgl. § 58 Abs. 2, § 65 Abs. 3, § 72 Abs. 3, § 73 Abs. 1 KVG.

Nr. 1: Die Erstattungsansprüche betreffen Wochenhilfe an eine während des letzten Jahres bei mehreren Kassen versichert gewesene Wöchnerin (§ 197) und Leistungen an außerhalb des Bezirks ihrer Kasse Erkrankte oder Wohnende (§§ 219 bis 222).

Nr. 2: Hier handelt es sich um Klagen aus nützlicher Verwendung oder ungerechtfertigter Bereicherung.

Das Verfahren ist in §§ 1636 ff. geregelt.

Dritter Abschnitt.

Träger der Versicherung.

I. Arten der Krankenkassen.

Vorbemerkung.

Die Organisation der Krankenkassen ist gegen den bisherigen Zustand erheblich geändert. Die Absicht bei dieser Reform ging dahin, wenig leistungsfähige kleine Kassengebilde zu Gunsten der Zentralisation möglichst zu beseitigen, im übrigen aber die bisherige Organisation, soweit sie sich bewährt hat, zu erhalten.

Die Gemeindekrankenversicherung ist beseitigt. Die Grundlage der Organisation bilden jetzt die allgemeinen Ortskrankenkassen und die

Landkrankenkassen (§§ 226 flg.). In die Landkrankenkassen gehören hauptsächlich in der Landwirtschaft und im Wandergewerbe Beschäftigte, Dienstboten und Hausgewerbetreibende (§ 235). Mitglieder der Ortskrankenkasse sind die übrigen Versicherten, soweit sie nicht in eine besondere Kasse gehören (§ 234). Allgemeine Ortskrankenkassen und Landkrankenkassen werden für örtliche Bezirke errichtet und bestehen in der Regel nebeneinander (§ 226). In bestimmten Fällen genügt aber eine Kassenart (§§ 227 bis 230), die dann auch die regelmäßig bei der andern Versicherten umfaßt.

Neben der allgemeinen Ortskrankenkasse können bestehende Ortskrankenkassen für einzelne oder mehrere Gewerbszweige oder Betriebsarten oder für ein Geschlecht unter bestimmten Voraussetzungen als besondere Ortskrankenkassen erhalten bleiben (§§ 239 flg.). Bestehende gemeinsame Ortskrankenkassen (§§ 16 Abs. 4, 43 KVG.) können zu allgemeinen Ortskrankenkassen ausgestaltet werden (Art. 15 Einf.-Ges.).

Die Einrichtung der Betriebskrankenkassen ist unter Erhöhung der Mindestmitgliederzahl bestehen geblieben (§§ 245 flg.). Ebenso die Innungskrankenkassen, die nunmehr zu selbständigen Organisationen ausgebildet sind (§§ 245 flg.). Betriebs- wie Innungskrankenkassen sind nicht örtlich begrenzt. Bei beiden Kassenarten unterscheidet die RVO. Zulassung bestehender (§§ 255, 256) und Errichtung neuer Kassen (§§ 248, 251). Die bisherigen Baukrankenkassen sind als besondere Kassenart beseitigt.

Eingeschriebene Hilfskassen werden unter bestimmten Voraussetzungen als Ersatzkassen zugelassen (§§ 503 flg.). Die Zugehörigkeit zu ihnen befreit aber nicht mehr von der Mitgliedschaft bei einer Krankenkasse, sondern bringt nur Rechte und Pflichten zum Ruhen.

Die von der RVO. schließlich noch berührten knappschaftlichen Krankenkassen sind landesrechtliche Einrichtungen, in deren Verhältnis nur die §§ 495 bis 502 eingreifen. Sollen sie sonst den Krankenkassen gleich behandelt werden, so ist dies jemals ausdrücklich gesagt (z. B. §§ 188, 195, 197, 208, 313). Wer in die knappschaftlichen Krankenkassen als Mitglied gehört, bestimmt sich auch Landesrecht. In der RVO. ist nur bestimmt, daß Personen, die Mitglieder einer knappschaftlichen Krankenkasse sind, keiner Krankenkasse als Mitglieder angehören können.

§ 225. Krankenkassen nach diesem Gesetz sind

die Ortskrankenkassen,
die Landkrankenkassen,
die Betriebskrankenkassen und
die Innungskrankenkassen.

Diesen Krankenkassen können die Mitglieder der nach landesgesetzlichen Vorschriften errichteten knappschaftlichen Krankenkassen nicht angehören.

Vgl. § 74 Abs. 1 KVG.

Nur die hier aufgezählten Kassen sind Krankenkassen im Sinne der Reichsversicherungsordnung. Wo diese von Krankenkassen schlechthin spricht, meint sie nur diese vier Kassenarten.

Vgl. wegen Orts- und Landkrankenkassen §§ 226 flg., wegen Betriebs- und Innungskrankenkassen §§ 245 flg., wegen den knappschaftlichen Krankenkassen §§ 495 flg. und die Vorbemerkung.

II. Allgemeine Ortskrankenkassen und Landkrankenkassen.

Bezirk.

§ 226. Ortskrankenkassen werden für örtliche Bezirke errichtet (allgemeine Ortskrankenkassen), ebenso Landkrankenkassen.

Orts- und Landkrankenkassen sind in der Regel innerhalb des Bezirkes eines Versicherungsamts zu errichten. Die oberste Verwaltungsbehörde kann Abweichungen anordnen und zulassen.

Vgl. § 16 Abs. 3, 5 KVG.

Während nach dem Krankenversicherungsgesetz Ortskrankenkassen in der Regel für bestimmte Erwerbszweige oder bestimmte Betriebsarten und nur ausnahmsweise als gemeinsame Ortskrankenkassen für mehrere oder auch alle Erwerbszweige eines Ortes oder Bezirkes errichtet werden konnten, ist nach der RVO. umgekehrt die örtlich abgegrenzte „allgemeine Ortskrankenkasse“ für alle Erwerbszweige und Betriebsarten der normale Kassentypus, neben dem die überkommene berufliche Ortskrankenkasse nur unter bestimmten Voraussetzungen als „besondere Kassenart“ (§ 239 Abs. 1) zugelassen wird. Wo von Ortskrankenkassen gesprochen wird, sind die allgemeinen und die besonderen Krankenkassen gemeint.

Der Bezirk der allgemeinen Ortskrankenkasse wird sich zweckmäßigerweise in der Regel mit dem Bezirke des Versicherungsamts decken, das die Aufsicht über sie führt und für ihre Streitigkeiten zuständig ist; er wird daher z. B. in Preußen im allgemeinen einen Kreis umfassen. Immerhin werden Ausnahmen nach den besonderen Umständen zuzulassen sein; z. B. wenn in dem dicht bevölkerten Bezirk eines Versicherungsamts mehrere große wirtschaftlich verschiedenartige Gemeinden liegen, so kann es richtig sein, für jede dieser Gemeinden eine allgemeine Ortskrankenkasse zu errichten. Der umgekehrte Fall, daß eine allgemeine Ortskrankenkasse sich auf Bezirke mehrerer Versicherungsämter erstreckt, ist aus Zweckmäßigkeitsgründen unerwünscht und dadurch leicht zu vermeiden, daß (z. B. Errichtung einer allgemeinen Ortskrankenkasse für eine Großstadt und einen noch selbständigen Vorort) der Bezirk des Versicherungsamts entsprechend ausgedehnt wird (§ 36 Abs. 1). Zulässig ist auch die Errichtung von allgemeinen Ortskrankenkassen für Teile eines Gemeindebezirks.

Über Ausgestaltung bestehender Ortskrankenkassen vgl. die Vorbemerkung von § 225.

Für Landkrankenkassen gelten die gleichen Grundsätze; doch wird es bei ihrer Organisierung seltener nötig sein, von der Regel abzuweichen, daß ihr Bezirk mit dem des Versicherungsamts zusammenfällt.

Von dem regelmäßigen Nebeneinanderbestehen einer allgemeinen Orts- und einer Landkrankenkasse kann in bestimmten Fällen abgesehen werden. Die in §§ 227 bis 230 vorgesehenen

Ausnahmen ermöglichen innerhalb der regelmäßigen reichsgesetzlichen Organisationen eine Berücksichtigung besonderer örtlicher Verhältnisse.

Ausschließung der Landkrankenkassen durch die Landesgesetzgebung.

§ 227. Die Landesgesetzgebung kann für das Gebiet oder für Gebietsteile des Bundesstaats bestimmen, daß keine Landkrankenkassen neben den allgemeinen Ortskrankenkassen errichtet werden.

Neu.

Um die Durchführung der Krankenversicherung überall zu gewährleisten, muß für jeden Ort eine allgemeine Ortskrankenkasse oder eine Landkrankenkasse zuständig sein. Dagegen liegt eine Notwendigkeit, daß überall beide Kassen nebeneinander bestehen müssen, nicht vor; zumal nicht in Landesteilen, wo bisher schon die Mehrzahl der jetzt neu in die Versicherung einbezogenen und den Landkrankenkassen zugewiesenen Personengruppen (§ 235) in Ortskrankenkassen versichert war.

§ 227 hat solche Fälle im Auge, wo für einen größeren Bezirk kein Bedürfnis für Errichtung von Landkrankenkassen besteht. Soweit für einen größeren Bezirk die maßgebenden Verhältnisse die gleichen sind und daher eine einheitliche Regelung erfolgen kann, wird der Weg des § 229, der in jedem einzelnen Falle eine Entscheidung des zuständigen Oberversicherungsamt erfordert, eine unnötige Geschäftsbelastung bedeuten. Aus dieser Zweckmäßigkeitserwägung gibt § 229 der Landesregierung die Befugnis, einheitlich eine entsprechende Anordnung zu treffen.

Dabei will das Gesetz in § 227 der Landesregierung nicht etwa das schrankenlose Recht einräumen, die Grundsätze des Entwurfes für die Organisation der Krankenkassen auszuschalten und ganz nach ihrem Belieben die Bildung von Landkrankenkassen auszuschließen, sie soll vielmehr die ihr übertragene Befugnis durchaus nur im Rahmen des in den §§ 227—230 niedergelegten allgemeinen Gedankens, also nur insoweit ausüben dürfen, als besondere örtliche Verhältnisse eine Abweichung von der allgemeinen Regel des Nebeneinanderbestehens von allgemeinen Orts- und von Landkrankenkassen wünschenswert oder notwendig machen. Ein Bedürfnis für Errichtung von Landkrankenkassen kann in einem größeren Bezirk aus verschiedenen Gründen fehlen, so insbesondere, weil die Zahl der Landkassenpflichtigen zu gering oder die wirtschaftlichen Verhältnisse der Landkassenpflichtigen von denen der gewerblichen Versicherten nur wenig verschieden sind oder weil etwa die Mehrzahl der durch den Entwurf neu in die Reichsversicherung einbezogenen und den Landkrankenkassen zugewiesenen Personengruppen bereits gegenwärtig landesgesetzlich in Ortskrankenkassen versichert ist. Das Gesetz hat bei der Vorschrift des § 227 namentlich auch an die Verhältnisse in Württemberg gedacht, wo die land- und forstwirtschaftlichen Arbeiter schon jetzt durch Landesgesetz der Versicherungspflicht unterstellt sind, und aus diesem Grunde voraussichtlich den Ortskrankenkassen zugewiesen werden.

Keine Landkrankenkassen bei geringer Mitgliederzahl.

§ 228. Neben der allgemeinen Ortskrankenkasse wird keine Landkrankenkasse errichtet, wo die Landkrankenkasse nicht mindestens zweihundertundfünfzig Pflichtmitglieder haben würde.

Vgl. § 16 Abs. 4 KVG.

Ob 250 nach §§ 235, 236 bei ihr versicherungspflichtige Personen vorhanden sein würden, hat das Versicherungsamt festzustellen; die starkem Wechsel unterworfene Zahl der Versicherungsberechtigten bleibt dabei außer Rechnung.

Nach dem Regierungsentwurf war als Mindestzahl ein Bestand von 500 Mitgliedern vorgesehen. Gegenüber den in der Kommission zu Tage tretenden Bestrebungen, diese Zahl weiter herabzusetzen (wie es dann tatsächlich erfolgt ist), erklärte ein Regierungsvertreter: Es empfehle sich, gerade für die Landkrankenkassen von zu kleinen Kassen abzusehen, da den Landkrankenkassen alle die Gruppen von Versicherten zugewiesen seien, für die die Versicherung nur mit besonderen verwaltungstechnischen Schwierigkeiten, umständlichen Verrechnungen, Listenführungen usw., durchgeführt werden könne. Es gehe daher nicht an, jeder kleinen Gemeinde die Verwaltung einer Landkrankenkasse anzuvertrauen oder aufzubürden. Lasse man eine Landkrankenkasse schon bei 250 Mitgliedern zu, so erscheine daher nicht nur die finanzielle Leistungsfähigkeit der Kasse, sondern auch ihre ordnungsmäßige Verwaltung bedenklich in Zweifel gestellt. Auch der Staatssekretär des Innern erklärte: Man müsse noch einmal betonen, daß in größeren Kassen die verschiedenen Risiken viel leichter getragen werden können. Insbesondere für die Landkrankenkassen mit ihren vielfach ungünstigen Risiken sei die Zahl von 250 Mitgliedern keinesfalls immer genügend. Zwergkassen seien im Interesse der Versicherten, der Gemeinden und der Gesetzgebung auf jeden Fall unerwünscht. — Trotz alledem bietet die RVO. nun solche Zwergkassen.

Keine Landkrankenkassen bei mangelndem Bedürfnis.

§ 229. Die Errichtung einer Landkrankenkasse neben der allgemeinen Ortskrankenkasse kann mit Genehmigung des Oberversicherungsamts unterbleiben, wo das Versicherungsamt (Beschlußausschuß) nach Anhören beteiligter Arbeitgeber und Versicherungspflichtiger das Bedürfnis verneint.

Neu.

Die beteiligten Arbeitgeber und Versicherten sind in entsprechender, also in nicht zu kleiner Zahl zu hören. In welcher Weise dies geschieht, ist dem örtlich sachkundigen Ermessen des Versicherungsamts überlassen.

Die Bestimmung bezieht sich auf Fälle, wo die Mindestmitgliederzahl (§ 228) gegeben ist.

Genehmigung bedeutet im allgemeinen in der RVO., daß die genehmigende Behörde nicht nach freiem Ermessen entscheiden darf, sondern auf die Prüfung beschränkt ist, ob die gesetzlichen Voraussetzungen vorliegen (vgl. § 324 Abs. 2). Ob das auch hier der Fall sein sollte, erscheint zweifelhaft.

Die Genehmigung ist keine Entscheidung im Sinne des § 1793 und daher nur Beschwerde im Aufsichtsweg zulässig.

Keine Ortskrankenkassen bei geringer Mitgliederzahl.

§ 230. Die Errichtung einer allgemeinen Ortskrankenkasse neben der Landkrankenkasse kann mit Genehmigung der obersten Verwaltungsbehörde unterbleiben, wo die Ortskrankenkasse nicht mindestens zweihundertundfünfzig Pflichtmitglieder haben würde.

Neu.

Auch bei geringer Mitgliederzahl soll eine allgemeine Ortskrankenkasse errichtet werden, sobald sie infolge besonderer Umstände genügend leistungsfähig ist, weil sonst die ihr an sich zugehörenden Mitglieder durch Einreihung in die Landkrankenkasse auf Leistungen beschränkt werden, die für sie weniger zweckmäßig und geeignet sind. Die Entscheidung über die Nichterrichtung ist der obersten Verwaltungsbehörde zugewiesen, da trotz des § 181 Abs. 3, 5 eine gewisse Beeinträchtigung der eigentlich Ortskassenpflichtigen vorliegt.

Errichtung durch Gemeindeverband.

§ 231. Allgemeine Ortskrankenkassen und Landkrankenkassen werden durch Beschluß des Gemeindeverbandes errichtet.

Ist es für den Bezirk eines Versicherungsamts zulässig, sowohl eine wie mehrere allgemeine Orts- oder mehrere Landkrankenkassen zu errichten, so haben sich die beteiligten Gemeindeverbände darüber zu einigen. Einigen sie sich nicht, so entscheidet das Oberversicherungsamt und ordnet die Errichtung an.

Vgl. § 16 Abs. 1, § 17 Abs. 1, 2 KVG.

Nach der Reichsversicherungsordnung ist die Errichtung einer Krankenkasse gesondert von der Feststellung der Satzung behandelt und bildet einen Akt für sich, da für sie z. B. die Prüfung des Bedürfnisses, die Feststellung der Mitgliederzahl, die Abgrenzung des Bezirkes und bei den besonderen Orts-, den Betriebs- und den Innungskrankenkassen noch die Rücksicht auf die allgemeine Orts- und Landkrankenkasse erforderlich ist: Angelegenheiten, die mit der Satzung kaum etwas zu tun haben. Selbstverständlich können und werden meistens die Errichtung einer Kasse und die Feststellung ihrer Satzung gleichzeitig erfolgen. Das hindert aber nicht, daß die Voraussetzungen für und die Anforderungen an beide Akte unabhängig voneinander geprüft und erledigt werden.

In der Regel deckt sich der Bezirk der allgemeinen Orts- und der Landkrankenkasse mit dem Bezirke des Versicherungsamts (§ 226), also auch mit dem der unteren Verwaltungsbehörde oder des Gemeindeverbandes im Sinne des Gesetzes. Dem zuständigen Gemeindeverbande (§ 526), der auch bisher gemeinsame Ortskrankenkassen nach § 43 des Krankenversicherungsgesetzes zu errichten hatte, liegt daher die Errichtung der allgemeinen Orts- und der Landkrankenkasse ob. Erstreckt sich sein Bezirk über den der Kasse hinaus, so liegt ihm trotzdem die Errichtung ob, falls die Kasse nicht für eine einzelne Gemeinde errichtet wird und diese Gemeinde von der obersten Verwaltungsbehörde hierfür als zuständig bestimmt ist. Ob zu Beschlüssen dieser Art die Zustimmung der Gemeindevertretung erforderlich ist, bestimmt sich nach dem Landesrecht. Wo kein Gemeindeverband vorhanden ist, bestimmt die oberste Verwaltungsbehörde die Stelle, die ihn hierfür ersetzt (§§ 526 Abs. 3, 527 Abs. 1).

Wo die oberste Verwaltungsbehörde im Einzelfall Abweichungen von der Regel des § 226 angeordnet oder zugelassen hat, oder wo die für solche Abweichungen allgemein gegebenen Voraussetzungen vorliegen, vereinbaren die beteiligten Gemeinden und Verbände (Kreis, Bürgermeisterei, Amt) selbständig untereinander Zahl und Bezirk der zu errichtenden Kassen. Nur im Streitfalle greift das Oberversicherungsamt auf Grund einer Prüfung durch das örtlich sachkundige Versicherungsamt ein.

Wegen Beschwerde siehe § 233.

Errichtung durch das OVA.

§ 232. Wird eine allgemeine Orts- oder eine Landkrankenkasse nicht rechtzeitig errichtet, so ordnet das Oberversicherungsamt die Errichtung an.

Vgl. § 17 Abs. 1, 4 KVG.

Das Oberversicherungsamt hat als die für die Organisation aller Kassenarten zunächst zuständige Stelle auch für rechtzeitige Errichtung der allgemeinen Orts- und Landkrankenkassen zu sorgen. Bis wann sie errichtet sein müssen, schreibt das Einführungsgesetz vor. Das Oberversicherungsamt hat die Befugnis, die Errichtung anzuordnen, wie dies bisher der höheren Verwaltungsbehörde nach § 17 des Krankenversicherungsgesetzes zustand.

Wegen Beschwerde siehe § 233.

Beschwerde.

§ 233. Gegen die Anordnung des Oberversicherungsamts steht den beteiligten Gemeinden und Verbänden die Beschwerde an die oberste Verwaltungsbehörde zu.

Wird die endgültige Anordnung nicht in der gesetzten Frist befolgt, so errichtet das Oberversicherungsamt die Kasse oder beauftragt damit das Versicherungsamt.

Vgl. § 17 Abs. 3, 4 KVG.

An Stelle des in § 17 Abs. 4 KVG. vorgesehenen unmittelbaren Zwanges durch Auflegen der gesamten Last auf die säumige Gemeinde setzt die RVO. das Recht des Oberversicherungsamts, die Kasse auf dem vorgeschriebenen Wege selbst oder durch das Versicherungsamt zu errichten. Danach greift das Oberversicherungsamt nur ein, wenn die Gemeindeverbände nicht rechtzeitig ihre Pflicht tun, wenn sie sich nicht einigen (§ 231 Abs. 2), oder wenn ihm von der obersten Verwaltungsbehörde Anordnungs- oder Zulassungsbefugnisse nach § 226 Abs. 3 übertragen sind. Die oberste Verwaltungsbehörde ist stets Beschwerdeinstanz. Wenn das Oberversicherungsamt wegen Errichtung einer Kasse eingreift, sorgt es selbstverständlich zugleich für Festsetzung einer Kassensatzung (§ 320 Abs. 3).

Abgrenzung der Mitglieder.

§ 234. Versicherungspflichtige, die weder in eine knappschaftliche Krankenkasse noch in eine besondere Orts- oder eine Betriebs- oder eine Innungskrankenkasse gehören, sind Mitglieder der allgemeinen Orts- oder der Landkrankenkasse ihres Erwerbszweiges und Beschäftigungsorts.

Vgl. § 4 Abs. 1, § 19 Abs. 2 KVG.

Nach dem Krankenversicherungsgesetze hatte für alle Versicherungspflichtigen, die keiner Krankenkasse, keiner knappschaftlichen Krankenkasse oder keiner nach § 75a zugelassenen eingeschriebenen Hilfskasse angehörten, die Gemeindeverwaltung als Gemeindekrankenversicherung einzutreten. Da diese weggefallen ist, so war nunmehr für alle Versicherungspflichtigen der Kassenzwang einzuführen, d. i. der Grundsatz, daß jeder Versicherungspflichtige ohne weiteres der zuständigen Kasse angehört. Dieses Prinzip erleidet bei den unständigen Arbeitern (§ 442 Abs. 3) und den Hausgewerbtreibenden sowie deren hausgewerblich Beschäftigten (§ 468 Abs. 1) eine gewisse Ausnahme. Alle Versicherungspflichtigen, die nicht nach Landesrecht einer knappschaftlichen Krankenkasse oder nach §§ 243, 244, der RVO. einer besonderen Ortskrankenkasse, nach § 245 Abs. 1, 3 einer Betriebskrankenkasse oder nach § 250 Abs. 2, 3, 4 einer Innungskrankenkasse anzugehören haben, müssen Mitglieder einer allgemeinen Orts- oder einer Landkrankenkasse sein. Danach läßt sich vorbehaltlich der Abänderung durch die besonderen Vorschriften für die Kassenzugehörigkeit etwa folgendes Schema aufstellen. Aus der Gesamtheit aller Versicherungspflichtigen geschieht die erste Aussonderung durch die knappschaftlichen Krankenkassen, die zweite durch die Landkrankenkassen, die dritte durch die Innungskrankenkassen, dann durch die Betriebskrankenkassen und endlich durch die besonderen Ortskrankenkassen. Der Rest gehört in die allgemeine Ortskrankenkasse.

Die Zugehörigkeit zu einer Ersatzkasse (§§ 503 flge.) befreit von der Mitgliedschaft nicht, bringt aber Rechte und Pflichten zum Ruhen (auf Antrag, § 517). Die Verteilung der Versicherten zwischen der allgemeinen Orts- und Landkrankasse erfolgt in der Weise, daß die Mitglieder der Landkrankenkasse in §§ 235 und 236 bestimmt sind, alle übrigen Versicherten aber zur allgemeinen Ortskrankenkasse gehören.

Wegen Beschäftigungsort siehe §§ 153 bis 156.

Mitglieder von Landkrankenkassen.

§ 235. Mitglieder der Landkrankenkasse sind

die in der Landwirtschaft Beschäftigten,

die Dienstboten,

die im Wandergewerbe Beschäftigten sowie

die Hausgewerbtreibenden und ihre hausgewerblich Beschäftigten.

Die in der Gärtnerei, im Friedhofsbetrieb, in Park- und Gartenpflege Beschäftigten sind, vorbehaltlich des § 236 Abs. 1 und des § 237 Abs. 1, Mitglieder der Landkrankenkassen nur, wenn sie in Teilen landwirtschaftlicher Betriebe tätig sind.

Neu.

Die Angehörigen der neu in die Zwangsversicherung einbezogenen Erwerbszweige werden den Landkassen zugewiesen mit Ausnahme solcher unständig Beschäftigten, welche nach § 442 Abs. 1 in die allgemeine Ortskrankenkasse gehören. Unter den „in der Landwirtschaft Beschäftigten" sind nicht nur die ständig, sondern auch die unständig dort Beschäftigten verstanden. Welcher allgemeinen Orts- oder welcher Landkrankenkasse der einzelne Versicherungspflichtige anzugehören hat, bestimmt sich nach seinem Beschäftigungsort.

Der Gesetzgeber hat geglaubt, die Dienstboten, die im Wandergewerbe Beschäftigten und die Hausgewerbetreibenden schon aus versicherungstechnischen Gründen im allgemeinen den Landkrankenkassen zuweisen zu müssen. Für die Dienstboten hat das Gesetz wegen der Schwierigkeit der Verpflegung im Haushalt der Dienstherrschaft in weitem Umfang die zunächst für die besonderen Verhältnisse der Landwirtschaft geschaffene sogenannte erweiterte Krankenpflege vorsehen müssen, so daß die Ausgestaltung der Versicherungsleistungen für diese Gruppe von Versicherten ihre grundsätzliche Zusammenfassung mit den in der Landwirtschaft Beschäftigten in einer Kasse wünschenswert gemacht hat. Da die im Wandergewerbe Beschäftigten meist unterwegs und daher kaum in der Lage sind, sich angemessen an der für die Ortskrankenkassen bestehenden Selbstverwaltung tatsächlich zu beteiligen, hat man sie den Landkrankenkassen zugewiesen, deren Organisation diesen Verhältnissen Rechnung trägt. Die Versicherung der Hausgewerbtreibenden bietet in der notwendigen Listenführung, Verrechnung der Auftraggeberzuschüsse usw. besondere technische Schwierigkeiten, denen die mehr behördliche Organisation der Landkrankenkassen im allgemeinen besser entspricht. Die unständig Beschäftigten gehören nicht als solche zur Landkrankenkasse, sondern gemäß § 442 je nach ihrer überwiegenden Beschäftigung zur allgemeinen Orts- oder zur Landkrankenkasse.

Da eine ausnahmslose Durchführung der Regel des § 245 — besonders bei den Dienstboten und den Hausgewerbetreibenden — zu Härten führen könnte, ist in Art. 29 des Einführungsgesetzes eine den Übergang regelnde Bestimmung vorgesehen. Auch gestattet § 236 Abs. 2 für die Zukunft die Versicherung der eigentlich Landkassenpflichtigen oder einzelner Gruppen von ihnen bei den Ortskrankenkassen.

Zu beachten ist, daß die im § 235 genannten Gruppen der Landkrankenkasse nur angehören, wenn die Voraussetzung des § 234 gegeben ist, d. h. sie nicht in eine andere Kasse gehören. § 235 teilt also nur die Versicherten zwischen allgemeine Orts- und Landkrankenkasse, nicht aber zwischen dieser und den andern Kassen (vgl. die Anm. bei § 234).

Wer als in der Landwirtschaft beschäftigt gilt bestimmt § 417.

Werden Dienstboten auch in einem Betrieb oder andern Erwerbsgeschäft beschäftigt, so ist diese Beschäftigung für ihre Mitgliedschaft maßgebend (§ 439).

Über Wander- und Hausgewerbe vgl. §§ 459 flg. und 466 flg.

Die Gärtnerei tritt in den verschiedensten Formen auf, als landwirtschaftlicher Nebenbetrieb in wirtschaftlicher Abhängigkeit vom landwirtschaftlichen Hauptbetrieb, als gewerblicher Hauptbetrieb, als Nebenbetrieb gewerblicher Hauptbetriebe z. B. Hotel- und Theatergärten, als staatliche und kommunale Einrichtung z. B. öffentliche Parks und Gartenanlagen usw. Der letzte Absatz gibt daher eine zweckdienliche Sondervorschrift.

Erweiterung des Kreises der Landkassenpflichtigen.

§ 236. Der Bundesrat kann den Landkrankenkassen noch andere Gruppen von Versicherten zuweisen, die vor diesem Gesetz nicht kraft Gesetzes versicherungspflichtig waren.

Die oberste Verwaltungsbehörde kann für ihr Gebiet oder für Teile davon einzelne Gruppen Landkassenpflichtiger den allgemeinen Ortskrankenkassen zuweisen.

Neu.

Nach den besonderen Verhältnissen bestimmter Bezirke kann es erforderlich werden, einzelne der Personengruppen, die den Landkrankenkassen zugewiesen sind, in die allgemeinen Ortskrankenkassen zu verweisen. Da es sich hier um besondere Ausnahmeverhältnisse handelt, ist diese Umweisungsbefugnis nur der obersten Verwaltungsbehörde eingeräumt, die sie auf andere Behörden übertragen kann (§ 110).

Wegen der landwirtschaftlichen Betriebskrankenkassen vergleiche zu § 245.

Gegenseitige Aushilfe.

§ 237. Hat ein Bezirk keine allgemeine Ortskrankenkasse, so gehören auch die Ortskassenpflichtigen in die Landkrankenkasse.

Hat ein Bezirk keine Landkrankenkasse, so gehören auch die Landkassenpflichtigen in die allgemeine Ortskrankenkasse.

Neu.

Der Fall des Abs. 1 ist nach § 230, der des Abs. 2 nach § 227 bis 229 möglich.

Eine gewisse Ausnahme für diese Versicherungspflichtigen, die nicht in der für ihre Verhältnisse besonders geeigneten Kassenart sein können, gewährt § 181 Abs. 2, 3, 4, 5.

Kasse für freiwillig Beitretende.

§ 238. Berechtigte, die sich freiwillig versichern wollen und nicht nach den §§ 243, 244, 245 Abs. 4, § 250 Abs. 2 Mitglieder einer besonderen Orts- oder einer Betriebs- oder einer Innungskrankenkasse werden, können je nach Art ihrer Beschäftigung entweder der allgemeinen Orts- oder der Landkrankenkasse ihres Beschäftigungsorts beitreten.

Vgl. § 4 Abs. 2, § 19 Abs. 3 KVG.

Die Kassenzugehörigkeit von Personen, die versicherungspflichtig waren und sich freiwillig weiter versichern, bedarf keiner Regelung; ihre freiwillige Mitgliedschaft ist die Fortsetzung ihrer früheren versicherungspflichtigen Mitgliedschaft und besteht nur, solange sie dieselbe bei ihrer früheren Kasse fortsetzen (§§ 313, 447 Abs. 3, 468 Abs. 1).

V e r s i c h e r u n g s b e r e c h t i g t e, die sich auf Grund von §§ 176 und 177, und nicht als Fortsetzung einer versicherungspflichtigen Beschäftigung selbst versichern wollen, haben, soweit sie nicht vermöge ihrer Beschäftigung das Beitrittsrecht zu einer besonderen Orts- (§§ 243, 244), zu einer Betriebs- (§ 250 Abs. 4) oder zu einer Innungskrankenkasse (§ 250 Abs. 2) haben, das Recht, der allgemeinen Orts- oder der Landkrankenkasse beizutreten, der sie anzugehören hätten, wenn sie versicherungspflichtig wären. Diese Kassen müssen die Versicherungsberechtigten, für die sie hiernach zuständig sind, auf ihre Anmeldung aufnehmen, soweit nicht § 176 Abs. 3, § 310 Abs. 3 Ausnahmen zuläßt.

III. Besondere Ortskrankenkassen.

Vorbemerkung.

Die Errichtung sowie die Zulassung anderer Krankenkassen als der allgemeinen Orts- und der Landkrankenkassen macht das Gesetz von d r e i g r u n d l e g e n d e n V o r a u s s e t z u n g e n abhängig

1. Die neue örtliche Organisation und deren Kassen darf durch die besonderen Krankenkassen nicht beeinträchtigt werden.
2. Die Mitglieder dieser besonderen Kassen dürfen in dem Maße der Versicherungsleistungen nicht hinter den Mitgliedern der allgemeinen Ortskrankenkassen oder der Landkrankenkassen zurückstehen.
3. Die Leistungsfähigkeit der besonderen Kassen muß für absehbare Zeit sicher sein.

Um die Einhaltung dieser Voraussetzungen zu sichern, ist erstens die Errichtung neuer Betriebs- und Innungskrankenkassen an die G e n e h m i g u n g d e s O b e r v e r s i c h e r u n g s a m t s gebunden (§ 253, Abs. 1), während Ortskrankenkassen nur noch als allgemeine errichtet werden dürfen. Weiter ist das Fortbestehen jeder besonderen Kasse von einer Z u l a s s u n g durch das Oberversicherungsamt abhängig gemacht, mit Ausnahme der gemeinsamen Ortskrankenkassen (Krankenversicherungsgestz §§ 16 Abs. 4, 43), die schon jetzt den künftigen allgemeinen Ortskrankenkassen entsprechen. Die

Vorschriften über letztere stehen im Einführungsgesetze (s. Art. 15 ff.), denn diese Zulassung ist nur einmal nach dem Inkrafttreten der Reichsversicherung erforderlich. Dagegen müssen die einzelnen Voraussetzungen, unter denen die Zulassung ausgesprochen wird und aufrecht erhalten bleibt, in der Reichsversicherungsordnung Platz finden, weil die zugelassenen Kassen geschlossen werden, sobald sie ihnen später nicht mehr entsprechen.

Zulassung.

§ 239. Wo bei Inkrafttreten dieses Gesetzes eine Ortskrankenkasse für einzelne oder mehrere Gewerbszweige oder Betriebsarten oder allein für Versicherte eines Geschlechts besteht, wird sie neben der allgemeinen Ortskrankenkasse als besondere Ortskrankenkasse zugelassen, solange sie den Anforderungen der §§ 240 bis 242 entspricht.

Sie kann andere und höhere, bisher zulässige Leistungen beibehalten, als § 179 zuläßt, wenn sie ihre Ausgaben deckt, ohne die gesetzlichen Höchstbeiträge zu überschreiten.

Vgl. § 16 Abs. 3 bis 5, § 85 Abs. 1, 2 KVG.

Krankenkassen, die vor dem Krankenversicherungsgesetze von 1883 errichtet waren und durch dieses zu Ortskrankenkassen wurden, behielten ihren Mitgliederkreis bei. Daher bestehen abweichend von § 16 jenes Gesetzes Ortskrankenkassen für Gesellen, für Lehrlinge, für weibliche Personen u. a. m. Ein Bedürfnis, diese Kassen unter den sonst vorgesehenen Voraussetzungen fortbestehen zu lassen, ist nur bei Kassen für weibliche Personen anerkannt worden, zumal auch die Erkrankungsgefahr für beide Geschlechter nicht unerheblich von einander abweicht.

Über das Verfahren bei der Zulassung siehe Art. 17 bis 21 Einf.-Ges. Entspricht die Kasse den Anforderungen der §§ 240 bis 242 nicht mehr, so wird sie nach § 269 Abs. 2, Nr. 1 geschlossen.

Die abweichenden Leistungen müssen schon bisher zulässig gewesen sein; ausgeschlossen sind daher Invaliden-, Witwen- und Waisenpensionen (§ 85 Abs. 2 KVG.).

Die gesetzlichen Höchstbeiträge betragen 6 % des Grundlohns (§ 389). Erhebt die Kasse innerhalb dieser Grenze unverhältnismäßig hohe Beiträge im Vergleich zur allgemeinen Ortskrankenkasse, so kann das V. Amt nach den Vorschriften über Gleichwertigkeit (§§ 259, 260) eingreifen.

Voraussetzungen der Zulassung.

§ 240. Eine besondere Ortskrankenkasse wird nur zugelassen, wenn

1. sie mindestens zweihundertundfünfzig Mitglieder zählt (§ 241),
2. ihr Fortbestand den Bestand oder die Leistungsfähigkeit der allgemeinen Orts- und der Landkrankenkasse des Bezirkes nicht gefährdet (§ 242),
3. ihre satzungsmäßigen Leistungen denen der maßgebenden Ortskrankenkasse mindestens gleichwertig sind oder binnen sechs Monaten gemacht werden (§§ 259—263),
4. ihre Leistungsfähigkeit für die Dauer sicher ist und
5. sie nicht über den Bezirk des Versicherungsamts hinausreicht.

Neu.

Die §§ 241, 242 und 259 bis 263 enthalten ergänzende Vorschriften hierzu.

Das Gesetz hat hier und ebenso bei den Betriebs- und Innungskrankenkassen die Zulassung davon abhängig gemacht, daß die gewährten Leistungen denen der maßgebenden Orts- oder Landkrankenkasse gleichwertig seien. Hierdurch will die RVO. einem der wesentlichsten Nachteile abhelfen, der dem bisherigen System des Kassenwesens von den Versicherten nicht ohne Grund zum Vorwurf gemacht wird, daß nämlich ein Wechsel der Kasse innerhalb derselben Ortschaft oft zu Schädigungen der Versicherten führe.

Nr. 3. Über den Begriff der Gleichwertigkeit siehe bei § 259. Die sechsmonatliche Frist für die Gleichstellung der Leistungen beginnt mit der Mitteilung des V. A. nach § 263 Abs. 1.

Nr. 5. Will eine besondere Ortskrankenkasse mit größerem Bezirk zugelassen werden, so muß sie diesen durch die Satzung ändern.

Berechnung der Mindestzahl.

§ 241. Die Mindestzahl wird nach dem Durchschnitt der letzten drei Jahre, oder wenn die Kasse erst kürzere

Zeit besteht, nach dem Durchschnitt dieser Zeit berechnet.

Neu.

Bei der Berechnung sind auch Versicherungsberechtigte mitzuzählen. Ist die Mindestzahl nicht erreicht, so wird die besondere OKK. nicht zugelassen. Siehe § 240 Nr. 1.

Gefährdung der allgemeinen Orts- und Landkrankenkasse.

§ 242. Die allgemeine Ortskrankenkasse oder die Landkrankenkasse gilt insbesondere als gefährdet, wenn die Zahl der Mitglieder, die ihr bei Zulassung besonderer Ortskrankenkassen verbleiben würden, nicht mindestens zweihundertundfünfzig erreicht.

Bis der Mitgliederstand der allgemeinen Ortskrankenkasse oder der Landkrankenkasse diese Zahl erreicht, werden zunächst die Kassen mit der geringsten Mitgliederzahl ausgeschlossen.

Neu.

Bei der Frage der Beeinträchtigung sind die gesamten Verhältnisse der allgemeinen Orts- und der Landkrankenkassen in Rechnung zu ziehen.

Die Fassung des § 242 gewährt die Möglichkeit, bei der Beurteilung der Beeinträchtigung außer der Mindestzahl der Mitglieder auch noch andere Umstände zu berücksichtigen. Eine Gefährdung wird im allgemeinen immer dann anzunehmen sein, wenn mit den normalen Beiträgen die normalen Leistungen nicht mehr gewährt werden können.

Mitglieder der bes. OKK.

§ 243. In die besondere Ortskrankenkasse gehören diejenigen Gruppen von Versicherungspflichtigen, für welche die Kasse nach ihrer Satzung besteht; Versicherungsberechtigte dieser Gruppen können ihr beitreten. Die Satzung kann den Mitgliederkreis nicht erweitern.

Vgl. § 19 Abs. 1, 2, Abs. 3 Satz 1 KVG.

Der Mitgliederkreis einer zugelassenen besonderen Ortskrankenkasse richtet sich nach ihrer zur Zeit gültigen Satzung. Er kann wohl durch Ausscheidung (§ 298 Abs. 1, Nr. 4) verkleinert, aber er kann nicht über den Kreis hinaus erweitert werden, den er bei Inkrafttreten der Reichsversicherungsordnung umfaßt. Versicherungspflichtige dieser Gruppen können nur Mitglieder der besonderen Ortskrankenkasse, nicht der allgemeinen Ortskrankenkasse sein; ebenso können Versicherungsberechtigte der entsprechenden Gruppen nur jener Kasse beitreten.

Für die örtliche Begrenzung des Mitgliedstandes sind die Vorschriften über den Beschäftigungsort maßgebend (§§ 153 bis 156).

Siehe auch §§ 244, 258.

Zugehörigkeit gemischter Betriebe.

§ 244. Besteht für die Gewerbszweige oder Betriebsarten, in denen die Mehrheit der Versicherungspflichtigen eines Betriebs beschäftigt ist, eine besondere Ortskrankenkasse, so gehören ihr alle in dem Betriebe beschäftigten Versicherungspflichtigen an, ebenso können ihr die Versicherungsberechtigten beitreten; andernfalls gehören sie alle in die allgemeine Ortskrankenkasse.

Die Zugehörigkeit zu einer besonderen Ortskrankenkasse, die nur für Mitglieder eines Geschlechts besteht, wird hierdurch nicht berührt.

Vgl. § 19 Abs. 4 KVG.

Der Grundsatz, den die Novelle von 1892 durch § 19 Abs. 4 des Krankenversicherungsgesetzes über die Versicherung aller in gemischten Betrieben Beschäftigten bei nur einer Kasse aufgestellt hat, ist hier übernommen und weitergeführt worden. Nur wenn die Mehrheit der Versicherungspflichtigen eines solchen Betriebs einer zugelassenen besonderen Ortskrankenkasse angehört, folgen dieser Mehrheit die sämtlichen übrigen Mitglieder, ob sie auch sonst einer anderen besonderen oder der allgemeinen Ortskrankenkasse anzugehören hätten. Sind in einem Betrieb also drei Berufsgruppen, A mit 60, B mit 30 und C mit 20 Versicherungspflichtigen beschäftigt, und ist für jede dieser drei Berufsgruppen eine besondere Ortskrankenkasse zugelassen, so gehören alle 110 Personen der besonderen Ortskrankenkasse der Gruppe A an. Besteht für die Gruppe A keine besondere Ortskrankenkasse oder wird noch eine Gruppe D mit 10 Versicherungspflichtigen einer vierten besonderen Ortskrankenkasse beschäftigt, so gehören alle Beschäftigten der allgemeinen Ortskrankenkasse an.

Da dieser Grundsatz unter Umständen in eine besondere Ortskrankenkasse, die nur für Mitglieder eines Geschlechts besteht, Angehörige des anderen Geschlechts hineinweisen würde, und da er auch umgekehrt durch Hinausweisung den Fortbestand solcher Kassen gefährden könnte, ist er für solche Kassen durch Abs. 2 außer Kraft gesetzt worden.

Streitigkeiten über die Kassenzugehörigkeit nach §§ 243, 244 werden durch das Versicherungsamt (Beschlußausschuß) und auf Beschwerde durch das Oberversicherungsamt endgültig entschieden (§ 258).

IV. Betriebskrankenkassen und Innungskrankenkassen.

Vorbemerkung.

Für die Errichtung von Betriebskrankenkassen hat die RVO. im wesentlichen die bisher geltenden Vorschriften des Krankenversicherungsgesetzes übernommen mit drei grundsätzlichen Änderungen:

1. die Möglichkeit des Zwanges zur Errichtung von Betriebskrankenkassen ist auf vorübergehende Baubetriebe eingeschränkt (§ 249);
2. die Mindestmitgliederzahl für die Errichtung ist erhöht worden (§ 245);
3. die für besondere Krankenkassen maßgebenden Voraussetzungen werden auf Betriebskrankenkassen entsprechend angewendet (§ 248).

Der Regierungsentwurf, welcher die Tendenz hatte, die Betriebskrankenkassen in ihrer Bedeutung zu Gunsten der Pflichtkassen erheblich einzuschränken, und daher namentlich eine weit höhere Mindestzahl von Mitgliedern als Voraussetzung für die Errichtung vorschrieb, hat durch die Kommissionsberatungen eine ganz andere, dem bisherigen Recht viel ähnlichere Gestaltung erhalten.

Ausdrücklich ist darauf hinzuweisen, daß sie nicht wie Land- und Ortskrankenkassen örtlich begrenzt sind, vielmehr ohne Rücksicht auf den Beschäftigungsort alle Personen umfassen, die zum Betrieb gehören. Eine Begrenzung findet das Prinzip darin, daß unständige Arbeiter stets in die örtliche Orts- und Landkrankenkasse gehören. Danach gehören von Monteuren auswärts angenommene Hilfspersonen, wenn sie nicht unständige Arbeiter sind, in die Betriebskrankenkasse.

Die Errichtung von Betriebskrankenkassen ist entweder in das Belieben des Arbeitgebers gestellt (§ 245) oder kann ihm (als Bauherrn) zur Pflicht gemacht werden (§ 249).

Die bisher im Gesetz gebräuchlich gewesene Nebenbezeichnung der Betriebskrankenkasse als Fabrik-Krankenkasse ist fortgefallen. Die Baukrankenkassen werden der BKK. fast vollständig gleichgestellt.

Auch der Name Baukrankenkasse ist daher beseitigt. Die Innungskrankenkassen sind nicht mehr Einrichtungen der Innung, sondern selbständige Rechtsträger.

Neuerrichtete Betriebskrankenkassen müssen gemäß § 253 genehmigt werden.

Über die Zulassung bestehender Betriebs- und Innungskrankenkassen vgl. Art. 17 bis 23 des Einf.-Ges.

Errichtung der BKK. durch Private.

§ 245. Ein Arbeitgeber kann eine Betriebskrankenkasse errichten für jeden Betrieb, in dem er für die Dauer mindestens einhundertundfünfzig Versicherungspflichtige und für jeden landwirtschaftlichen Betrieb oder Binnenschiffahrtsbetrieb, in dem er für die Dauer mindestens fünfzig Versicherungspflichtige beschäftigt. Er kann auch eine gemeinsame Betriebskrankenkasse für mehrere Betriebe errichten, in denen er für die Dauer zusammen mindestens einhundertundfünfzig oder bei landwirtschaftlichen Betrieben und Binnenschiffahrtsbetrieben mindestens fünfzig Versicherungspflichtige beschäftigt. Beteiligte Versicherungspflichtige sind vorher zu hören.

Soweit ein Arbeitgeber mit seinen Betrieben einer Innung angehört, die eine Innungskrankenkasse hat, kann er für die versicherungspflichtig Beschäftigten, die der Innungskrankenkasse angehören müssen, keine Betriebskrankenkasse errichten.

In die Betriebskrankenkasse gehören alle im Betriebe beschäftigten Versicherungspflichtigen. Ist einer der Betriebe ein landwirtschaftlicher, so gilt § 181.

Versicherungsberechtigte, die im Betriebe tätig sind, können der Kasse als Mitglieder beitreten.

Vgl. § 59, § 60 Abs. 1, § 63 Abs. 1, Abs. 2 Satz 1 KVG.

Weder für Betriebsteile noch für Teile der im Betriebe Beschäftigten kann eine Betriebskrankenkasse begründet werden. Ist ein Arbeitgeber mit einzelnen Betrieben Mitglied einer freien oder Zwangsmitglied einer Zwangsinnung, so kann er nur für seine etwa nicht innungspflichtigen Betriebe eine Betriebskrankenkasse errichten. Im einzelnen ist das Verhältnis von Betriebs- zu Innungskrankenkassen bei § 250 erörtert.

Das Gesetz läßt bei Betriebskrankenkassen und ebenso bei Innungskrankenkassen (§ 250) den Grundsatz, daß der Bezirk des Versicherungsamts den Rahmen abgibt, dem sich der Kassenbereich einzufügen hat, zurücktreten gegenüber dem Bestreben, den Mitgliedern desselben Betriebs oder derselben Innung die Möglichkeit zu geben, derselben Krankenkasse anzugehören. Da für die Aufsichtsbefugnisse wie für die Entscheidung von Streitigkeiten zweckmäßigerweise nur ein Versicherungsamt zuständig sein kann, wird durch § 528 hierfür das Versicherungsamt bestimmt, in dessen Bezirk eine solche übergreifende Kasse ihren Sitz hat. Ähnliches gilt für die Prüfung der Gleichwertigkeit hinsichtlich der zuständigen Krankenkasse (§ 261).

Von den vier Gruppen, die § 235 den Landkrankenkassen zuweist, können für Betriebskrankenkassen nur landwirtschaftliche Arbeiter in Frage kommen. Dienstboten sind entweder nicht im Betriebe tätig und können dann nur der Landkrankenkasse angehören, oder sie sind im Betriebe versicherungspflichtig tätig und gehören dann nach § 439 der Betriebskrankenkasse an. Im Wandergewerbe beschäftigte Personen könnten nur in dem unwahrscheinlichen Falle als Mitglieder einer Betriebskrankenkasse in Frage kommen, wenn ein Wandergewerbtreibender einhundertfünfzig Versicherungspflichtige hierbei beschäftigte. Personen, die für einen Arbeitgeber außerhalb seiner Arbeitsstätte gewerblich tätig sind, sind entweder Heimarbeiter und dann Mitglieder der Betriebskrankenkasse ihres Arbeitgebers oder Hausgewerbtreibende und hausgewerblich Beschäftigte, die dann einer Landkrankenkasse nach § 466 oder in deren Ermangelung der allgemeinen Ortskrankenkasse anzugehören haben, und für die jener Arbeitgeber nur als Auftraggeber (§ 469) Pflichten aus der Krankenversicherung hat.

Wird eine Betriebskrankenkasse für einen gemischten landwirtschaftlichen und gewerblichen Betrieb errichtet, so haben ihr sämtliche Versicherungspflichtige ungeachtet des § 417 anzugehören. Ob sie als landwirtschaftliche (§ 433) oder als gewerbliche in ihren Leistungen aufzubauen ist, entscheidet sich danach, welchem Berufszweig die Mehrheit ihrer Mitglieder angehört.

Gemeinsame Betriebskrankenkassen mehrerer Unternehmer dürfen nicht errichtet werden. Vgl. jedoch § 255 Abs. 2.

Der Betriebskrankenkasse gehören, unabhängig von einer entsprechenden Bestimmung des Arbeitsvertrags oder der Arbeitsordnung, alle Versicherungspflichtigen an, die im Betrieb — d. h. in dem Betrieb oder den Betrieben, oder auch für den Betrieb als Heimarbeiter — beschäftigt sind. Unständig Beschäftigte, die in einem Betriebe gelegentlich tätig sind, gehören nach § 442 nicht in die Betriebs-, sondern in die allgemeine Ortskrankenkasse oder, falls es sich um einen landwirtschaftlichen Betrieb handelt, in die Landkrankenkasse. Versicherungsberechtigte, die in einem solchen Betriebe beschäftigt sind, können ihrer Betriebskrankenkasse als freiwillige Mitglieder beitreten. Sind einige Betriebe eines Arbeitgebers innungspflichtig und die in ihnen Beschäftigten daher Mitglieder einer Innungskrankenkasse, während für die übrigen Beschäftigten eine Betriebskrankenkasse besteht, so können Versicherungsberechtigte nur der Kasse beitreten, der sie angehören müßten, wenn sie versicherungspflichtig wären.

Die Mitgliedschaft bei einer neuerrichteten Betriebskrankenkasse beginnt für die Versicherungspflichtigen mit dem Tage, an dem die Kasse ins Leben tritt (§ 307).

Ist bei einer gemischten Betriebskrankenkasse der Ortslohn als Grundlohn bestimmt (§ 433), so gilt für gewerbliche Mitglieder § 181 Abs. 2, Satz 2; umgekehrt kann bei gewerblich aufgebauten Betriebskrankenkassen von § 181 Abs. 3 Gebrauch gemacht werden.

Errichtung durch öffentliche Verwaltungen.

§ 246. Das gleiche Recht (§ 245 Abs. 1) haben die Verwaltungen des Reichs und der Bundesstaaten für ihre Dienstbetriebe. Für die dort Beschäftigten gilt § 245 Abs. 3, 4.

Neu.

Durch § 246 wird klargestellt, was bisher teilweise bestritten war, daß das Reich und die Bundesstaaten nicht nur für die in ihren Betrieben, sondern auch für die in ihrem Verwaltungsdienste (Dienstbetrieb) beschäftigten Versicherungspflichtigen eine Betriebskrankenkasse errichten können.

Mindestzahl bei Saisonbetrieben.

§ 247. Bei Betrieben, die ihrer Art nach alljährlich regelmäßig eingeschränkt oder zeitweilig eingestellt werden (Saisonbetriebe), muß die Mindestzahl (§ 245 Abs. 1) mindestens für zwei Monate vorhanden sein.

Neu.

Diese Bestimmung ist erst von der Kommission eingefügt. Sie gilt auch für landwirtschaftliche Betriebe, so daß diese schon dann Betriebskrankenkassen errichten können, wenn sie in der Hauptbetriebszeit 50 Personen beschäftigen.

Voraussetzungen für die Errichtung.

§ 248. Eine Betriebskrankenkasse darf nur errichtet werden, wenn

1. sie den Bestand oder die Leistungsfähigkeit vorhandener allgemeiner Ortskrankenkassen und Landkrankenkassen nicht gefährdet (§ 242); dabei gilt eine Kasse nicht als gefährdet, wenn sie nach Errichtung der Betriebskrankenkasse mehr als tausend Mitglieder behält,
2. ihre satzungsmäßigen Leistungen denen der maßgebenden Krankenkasse mindestens gleichwertig sind und
3. ihre Leistungsfähigkeit für die Dauer sicher ist.

Vgl. § 61 Abs. 2 KVG.

Die Voraussetzungen decken sich mit § 240 Nr. 2 bis 4.

Die RVO. geht davon aus, daß die gesetzliche Zwangsorganisation nicht durch Sonderorganisationen ausgeschaltet werden darf; sie beschränkt aber die gegenüber dieser Möglichkeit unerläßliche Schutzvorschrift auf den Fall, daß die Betriebskrankenkasse den Bestand oder die Leistungsfähigkeit der gesetzlichen Zwangsorganisation „gefährdet". Diese Fassung beugt einer zu weit gehenden Auslegung vor.

Die Prüfung nach Ziffer 2 hat nur die jeweils gegebenen Verhältnisse zu berücksichtigen, durch § 274 Nr. 3 ist aber dafür gesorgt, daß auch spätere Erhöhungen der Leistungen der maßgebenden Orts- oder Landkrankenkasse berücksichtigt werden. Auch die Prüfung nach Nr. 3 hat sich nur auf die dauernde Leistungsfähigkeit für die zur Zeit der Prüfung zu gewährenden Leistungen zu erstrecken; eine mögliche zukünftige Erhöhung der Leistungen kann hierbei nicht berücksichtigt werden. In dieser Hinsicht bringt ebenfalls § 274 Nr. 4 die notwendige Ergänzung.

Unter welchen Voraussetzungen die dauernde Leistungsfähigkeit im Sinne dieser Ausführungen gegeben ist, muß das zuständige Oberversicherungsamt nach seiner Kenntnis der Verhältnisse im einzelnen Falle entscheiden. Dem Oberversicherungsamt steht es naturgemäß frei, im einzelnen Falle nach seinem Ermessen auch erst nach Stellung einer Sicherheit die Leistungsfähigkeit als gegeben zu erachten.

Eine Betriebskrankenkasse darf errichtet werden, wenn die allgemeinen Ortskrankenkassen oder die Landkrankenkassen wohl im Sinne des § 242 beeinträchtigt, aber noch nicht gefährdet werden, und zwar auch nicht in ihrer Leistungsfähigkeit. Ist letzteres der Fall, z. B. beim Ausscheiden sehr vieler günstiger Risiken, so muß die Rücksicht auf die Zusammengehörigkeit von Betrieb und Arbeitern vor der Notwendigkeit zurücktreten, die Gesamtorganisation der Krankenversicherung leistungsfähig zu erhalten.

Wegen der Gleichwertigkeit der Leistungen vgl. §§ 259 bis 263.

Betriebskrankenkassen für Baubetriebe.

§ 249. Beschäftigt ein Bauherr zeitweilig eine größere Zahl von Arbeitern in einem vorübergehenden Baubetriebe, so hat er auf Anordnung des Oberversicherungsamts eine Betriebskrankenkasse zu errichten.

Der Bauherr kann mit Genehmigung des Oberversicherungsamts diese Pflicht bei ausreichender Sicherheit auf einen oder mehrere Arbeitgeber übertragen, die den Bau ganz oder teilweise für eigene Rechnung übernommen haben.

Die Vorschriften über eine Mindestzahl von Mitgliedern sowie § 245 Abs. 2, § 248 gelten nicht; das Oberversicherungsamt bestimmt das Maß der Leistungen.

Wird die Anordnung nicht in der gesetzten Frist befolgt, so errichtet das Oberversicherungsamt selbst die Kasse oder beauftragt damit das Versicherungsamt.

Vgl. §§ 69, 70, 71, 72 Abs. 3 KVG.

Über das Fortbestehen von Baukrankenkassen als Betriebskrankenkassen siehe Art. 22 Einf.-Ges.

Die Betriebskrankenkassen für vorübergehende Baubetriebe weisen gegenüber den anderen Betriebskrankenkassen nur wenige Unterschiede auf. Das Oberversicherungsamt kann ihre Errichtung anordnen; für ständige Baubetriebe kann solche Anordnung nicht ergehen.

Der Bauherr kann sie nicht ohne Anordnung errichten; der Arbeitgeber kann sie dagegen, falls sonst die Voraussetzungen zutreffen, als Betriebskrankenkasse nach §§ 245 bis 248 errichten. Dagegen kann ein Baugeschäft, das bereits eine Betriebskrankenkasse hat, zur Errichtung einer Betriebskrankenkasse für einen besonderen vorübergehenden Bau nicht angehalten werden, da für den Betrieb eines Arbeitgebers nur eine Betriebskrankenkasse nach § 245 Abs. 1 errichtet werden kann; es ist aber möglich, wenn sonst die Voraussetzungen gegeben sind, durch Einrichtung einer besonderen Mitgliederabteilung für die im vorübergehenden Baubetrieb Beschäftigten andere Leistungen als für die übrigen Mitglieder festzusetzen (§ 261 Abs. 2).

Ein Bauherr oder der für ihn eintretende Arbeitgeber muß der Anordnung des Oberversicherungsamts nachkommen, auch wenn er mit dem vorübergehenden Baubetriebe Mitglied einer Innung ist, mit der eine Innungskrankenkasse verbunden ist (§ 249 Abs. 3, § 250 Abs. 3).

Die sonst für die Einrichtung vorgeschriebenen Voraussetzungen gelten wegen des Errichtungszwanges nicht. Das Oberversicherungsamt wird durch geeignete Anordnungen Vorsorge für die Leistungsfähigkeit der Kasse und für die Erfüllung der Pflichten durch den Bauherrn treffen. Es kann auch während des Bestehens der Kasse eine andere Bemessung der Leistungen anordnen, z. B. wenn die Leistungen der allgemeinen OKK. stark geändert werden.

Bauherr ist derjenige, der die tatsächliche Verfügung über den Bau hat. Er kann Eigentümer, Pächter, Nießbraucher oder Erbbauberechtigter sein; es genügt aber auch, daß er auf Grund eines Werk- oder Dienstvertrags über den Unternehmer zu verfügen in der Lage ist. Bei Bauspekulationsgeschäften kann auch der frühere Eigentümer als Bauherr in Betracht kommen.

Wird die Kasse vom OVA. errichtet, so trägt der Bauherr die Errichtungs- und Verwaltungskosten.

Gegen die Anordnung des OVA. ist nach § 254 Beschwerde an die oberste Verwaltungsbehörde zulässig.

Vgl. auch § 273 Abs. 2.

Innungskrankenkassen.

§ 250. Eine Innung kann für die ihr angehörigen Betriebe ihrer Mitglieder eine Innungskrankenkasse errichten.

Dieser Kasse gehören die in den Betrieben beschäftigten Versicherungspflichtigen an, soweit sie nicht nach den §§ 235, 236 landkassenpflichtig sind. Die in den Betrieben beschäftigten Versicherungsberechtigten können ihr beitreten.

Nicht in die Innungskrankenkasse gehören die Beschäftigten eines Betriebs, mit dem ein Arbeitgeber einer Zwangsinnung freiwillig beigetreten ist, oder für den nach § 249 eine Betriebskrankenkasse errichtet ist.

Verlegt ein Innungsmitglied seinen Gewerbebetrieb aus dem Kassenbereiche hinaus, so endet die Mitgliedschaft seiner versicherungspflichtig Beschäftigten bei der Innungskrankenkasse.

Vgl. § 81b Nr. 3, § 100g Gew.O.; § 73 KVG.

Die Rechtslage der Innungskrankenkassen war bisher unübersichtlich und verwickelt. Die RVO. geht auf der schon durch die Novelle von 1892 betretenen Bahn weiter und stellt die Innungskrankenkassen den Betriebskrankenkassen völlig gleich. Sämtliche Vorschriften der Reichsversicherungsordnung über Krankenkassen gelten, soweit nicht in einzelnen Fällen ausdrücklich anderes vorgeschrieben ist, ohne weiteres für Innungskrankenkassen. Ferner ist der Inhalt der einschlägigen Vorschriften der Gewerbeordnung ohne wesentliche sachliche Änderung in die RVO. aufgenommen. Die infolge hiervon in der Gewerbeordnung erforderlichen Änderungen sind in dem Einführungsgesetz geregelt.

Vgl. auch § 274 Nr. 2, § 298 Abs. 1, Nr. 7, § 308.

Eine Innungskrankenkasse kann von einer freien oder von einer Zwangsinnung errichtet werden, nicht aber von einem Innungsausschuß, auch nicht vom Innungsverbande. Ebensowenig können mehrere Innungen eine gemeinsame Innungskrankenkasse errichten, wie durch die Fassung klargestellt ist. Jede Innung kann nur eine Innungskrankenkasse errichten, also z. B. nicht eine Innungskrankenkasse für Gesellen und eine für Lehrlinge.

Die Errichtung erfolgt durch Beschluß der Innungsversammlung.

Der Innungskrankenkasse gehören alle von Innungsmitgliedern Beschäftigten, also Gesellen, Gehilfen, Lehrlinge, ungelernte Arbeiter an, aber nur, soweit sie in „den Betrieben" beschäftigt sind, mit denen die Innungsmitglieder der Innung angehören. Die übrigen von dem Innungsmeister etwa beschäftigten Versicherungspflichtigen gehören einer Ortskrankenkasse, der Landkrankenkasse oder unter Umständen seiner Betriebskrankenkasse an. Nicht in die Innungskrankenkasse gehören die Angehörigen von Berufsgruppen, die der Entwurf den Landkrankenkassen zuweist. Bestehen dagegen keine Landkrankenkassen für den Bezirk einer Innung, so fällt diese Beschränkung fort, und diese Personen unterliegen hinsichtlich ihrer Kassenzugehörigkeit den gleichen Vorschriften, wie die übrigen Versicherungspflichtigen, mit Ausnahme der hausgewerblich Beschäftigten, die dann stets der allgemeinen Ortskrankenkasse angehören.

Wird ein Arbeitgeber Mitglied einer freien Innung, mit der eine Innungskrankenkasse verbunden ist, so scheiden die von ihm beschäftigten Versicherungspflichtigen aus der allgemeinen oder besonderen Ortskrankenkasse aus und werden Mitglieder der Innungskrankenkasse. Dasselbe gilt, wenn der Arbeitgeber Mitglied einer solchen Zwangsinnung werden muß. Wird er dagegen freiwillig Mitglied einer solchen Zwangsinnung, so bleiben seine Beschäftigten, da er nach § 100g Abs. 1 der Gewerbeordnung nur für seine Person der Innung beitreten kann, Mitglieder der Ortskrankenkasse.

Voraussetzung für die Errichtung.

§ 251. Eine Innungskrankenkasse darf nur errichtet werden, wenn

1. sie den Bestand oder die Leistungsfähigkeit vorhandener allgemeiner Ortskrankenkassen und Landkrankenkassen nicht gefährdet (§ 242); dabei gilt eine Kasse nicht als gefährdet, wenn sie nach Errichtung der Innungskrankenkasse mehr als tausend Mitglieder behält,

2. ihre satzungsmäßigen Leistungen, denen der maßgebenden Ortskrankenkasse mindestens gleichwertig sind und
3. ihre Leistungsfähigkeit für die Dauer sicher ist.

Vor der Errichtung ist der Gesellenausschuß, die Gemeindebehörde des Ortes, an dem die Innung ihren Sitz hat, die Handwerkskammer sowie die Aufsichtsbehörde der Innung zu hören.

Vgl. §§ 85, 95 Gew. O.
Vgl. §§ 240, 248.

Eine Mindestmitgliederzahl ist nicht vorgeschrieben. Der Grund hierfür ist darin zu suchen, daß nach Ansicht des Gesetzgebers die Innungskrankenkassen eine historische Berechtigung haben.

Wegen Gleichwertigkeit vgl. §§ 259 bis 263.

Genehmigungsverfahren.

§ 252. Der Antrag auf Genehmigung einer Betriebs- oder Innungskrankenkasse ist an das Versicherungsamt zu richten.

Dieses gibt den beteiligten Landkrankenkassen und allgemeinen Ortskrankenkassen Gelegenheit, sich zu äußern, und legt den Antrag mit gutachtlicher Äußerung dem Oberversicherungsamte vor.

Neu.

Zuständig ist das Versicherungsamt, in dessen Bezirke die künftige Kasse ihren Sitz haben soll. Seine gutachtliche Äußerung zu dem Antrage wird es zweckmäßig durch Beschluß seines Beschlußausschusses bewirken.

Vgl. §§ 253, 254.

Genehmigung.

§ 253. Betriebskrankenkassen, die nicht nach § 249 angeordnet sind, sowie Innungskrankenkassen können nur mit Genehmigung des Oberversicherungsamts errichtet werden.

Das Oberversicherungsamt (Beschlußkammer) darf für Betriebskrankenkassen die Genehmigung, vorbehaltlich des

§ 273 Abs. 1, Nr. 2, nur versagen, wenn die Kasse nicht die vorgeschriebene Mitgliederzahl hat oder nicht den Anforderungen des § 248 entspricht.

Vgl. § 85 Gew. O.; § 68 Abs. 2 KVG.

Die Genehmigung darf bei Betriebskrankenkassen nur versagt werden, wenn die gesetzlichen Voraussetzungen für die Genehmigung nicht gegeben sind, oder, wie schon bisher (Krankenversicherungsgesetz § 68 Abs. 2), wenn eine Betriebskrankenkasse wegen nicht ordnungsmäßiger Kassen- oder Geschäftsführung geschlossen ist und infolgedessen derselbe Arbeitgeber keine neue Genehmigung erhält. Bei Innungskrankenkassen ist die Erteilung der Genehmigung in das sachkundige freie Ermessen des Oberversicherungsamts gestellt, das leistungsschwache Innungskrankenkassen nicht genehmigen wird.

Wegen Beschwerde vgl. § 254.

Beschwerde.

§ 254. Gegen die Entscheidung des Oberversicherungsamts hat die Beschwerde an die oberste Verwaltungsbehörde

der Arbeitgeber oder die Innung, wenn die Genehmigung versagt wird,

jede beteiligte Landkrankenkasse und allgemeine Ortskrankenkasse, wenn die Genehmigung erteilt wird,

der Arbeitgeber, wenn die Kasse nach § 249 angeordnet wird.

Vgl. § 85 Gew. O.

Das Rechtsmittel haben nur die Beteiligten, gegen deren Antrag oder Äußerung die Entscheidung ausgefallen ist. Im Falle des § 249 ist unter Arbeitgeber auch der Bauherr zu verstehen.

Für die Beschwerde gelten die §§ 128, 129.

Zulassung bestehender Betriebskrankenkassen.

§ 255. Eine Betriebskrankenkasse, die vor Inkrafttreten dieses Gesetzes bestand, wird nur zugelassen, wenn

1. sie mindestens einhundert, bei Krankenkassen für landwirtschaftliche oder Binnenschiffahrtsbetriebe mindestens fünfzig Mitglieder hat (§§ 241, 247),

2. ihre satzungsmäßigen Leistungen denen der maßgebenden Krankenkasse mindestens gleichwertig sind oder binnen sechs Monaten gemacht werden und
3. ihre Leistungsfähigkeit für die Dauer sicher ist.

Bestand eine Betriebskrankenkasse gemeinsam für Betriebe mehrerer Arbeitgeber, so kann sie unter denselben Voraussetzungen zugelassen werden.

Diese Anforderungen gelten nicht für Betriebskrankenkassen, die für Betriebe des Reichs oder der Bundesstaaten zugelassen werden.

Vgl. § 85 Abs. 1, 2 KVG.

Für die Betriebskrankenkassen, die bei Inkrafttreten der Reichsversicherungsordnung bestehen, gelten dieselben Zulassungsvoraussetzungen, wie für die besonderen Ortskrankenkassen (§ 240) nur mit den Unterschieden, die sich aus den abweichenden Verhältnissen ergeben. Die Mindestzahl der Mitglieder konnte herabgesetzt werden, weil infolge der engen Verbindung der Kasse mit dem Betrieb und der Tragung der Verwaltungskosten durch den Arbeitgeber die Geschäftsführung nicht unerheblich einfacher und billiger ist, so daß auch kleinere Kassen wohl leistungsfähig sein können. Dazu kommt, daß die Betriebskrankenkassen im Durchschnitt verhältnismäßig hohe Rücklagen haben, und daß für Fehlbeträge der Arbeitgeber aufzukommen hat. Hierauf ist auch bei der Prüfung der dauernden Leistungsfähigkeit (Nr. 3) Rücksicht zu nehmen. Gefährdung des Bestandes oder der Leistungsfähigkeit der allgemeinen Orts- oder Landkrankenkasse hindert die Zulassung nicht (anders bei der Errichtung neuer Betriebskrankenkassen; § 248 Nr. 1).

Über Gleichwertigkeit der Leistungen vgl. §§ 259 bis 263. Die Frist für die Gleichstellung der Leistungen beginnt mit der Mitteilung der Entscheidung nach § 263.

Gemeinsame Betriebskrankenkassen für Betriebe mehrerer Arbeitgeber stammen entweder aus der Zeit vor 1883 oder sind dadurch entstanden, daß verschiedene Betriebe eines Arbeitgebers, für die eine Betriebskrankenkasse errichtet war, später in verschiedene Hände übergegangen sind, ohne daß der neue oder der alte Eigentümer den Antrag auf Ausscheidu aus der Betriebskrankenkasse gestellt hat.

Über die Zulassung siehe Art. 17 bis 21 Einf.-Ges., zu Abs. 3 vgl. § 246.

Zulassung bestehender Innungskrankenkassen.

§ 256. Eine Innungskrankenkasse, die vor Inkrafttreten dieses Gesetzes bestand, wird zugelassen, wenn sie den Anforderungen des § 255 Abs. 1, Nr. 2 und 3 entspricht.

Bestand eine Innungskrankenkasse gemeinsam für mehrere Innungen, so kann sie unter denselben Voraussetzungen zugelassen werden.

Vgl. § 85 Abs. 1, 2 KVG.

Für die Zulassung von Innungskrankenkassen, die bei Inkrafttreten der Reichsversicherungsordnung bestehen, gelten die gleichen Vorschiften wie für Betriebskrankenkassen mit der Ausnahme, daß eine Mindestzahl von Mitgliedern nicht vorgeschrieben ist, wie dies auch für die Errichtung einer neuen Innungskrankenkasse nicht geschehen ist (§§ 250, 251). Mit Rücksicht darauf, daß infolge verschiedenartiger Auslegung der zur Zeit geltenden Vorschriften einzelne gemeinsame Innungskrankenkassen für mehrere Innungen, z. B. im Königreich Sachsen, errichtet sind, läßt die RVO., um bestehende Organisationen zu schonen, den Fortbestand solcher Kassen zu, während sie ihre Errichtung untersagt.

Über die Zulassung vgl. Einf.-Ges. Art. 17 bis 21, 23, 24. Mit der Zulassung wird die Kasse rechtsfähig (§ 4).

Beibehaltung anderer Leistungen.

§ 257. Eine zugelassene Betriebs- oder Innungskrankenkasse kann andere und höhere, bisher zulässige Leistungen beibehalten, als § 179 zuläßt, wenn sie ihre Ausgaben deckt, ohne die gesetzlichen Höchstbeiträge zu überschreiten.

Vgl. § 85 Abs. 1, 2 KVG.

Die Bestimmung deckt sich mit § 239 Abs. 2.

Derartig abweichende Leistungen können nur vor 1883 errichtete Kassen gewähren (§§ 21 Abs. 2, 85 KVG.).

Die gesetzlichen Höchstbeiträge betragen 6 % des Grundlohns (§ 389 Abs. 1).

V. Streitigkeiten.

§ 258. Entsteht zwischen Krankenkassen Streit darüber, welcher von ihnen Betriebe oder Betriebsteile angehören, so entscheidet das Versicherungsamt (Beschlußausschuß). Auf Beschwerde entscheidet das Oberversicherungsamt endgültig.

Das Gleiche gilt, wenn die beteiligten Kassen die Kassenzugehörigkeit ablehnen.

Weist die Entscheidung Betriebe oder Betriebsteile einer anderen Kasse zu, so muß sie auch bestimmen, wann das neue Versicherungsverhältnis in Kraft tritt.

Endgültige Entscheidungen über die Kassenzugehörigkeit sind für alle Behörden und Gerichte bindend.

Vgl. § 19 Abs. 4, Satz 2, § 57b, § 65 Abs. 3, § 72 Abs. 3, § 73 Abs. 1 KVG.

§ 258 bezieht sich nicht auf knappschaftliche Krankenkassen; bei Streitigkeiten über die Kassenzugehörigkeit zwischen knappschaftlichen Krankenkassen untereinander bestimmt sich vielmehr die Zuständigkeit der entscheidenden Stelle nach Landesrecht. Bei solchen Streitigkeiten zwischen einer knappschaftlichen Krankenkasse und einer Krankenkasse ist nach § 1787 Abs. 2 das Versicherungsamt zuständig.

Unter diesen Paragraphen fallen sämtliche Streitigkeiten zwischen Kassen über die Kassenzugehörigkeit, mögen sie in gewerbetechnischen Fragen, in Mängeln der Satzung, in Unklarheiten über Beschäftigungsort und Arbeitsstätte ihre Ursache haben. Dagegen gehört nicht hierher die Klage eines Versicherungsberechtigten auf Aufnahme in eine Kasse (§ 405 Abs. 2). Soweit an dem Streite eine Innungskrankenkasse beteiligt ist und die Entscheidung davon abhängt, ob der Arbeitgeber Mitglied einer Innung ist, hat hierüber nach §§ 96, 100h der Gewerbeordnung die Aufsichtsbehörde der Innung und auf Beschwerde die höhere Verwaltungsbehörde zu entscheiden.

Lehnen mehrere angegangene Kassen die Zugehörigkeit ab, so entscheidet ebenfalls das Versicherungsamt. Die Zuständigkeit ist durch § 1783 geregelt.

Die Beschwerde ist binnen einem Monat einzulegen (§§ 128, 129). Es entscheidet die Beschlußkammer des OVA. (§ 1781).

Die endgültige Entscheidung ist zuzustellen. Sie wirkt als Begründung der Mitgliedschaft und bestimmt zugleich den Tag ihres Beginns. Vgl. auch § 212.

Bindend ist die Entscheidung insbesondere in einem Streit gemäß § 405. Liegt aber eine endgültige Entscheidung noch nicht vor, so können die Behörden und Gerichte ohne Aussetzung selbständig über die Kassenzugehörigkeit entscheiden.

VI. Gleichwertigkeit der Leistungen.

Grundsatz.

§ 259. Ob die Kassenleistungen gleichwertig sind, entscheidet das zuständige Versicherungsamt (Beschlußausschuß).

Dabei werden die Gesamtleistungen mit Rücksicht auf den besonderen Mitgliederkreis der einzelnen Kassen nach Billigkeit veranschlagt.

Der Bundesrat kann hierüber Näheres bestimmen.

Neu.

Der Begriff der Gleichwertigkeit wird in den §§ 240, 248, 255, 251, 279, 256, 269, 274 angewendet, während sein Inhalt, seine Tragweite und die Art seiner Anwendung in den §§ 259 bis 263 enthalten sind.

Das Gesetz verlangt keine schwierige mathematische Berechnung, sondern spricht von „veranschlagen" und zwar „nach Billigkeit". Es soll nicht etwa je eine Leistung derselben mit der anderen Kasse verglichen, sondern die Gesamtheit der Leistungen einheitlich zusammengefaßt und gegeneinander abgewogen werden. Zu diesem objektiven Komplex kommt schließlich noch ein subjektives Moment, nämlich der Mitgliederkreis jeder Kasse nach der besonderen Art seiner Zusammensetzung, also nach Alter, Geschlecht, Beruf usw.

Die Prüfung und Entscheidung der Gleichwertigkeit spielt sich beim Versicherungsamt ab. Der Vorsitzende oder sein Stellvertreter wird die rechnungsmäßigen Unterlagen zusammenstellen oder dies in seinem Bureau machen lassen. Dann tritt der Beschlußausschuß zusammen und trifft auf Grund der beigebrachten Unterlagen und unter Berücksichtigung der objektiven und subjektiven Momente seine Entscheidung. Wenn eine Kasse mit dieser Entscheidung nicht zufrieden ist, kann sie beim Oberversicherungsamt Beschwerde einlegen (§ 263).

Zwei Kassen brauchen, um gleichwertige Leistungen zu haben, nicht genau dieselben Leistungen zu gewähren, sondern es können Minderleistungen auf einem Gebiete durch Mehrleistungen auf einem anderen Gebiete gegeneinander aufgewogen werden. Auch kommt es nicht darauf an, ob dieselbe einzelne Leistung, von den Regelleistungen abgesehen, bei beiden Kassen vorhanden ist, sondern es ist in erster Linie auf die Gesamtheit der Leistungen zu sehen, und diese nach Billigkeit rechnungsmäßig abzuwägen. Dabei ist auch der Mitgliederkreis der Kasse beachtenswert; für eine Kasse mit zahlreichen weiblichen Arbeiterinnen wird z. B. ein Schwangerengeld unter sonst gleichen Umständen wichtiger sein, als das doppelte Sterbegeld. Die Prüfung selbst gestaltet sich nicht schwierig. Kasse A gewährt für die ersten drei Tage kein Krankengeld und zahlt ein Krankengeld von 60 vom Hundert des Grundlohns für sechsundzwanzig Wochen. Kasse B gewährt 50 vom Hundert des Grundlohns als Krankengeld, aber für vierunddreißig Wochen Krankengeld und vom ersten Krankentag ab. Setzt man nun die Regelleistungen gleich 100, so gewährt Kasse A demnach 120, Kasse B für die längere Dauer rund + 2 und für die drei Karenztage rund + 17, insgesamt also 119. Diese Leistungen sind als gleichwertig anzusehen. Geeignete Unterlagen zur Erleichterung der Rechnung bietet der Band I der Statistik der „Krankheits- und Sterblichkeitsverhältnisse in der Ortskrankenkasse für Leipzig und Umgegend", die das Kaiserliche Statistische Amt, Abteilung für Arbeiterstatistik, unter Mitwirkung des Kaiserlichen Gesundheitsamts ausgeführt und in vier Bänden 1910 veröffentlicht hat.

Nicht anrechenbare Leistungen.

§ 260. Leistungen der maßgebenden Kasse, die noch kein volles Jahr gelten, werden nicht berücksichtigt; ebenso nicht Mehrleistungen, die nur auf Kosten der Rücklage oder durch eine Erhöhung der Beiträge über viereinhalb vom Hundert des Grundlohns hinaus ermöglicht werden.

Neu.

Die Bestimmung will verhüten, daß eine Kasse durch plötzliche vorübergehende Steigerung ihrer Leistungen eine andere beseitige.

Wegen Rücklage vgl. § 364.

Maßgebende Kasse.

§ 261. Maßgebend ist die allgemeine Ortskrankenkasse des Bezirks.

Für eine Kasse, deren Bezirk sich über den mehrerer allgemeiner Ortskrankenkassen erstreckt, ist die allgemeine Ortskrankenkasse ihres Sitzes maßgebend. Gleichwertige Leistungen gewährt die Kasse auch, wenn sie gesonderte Mitgliederabteilungen hat und bei jeder von ihnen die Gleichwertigkeit mit der zuständigen allgemeinen Ortskrankenkasse wahrt.

Für landwirtschaftliche Betriebskrankenkassen ist die Landkrankenkasse oder, wo keine errichtet ist, die allgemeine Ortskrankenkasse maßgebend.

Neu.

Den Maßstab für die Gleichwertigkeit gibt die allgemeine Ortskrankenkasse des Bezirkes für alle Krankenkassen des Bezirkes. Sind mehrere allgemeine Ortskrankenkassen nach § 231 Abs. 2 errichtet, so ist jede maßgebend für die Krankenkassen ihres Bezirkes. Erstrecken sich besondere Ortskrankenkassen, Betriebskrankenkassen oder Innungskrankenkassen über die Bezirke mehrerer allgemeiner Ortskrankenkassen, so bleibt für sie in der Regel die allgemeine Ortskrankenkasse maßgebend, in deren Bezirk sie ihren Sitz haben.

Abs. 2 Satz 2 hat örtlich gesonderte Mitgliederabteilungen im Auge, wie sie z. B. bei einer gemeinsamen Betriebksrankenkasse für eine Möbelfabrik in der Stadt und eine Holzschneidemühle in einem Dorf bestehen können.

Dagegen bezieht sich Abs. 3 auf beruflich gesonderte Mitgliederabteilungen, wenn für einen gewerblichen und einen landwirtschaftlichen Betrieb eine gemeinsame Betriebskrankenkasse errichtet und für die landwirtschaftlichen Mitglieder nach § 245 Abs. 3 der Ortslohn als Grundlohn bestimmt wird. In diesem Falle genügt für die landwirtschaftliche Mitgliederklasse Gleichwertigkeit mit der Landkrankenkasse.

Wie die Gleichwertigkeit vor Errichtung einer allgemeinen Ortskrankenkasse zu prüfen ist, bestimmt das Gesetz nicht.

Nachprüfung der Gleichwertigkeit.

§ 262. Die Gleichwertigkeit wird von vier zu vier Jahren festgestellt, wenn Tatsachen vorliegen, welche die frühere Festsetzung als nicht mehr zutreffend erscheinen lassen.

Für eine Krankenkasse, die neu errichtet wird, kann das Versicherungsamt die zuletzt festgestellten Leistungen der maßgebenden Kasse zu Grunde legen.

Neu.

Das Gesetz sieht eine gesetzliche Nachprüfung der Gleichwertigkeit vor, damit das V. Amt nicht auf jeden Antrag auf Nachprüfung eingehen muß, und damit anderseits die Unstimmigkeit der Leistungen nicht zu lange besteht. Eine besondere geschäftliche Belastung wird die regelmäßige Nachprüfung nicht bringen, weil das Versicherungsamt naturgemäß keine neue Prüfung da vorzunehmen hat, wo — wie es meist der Fall sein wird — keine Änderung der Satzung beschlossen ist. Dabei kann das Versicherungsamt eine Liste führen, in welcher es auf Grund einer Benachrichtigung des Oberversicherungsamts nach Genehmigung jeder Satzungsänderung die Kassen einträgt, deren Satzung geändert ist, sodaß sogar eine Rückfrage an die übrigen Kassen sich erübrigt.

Mitteilung der Entscheidung, Beschwerde.

§ 263. Das Versicherungsamt teilt seine Entscheidung den beteiligten Kassen und, soweit es sich um die Errichtung einer Betriebs- oder Innungskrankenkasse handelt, auch den beteiligten Landkrankenkassen und allgemeinen Ortskrankenkassen mit.

Die Kassen haben die Beschwerde an das Oberversicherungsamt. Dieses entscheidet endgültig. In besonderen Fällen kann es vor der Entscheidung ein Gutachten der Rechnungsstelle des Reichsversicherungsamts einholen.

N e u.

Die Rechnungsstelle hat dem Ersuchen zu entsprechen.
Wegen der Beschwerde vgl. §§ 128, 129.

VII. Vereinigung, Ausscheidung, Auflösung, Schliessung.

Vorbemerkung.

An der Organisation der bestehenden Krankenkassen kann nur auf vier Arten geändert werden.

1. Kassen können miteinander v e r e i n i g t werden, sei es freiwillig (§§ 264 Abs. 2, 3, 265, 268, 270, 271), sei es zwangsweise (§§ 264 Abs. 1, 276).
2. Es können aus einer Kasse Teile ausscheiden und entweder zu anderen Kassen hinzukommen, oder selbst zu einer neuen Kasse werden (§§ 271, 298 Abs. 1); diese A u s s c h e i d u n g muß stets stattfinden, wenn ihre Voraussetzungen oder entsprechende Anträge vorliegen. An der Vereinigung wie an der Ausscheidung sind stets mindestens zwei Kassen (gegebenenfalls ist die neu zu errichtende mitzu-

zählen) beteiligt, zwischen denen eine Auseinandersetzung über die Mitglieder, das Vermögen usw. stattfindet; die Kassenrechte und Kassenpflichten verbleiben beim Ausscheiden der alten oder gehen bei der Vereinigung auf die andere beteiligte Kasse über.

3. Es kann eine Kasse beschließen, sich aufzulösen (§§ 269 Abs. 1, 272, 278); die Auflösung geschieht ausnahmslos auf freiwilligen Antrag.
4. Eine Krankenkasse kann von der Versicherungsbehörde geschlosesn werden (§§ 266, 267, § 269 Abs. 2, 273, 274, 275, 277 Abs. 2, § 279); die Schließung von Amts wegen muß immer erfolgen, wenn ihre Voraussetzungen gegeben sind, vorbehaltlich der angeordneten Betriebskrankenkassen.

Bei der Auflösung und Schließung ist an dem Verfahren zunächst nur eine Kasse beteiligt, die untergeht, aber deren Rechte und Pflichten noch in einem einfachen Liquidationsverfahren abzuwickeln sind; hierbei kommen die Beziehungen (Mitglieder, Vermögen) zu anderen Kassen ins Spiel.

1. Orts- und Landkrankenkassen.

Vereinigung wegen sinkendem Mitgliederstand.

§ 264. Sinkt der Mitgliederstand einer für den ganzen Bezirk des Versicherungsamts errichteten Landkrankenkasse nicht nur vorübergehend unter zweihundertundfünfzig, so wird sie mit der allgemeinen Ortskrankenkasse des Bezirks vereinigt.

Dies kann geschehen, wenn das Versicherungsamt (Beschlußausschuß) nach Anhören beteiligter Arbeitgeber und Versicherungspflichtiger das Bedürfnis für ihr Fortbestehen verneint.

Sinkt der Mitgliederstand einer für den ganzen Bezirk des Versicherungsamts errichteten allgemeinen Ortskrankenkasse nicht nur vorübergehend unter zweihundertundfünfzig, so kann sie mit der Landkrankenkasse des Bezirks vereinigt werden.

Vgl. § 47 Abs. 1, Nr. 1, Abs. 4 KVG.

Unter Mitgliederstand ist der Gesamtbestand an Verpflichteten und Berechtigten zu verstehen. Die Berechnung erfolgt nach § 241.

Allgemeine Ortskrankenkassen und Landkrankenkassen, die für den ganzen Bezirk des Versicherungsamts errichtet sind, können sich überhaupt nicht auflösen, sonst würde bestimmten Versicherungspflichtigen eine Kasse und damit die Möglichkeit der Krankenversicherung fehlen. Sie können aus demselben Grunde nur geschlossen werden, wenn sich nachträglich herausstellt, daß sie überhaupt nicht hätten errichtet werden dürfen (§ 266).

Ein Ausscheiden von Mitgliedern aus diesen allgemeinen Orts- und Landkrankenkassen kann auf zwei Arten stattfinden. Wenn eine Betriebs- oder Innungskrankenkasse errichtet wird, so scheiden deren Mitglieder aus, es gehen aber außer den Ansprüchen nach § 212 keine Pflichten oder Rechte der alten Kasse auf die neue über. Wenn dagegen der Bezirk einer solchen Kasse durch Änderung des Verwaltungsbezirks oder des Versicherungsamtsbezirkes geändert wird (§ 298 Abs. 1, Nr. 1), oder wenn aus einer für den ganzen Versicherungsamtsbezirk bestehenden solchen Kasse eine neue Kasse der Art für einen Teil des Bezirkes gebildet wird (§ 298 Abs. 1, Nr. 3), oder wenn in einem Bezirk, wo bisher entweder keine allgemeine Ortskrankenkasse oder keine Landkrankenkasse bestand, solche errichtet wird (§ 298 Nr. 2), so findet eine Ausscheidung statt, die eine Auseinandersetzung zur Folge hat, falls nicht nach § 298 Abs. 3 davon aus anderen Gründen abgesehen wird.

In Abs. 1 muß, in Abs. 2 und 3 kann die Vereinigung erfolgen.

Über das Verfahren bei der Vereinigung vgl. §§ 280 flg.

Vereinigung von Teilorts- oder Landkrankenkassen.

§ 265. Sind für den Bezirk eines Versicherungsamts nach § 231 Abs. 2 mehrere allgemeine Ortskrankenkassen errichtet, so können sie auf Beschluß ihrer Ausschüsse und mit Zustimmung der beteiligten Gemeinden oder Verbände miteinander vereinigt werden.

Ebenso können mehrere nach § 231 Abs. 2 errichtete Landkrankenkassen eines Versicherungsamts miteinander vereinigt werden.

Vgl. § 47 Abs. 2, 4 KVG.

Es handelt sich hier um freiwillige Vereinigung.

Die Vereinigung einer Teilortskrankenkasse mit einer Teillandkrankenkasse ist wegen Verschiedenheit der Kassenleistungen nicht angängig; sie können nur mit ihresgleichen vereinigt werden, und zwar nur, wenn es die Kassenausschüsse beschließen und die Gemeinden oder Verbände zustimmen.

Wegen des Ausschußbeschlusses vgl. § 345 Abs. 2, Nr. 7 und Abs. 3. Es sind getrennte Mehrheitsbeschlüsse sowohl der Arbeitgeber als der Versicherten erforderlich.

Schließung.

§ 266. Eine allgemeine Orts- oder eine Landkrankenkasse wird geschlossen, wenn sich herausstellt, daß sie nicht hätte errichtet werden dürfen.

Vgl. § 48 Abs. 3, 4 KVG.

Solche Gründe sind bei der allgemeinen Ortskrankenkasse Verstoß gegen §§ 230 und 231 Abs. 2; bei der Landkrankenkasse gegen §§ 227, 228, 229, 231 Abs. 2.

Weitere Schließungsgründe bei Teilorts- oder Landkrankenkassen.

§ 267. Eine allgemeine Orts- oder eine Landkrankenkasse, die für Bezirksteile eines Versicherungsamts errichtet ist, wird geschlossen, wenn

1. ihr Mitgliederstand nicht nur vorübergehend unter zweihundertundfünfzig sinkt und keine Vereinigung nach § 265 zustande kommt,
2. ihre Beiträge, obwohl sie sechs vom Hundert des Grundlohns (§§ 389, 390) erreicht haben, mit den anderen Einnahmen nicht ausreichen, um die Regelleistungen zu decken, und, falls bei einer Ortskrankenkasse Arbeitgeber und Versicherte sich nicht über eine Erhöhung der Beiträge einigen, oder falls bei

einer Landkrankenkasse der Gemeindeverband nicht die erforderliche Beihilfe leistet.

Vgl. § 47 Abs. 1, Nr. 2, Abs. 4, 7 KVG.

Wegen der Beihilfe des Gemeindeverbandes vgl. § 390, wegen Regelleistungen § 179 Abs. 2.

Über die Zulänglichkeit der Beiträge entscheidet das OVA. an der Hand mehrerer, unter Umständen auch eines Jahresabschlusses.

Vereinigung von bes. und allgem. OKK.

§ 268. Wenn der Bezirk einer besonderen Ortskrankenkasse nicht über den der allgemeinen hinausgeht, können die Ausschüsse beider Kassen die Vereinigung beschließen.

Vgl. § 48 Abs. 1, 4 KVG.

Über den Ausschußbeschluß vgl. § 345 Abs. 2, Nr. 7, Abs. 3. Das OVA. kann den Antrag ablehnen. Dann, oder wenn der Ausschuß der allgemeinen OKK. die Vereinigung ablehnt, bleibt der besonderen OKK. die Auflösung offen (§ 269).

Auflösung und Schließung besonderer OKK.

§ 269. Eine besondere Ortskrankenkasse kann auf Beschluß ihres Ausschusses aufgelöst werden.

Sie wird geschlossen, wenn

1. sie nicht den Anforderungen der §§ 240—242 entspricht,
2. sie nach § 267 Nr. 2 leistungsunfähig wird,
3. sich herausstellt, daß sie nicht hätte zugelassen werden dürfen.

Vgl. § 47 Abs. 2, 4, § 48 Abs. 1 KVG.

Abs. 1 betrifft die freiwillige Selbstauflösung. Über den Ausschußbeschluß vgl. § 345 Abs. 2, Nr. 7, Abs. 3.

Unter Nr. 3 gehören auch die formalen Zulassungsvoraussetzungen in Art. 18 flg. des Einf.-Ges.

2. Betriebs- und Innungskrankenkassen.

Vorbemerkung.

Bei den Betriebskrankenkassen sind die Änderungsmöglichkeiten des Krankenversicherungsgesetzes beibehalten, hinzugefügt sind noch Fälle, die teils auch für das alte Gesetz sich als nötig herausgestellt hatten, wie die Schließung zu Unrecht errichteter oder zugelassener Kassen oder die Ausscheidung eines Betriebs aus einer gemeinsamen Kasse mehrerer Arbeitgeber, teils infolge der neu eingeführten Zulassungsvoraussetzungen erforderlich geworden sind, wie die Schließung wegen Kollision mit einer Innungskrankenkasse (vgl. hierüber zu § 250) oder wegen Ungleichwertigkeit der Leistungen oder wegen mangelnder Leistungsfähigkeit (§ 274 Nr. 3, 4).

Über Errichtung von Betriebs- und Innungskrankenkassen vgl. §§ 245 flg.

Vereinigung von Betriebskrankenkassen.

§ 270. Mehrere Betriebskrankenkassen für Betriebe desselben Arbeitgebers können auf Beschluß ihrer Ausschüsse zu einer Kasse vereinigt werden.

Vgl. § 67c Abs. 1 KVG.

Bei Betrieben verschiedener Unternehmer ist die Vereinigung nicht statthaft.

Wird eine landwirtschaftliche und eine gewerbliche Betriebskrankenkasse vereinigt, so gilt für die vereinigte Kasse § 181.

Vgl. § 345.

Betriebs-KK. öffentlicher Verwaltungen.

§ 271. Wird die Organisation einer öffentlichen Verwaltung, die für ihre Betriebe oder Dienstbetriebe Betriebskrankenkassen errichtet hat, geändert, so setzt das Oberversicherungsamt oder, wenn mehrere Oberversicherungsämter beteiligt sind, die oberste Verwaltungsbehörde auf Antrag die Bezirke der Kassen nach Anhören der Kassenorgane anderweit fest.

Vgl. § 67b Satz 1 KVG.

Als öffentliche Verwaltungen kommen Reichs-, Staats- und Kommunalbetriebe in Frage. Den Antrag stellt die Verwaltung.

Bei Zustimmung der beteiligten Kassen kann eine Auseinandersetzung unterbleiben (§ 398 Abs. 3).

Auflösung von Betriebskrankenkassen.

§ 272. Eine Betriebskrankenkasse kann auf Antrag des Arbeitgebers aufgelöst werden, wenn der Kassenausschuß zustimmt.

Vgl. § 68 Abs. 3 KVG.

Entscheidend ist, falls die hier vorgesehenen Voraussetzungen vorliegen, das Ermessen des OVA.s. Da aber die Errichtung einer Betriebskrankenkasse von § 249 abgesehen, im Belieben des Arbeitgebers steht, wird auch einem Auflösungsantrag in der Regel stattzugeben sein.

Schließung von Betriebskrankenkassen.

§ 273. Eine Betriebskrankenkasse wird geschlossen, wenn

1. die Betriebe eingehen, für die sie errichtet worden ist,
2. der Arbeitgeber nicht für ordnungsmäßige Kassen- und Rechnungsführung sorgt; die Errichtung einer neuen Betriebskrankenkasse kann ihm versagt werden,
3. sich herausstellt, daß sie nicht hätte errichtet oder zugelassen werden dürfen.

Handelt es sich im Falle der Nr. 2 um eine angeordnete Betriebskrankenkasse (§ 249), so kann das Versicherungsamt auf Kosten des Arbeitgebers einen Vertreter zur Führung der Geschäfte bestellen.

Vgl. § 68 Abs. 1, 2, § 72 Abs. 1 KVG.

Ein Eingehen des Betriebs ist bei Entlassung zahlreicher Arbeiter noch nicht anzunehmen.

Zu Nr. 2 vgl. § 362.

Weitere Schließungsgründe.

§ 274. Eine Betriebskrankenkasse, die nicht angeordnet (§ 249) worden ist, wird geschlossen, wenn

1. ihr Mitgliederstand nicht nur vorübergehend unter die Mindestzahl (§ 245 Abs. 1, § 255 Abs. 1, Nr. 1) sinkt,

2. der Arbeitgeber mit den Betrieben Mitglied einer freien Innung oder Zwangsmitglied einer Zwangsinnung wird, die eine Innungskrankenkasse hat,
3. ihre Leistungen denen der maßgebenden Krankenkasse nicht gleichwertig sind und nicht binnen sechs Monaten gemacht werden,
4. ihre Leistungsfähigkeit nicht mehr für die Dauer sicher ist.

Vgl. § 68 Abs. 1 KVG.

§ 274 gilt nicht für die von den regelmäßigen Errichtungs- und Zulassungsvoraussetzungen befreiten Betriebskrankenkassen des Reichs und der Bundesstaaten (§ 246).

Über Gleichwertigkeit vgl. §§ 259 bis 263.

Die sechsmonatliche Frist beginnt mit der Mitteilung nach § 263.

Vgl. im übrigen die Anm. bei §§ 245, 248.

Schließung angeordneter Betriebskrankenkassen.

§ 275. Eine nach § 249 angeordnete Betriebskrankenkasse kann vom Oberversicherungsamte geschlossen werden.

Neu.

Die Schließung ordnet das OVA. an (§ 280). Gegen seinen Beschluß ist Beschwerde an die oberste Verwaltungsbehörde zulässig (§ 284 Abs. 2).

Vereinigung von Innungskrankenkassen.

§ 276. Innungskrankenkassen werden vereinigt, wenn ihre Innungen vereinigt werden.

Neu.

Schließung von Innungskrankenkassen.

§ 277. Wird eine Zwangsinnung errichtet und deshalb eine Innung geschlossen, so gehen die Rechte und Pflichten, die sie ihrer Innungskrankenkasse gegenüber hatte, auf die Zwangsinnung über.

Die Kasse wird geschlossen, wenn diese Zwangsinnung einen andern Bezirk oder andere Gewerbszweige umfaßt.

Vgl. § 100 l Gew. O.

Abs. 1 bezieht sich nur auf den Fall, daß sowohl Bezirk als Gewerbszweige der freien und Zwangsinnung sich decken. Die Schließung der Innung läßt die von ihr unabhängig bestehende Innungskrankenkasse unberührt.

Abs. 2 ist auch dann gegeben, wenn die Zwangsinnung an die Stelle von mehreren Innungen tritt.

Vgl. die §§ 295, 296, 303 Abs. 2, 305, 341, 390.

Auflösung von Innungskrankenkassen.

§ 278. Eine Innungskrankenkasse kann aufgelöst werden, wenn es die Innungsversammlung nach Anhören des Gesellenauschusses beschließt und der Kassenausschuß zustimmt.

Vgl. § 95 Gew. O.

Die Bestimmung bezieht sich auf freie und Zwangsinnungen. Vgl. auch § 345.

Schließung von Innungskrankenkassen.

§ 279. Eine Innungskrankenkasse wird geschlossen, wenn

1. die Innung, die sie errichtet hat, aufgelöst oder geschlossen wird, vorbehaltlich des § 277 Abs. 1,
2. ihre Leistungen denen der maßgebenden Ortskrankenkasse nicht gleichwertig sind und nicht binnen sechs Monaten gemacht werden,
3. ihre Leistungsfähigkeit nicht mehr für die Dauer sicher ist,
4. nicht für ordnungsmäßige Kassen- und Rechnungsführung gesorgt ist,
5. sich herausstellt, daß sie nicht hätte errichtet oder zugelassen werden dürfen.

Vgl. § 98 Gew. O.

Nr. 1. Bei Schließung der Innung bleibt die Innungskrankenkasse zunächst bestehen, bis sie besonders geschlossen wird.

Nr. 2. Über Gleichwertigkeit siehe §§ 259 bis 263. Die Frist für die Gleichstellung beginnt mit der Mitteilung nach § 263.

Nr. 5. Hierher gehören auch Fehler bei Errichtung der Innung.

Über das Verfahren bei Schließung vgl. §§ 280 flg.

3. Verfahren.

Zuständigkeit des Oberversicherungsamts.

§ 280. Über die Vereinigung, Auflösung und Schließung von Krankenkassen sowie die Ausscheidung aus solchen beschließt das Oberversicherungsamt (Beschlußkammer), in dessen Bezirk die Kassen ihren Sitz haben. Liegen die Sitze der beteiligten Kassen in Bezirken verschiedener Oberversicherungsämter, so bestimmt die oberste Verwaltungsbehörde, das zuständige Oberversicherungsamt.

Vgl. § 47 Abs. 3, § 48 Abs. 4, § 67c Abs. 2, § 68 Abs. 4, § 72 Abs. 3 KVG.; §§ 90, 100 I Gew. O.

Jede Änderung der Kassenorganisation geschieht durch Anordnung des zuständigen Oberversicherungsamts, das hierin die Aufgaben der höheren Verwaltungsbehörde nach dem Krankenversicherungsgesetz übernimmt. Auch bei Innungskrankenkassen ist im Unterschied zu dem bisherigen Rechte die Auflösung an den Anordnungsbeschluß des Oberversicherungsamts gebunden, so daß sie auch hierin den übrigen Kassen gleichgestellt sind. Zugleich wird auch ihnen die Möglichkeit verschlossen, durch den Auflösungsbeschluß etwa lästige, noch langfristige Verträge nach § 302 zum Ablauf zu bringen und dann von neuem die Errichtung einer solchen Kasse zu beschließen.

Der Beschluß des Oberversicherungsamts über die Vereinigung, Auflösung und Schließung von Krankenkassen sowie die Ausscheidung aus solchen erfolgt auf Grund der vorhergehenden Bestimmungen dieses Abschnitts, nicht aber nach freiem Ermessen. Das Gesetz bringt dies dadurch zum Ausdruck, daß die §§ 280 ff. innerhalb des Abschnitts „Vereinigung, Ausscheidung, Auflösung, Schließung" die Überschrift „Verfahren" erhalten haben, so daß in ihnen nur die Formen des Verfahrens geregelt werden, während der Entscheidung sachlich die vorhergehenden Bestimmungen zugrunde zu legen sind.

Wegen Schließung der Gemeindekrankenversicherungen vgl. Art. 14 Einf.-Ges.

Antrag.

§ 281. Der Antrag auf Vereinigung, Ausscheidung oder Auflösung ist an das Versicherungsamt zu richten, das für die beteiligten Kassen zuständig ist. Liegen ihre

Sitze in Bezirken verschiedener Versicherungsämter, so bestimmt das Oberversicherungsamt, das zuständige Versicherungsamt.

Vgl. § 47 Abs. 3, § 48 Abs. 4, § 68 Abs. 4, § 72 Abs. 3 KVG.; §§ 90, 100 I Gew. O.

Bei Vereinigung, Ausscheidung und Auflösung ist mit den Ausnahmen nach § 264 Abs. 1, § 276 der eigene Wille der Beteiligten der Ausgangspunkt, wie er sich im Antrag ausdrückt.

Antragsberechtigte.

§ 282. Jede beteiligte Kasse kann diesen Antrag stellen, bei Orts- oder Landkrankenkassen auch der zuständige Gemeindeverband, bei Betriebskrankenkassen auch der Arbeitgeber, bei Innungskrankenkassen auch die Innung.

Geschieht es in den Fällen des § 264 Abs. 1 oder des § 276 nicht rechtzeitig, so stellt das Versicherungsamt den Antrag von Amts wegen.

Muß eine Kasse geschlossen werden, so leitet das Versicherungsamt das Verfahren von Amts wegen ein. Bei angeordneten Betriebskrankenkassen (§ 249) ist es dazu befugt.

Vgl. § 47 Abs. 3, § 48 Abs. 4, § 68 Abs. 4, § 72 Abs. 3 KVG.; §§ 99, 100 I Gew. O.

Beteiligt ist jede Kasse, die sich auflösen, sich mit einer anderen vereinigen oder einen Teil ihrer Mitglieder ausscheiden will. Außerdem kann den Antrag stellen, wer nötigenfalls (§§ 389, 390) finanziell für die Kasse eintreten muß.

Rechtzeitig bedeutet etwa binnen einem Monat nach Eintritt der Voraussetzungen (Begr. S. 186).

Bei Betriebskrankenkassen, die nach § 249 angeordnet sind, steht es im örtlich sachkundigen Ermessen des V. Amts, ob und wann es den Antrag stellen will; z. B. wenn die vorübergehende Bauarbeit erledigt ist.

Vorbehandlung durch das V. Amt.

§ 283. Das Versicherungsamt gibt den Beteiligten Gelegenheit, sich über den Antrag zu äußern. Als beteiligt gelten auch die Kassen, denen übergehende Mitglieder künftig anzugehören hätten, sowie die im § 282 Abs. 1 Bezeichneten.

Das Versicherungsamt legt den Antrag mit den Äußerungen und der geänderten Satzung dem Oberversicherungsamte vor und äußert sich dabei gutachtlich, soweit es nicht selbst die Änderung veranlaßt hat.

Vgl. § 47 Abs. 3, § 48 Abs. 4, § 68 Abs. 4, § 72 Abs. 3 KVG.; §§ 90, 100 l Gew. O.

Das Vorbereitungsverfahren hat das Versicherungsamt zu leiten und dabei vorzulegen: 1. die Äußerungen der Beteiligten (§ 283 Abs. 1); eine Verpflichtung zur Äußerung besteht nicht; 2. den Entwurf oder die Entwürfe der Satzungsänderungen für die beteiligten Kassen (§ 283 Abs. 2); 3. den Beschluß des Beschlußausschusses über die Auseinandersetzung (§§ 286, 287) oder Mitgliederzuweisung (§ 300); 4. seine gutachtliche Äußerung, besonders auch über die Zweckmäßigkeit der beantragten Änderung, etwaige Bedenken u. a. m.

Inhalt der Entscheidung. Beschwerde.

§ 284. Das Oberversicherungsamt setzt in seinem Beschlusse den Tag fest, mit dem die Änderung in Kraft tritt. Zwischen dem Beschluß und dem festgesetzten Tage müssen mindestens vier Monate liegen; bei Schließung von Kassen kann diese Frist in dringenden Fällen kürzer sein.

Gegen den Beschluß haben die Beteiligten die Beschwerde an die oberste Verwaltungsbehörde.

Neu.

Die Festsetzung des Tages ist auf die gesetzliche Kündigungsfrist oder Ablaufszeit der Verträge gemäß §§ 301, 302 ohne Einfluß. Die Beschwerde ist auch dann gegeben, wenn die beantragte Änderung abgelehnt wird. Für die Beschwerde gelten die §§ 128, 129. — Vgl. auch § 293.

Auseinandersetzung.

§ 285. Bei der Vereinigung von Kassen findet eine Auseinandersetzung zwischen den beteiligten Kassen nach den §§ 286 bis 297 statt.

Die oberste Verwaltungsbehörde kann über die Auseinandersetzung näheres bestimmen.

Die in Betracht kommenden Paragraphen des bisherigen Rechts siehe bei §§ 287, 288.

Die Vorschriften über Auseinandersetzung sind nur teilweise zwingend (§§ 288, 289, 290, § 291 Abs. 1, Satz 1, § 293, § 294 Abs. 1, 4 § 296) und lassen, um besonderen Verhältnissen Rechnung tragen zu können, ausdrücklich Abweichungen zu (§§ 291, 292, § 294 Abs. 2, § 295). Auch können diese Vorschriften im Bedarfsfall durch die oberste Verwaltungsbehörde ergänzt werden.

Auseinandersetzungs-Verfahren.

§ 286. Die Auseinandersetzung soll dem Beschluß des Oberversicherungsamts vorangehen.

Zur Auseinandersetzung treten Vertreter der beteiligten Kassen auf Einladung des Versicherungsamts unter Leitung seines Vertreters zusammen.

Wird hierbei eine Vereinbarung erzielt, so bedarf sie der Zustimmung der beteiligten Kassenausschüsse sowie der Genehmigung des Versicherungsamts. Der Beschlußausschuß kann sie aus wichtigen Gründen versagen.

Neu.

Da Vereinigung und Ausscheidung mit zwei Ausnahmen (§ 264 Abs. 1, § 276) von dem freien Willen der Beteiligten ausgeht, ist diesen möglichste Freiheit zur Abwickelung aller Verhältnisse durch beliebig abgeordnete Vertreter gegeben. Das Versicherungsamt leistet technische und juristische Hilfe.

Welche Kassen beteiligt und daher zur Entsendung von Vertretern befugt sind, entscheidet im Zweifel das Versicherungsamt. Wieviel jede Kasse entsenden kann, steht bei den Kassen selbst; doch empfiehlt es sich, jede beteiligte Kasse wenigstens einen Vertreter schicken zu lassen, damit sie ihre Wünsche und Bedenken vorbringen kann.

Einigen sich die beteiligten Kassen über Zahl und Verteilung der Vertreter nicht, so setzt sie das Versicherungsamt fest, das auch die Einladungen ergehen läßt und die erforderlichen schriftlichen Arbeiten ausführt. Die Kassen können auch ihre Angestellten entsenden, zumal diese vielfach besonders sachkundig sind. Das Versicherungsamt entsendet selbst einen Vertreter, der die Verhandlungen leitet.

Wichtige Gründe sind z. B. Verstoß gegen zwingende Vorschriften der RVO., Schädigung der Beamten oder der berechtigten Interessen der Ärzte, ungerechte Verwendung des Vermögens.

Wegen Beschwerde gegen die Entscheidung des Beschlußausschuß vgl. § 297.

Auseinandersetzung durch das Versicherungsamt.

§ 287. Kommt keine Vereinbarung zustande oder stimmt einer der beteiligten Ausschüsse nicht zu oder werden die vom Versicherungsamt erhobenen Anstände nicht beseitigt, so liegt dem Versicherungsamte (Beschlußausschuß) die Auseinandersetzung ob.

Vgl. § 47 Abs. 6, § 48 Abs. 4 KVG.; § 90 Gew. O.

Der Beschluß des V. Amts tritt hier an die Stelle der Vereinbarung nach § 286 Abs. 3.

Wegen Beschwerde vgl. § 297.

Rechtsnachfolge.

§ 288. Auf die aufnehmende Kasse gehen die Rechte und Pflichten der aufgenommenen über, soweit die §§ 289 bis 296 nichts anderes vorschreiben.

Werden Satzungsänderungen erforderlich, so gilt § 326.

Vgl. § 67 c Abs. 3 KVG.; § 100 l Gew. O.

Bei der Vereinigung von zwei Kassen geht die eine völlig in die andere auf, die ihre Rechtsnachfolgerin wird. Welche Kasse die aufnehmende ist, entscheidet im Zweifel das Versicherungsamt, wobei es Größe, Vermögen, Kassensitz berücksichtigen wird; auch hiergegen haben die Beteiligten nach § 297 die Beschwerde, da es ein Teil der Auseinandersetzung ist.

Auf die aufnehmende Kasse gehen Vermögen und Schulden der anderen Kasse über, wie sie sich aus der Bilanz ergeben, also z. B. ihre Rechte und Pflichten aus Verträgen (Mietsvertrag, Arztverträge, Verträge mit Angestellten, Lieferanten usw.) oder gegen die Mitglieder, gegen Arbeitgeber wegen rückständiger Beiträge, gegen andere Kassen wegen Ersatzansprüche.

Auch die §§ 212, 214 finden auf die aufnehmende Kasse Anwendung.

Übergang der Mitglieder.

§ 289. Die versicherungspflichtigen Mitglieder der aufgenommenen Kasse werden Mitglieder der aufnehmenden Kasse. Die versicherungsberechtigten Mitglieder haben das Recht auf Mitgliedschaft bei der aufnehmenden Kasse. Die übergehenden Mitglieder setzen dadurch ihr Versicherungsverhältnis unmittelbar fort.

Vgl. § 47 Abs. 4, § 48 Abs. 4 KVG.; § 90 Gew. O.

Eine besondere Zuweisung der versicherungspflichtigen Mitglieder findet nicht statt, weil ihre Kassenpflichtigkeit kraft Gesetzes besteht und ein Zweifel darüber, bei welcher Kasse sie mitgliedspflichtig sind, nicht bestehen kann.

Ob die Versicherungsberechtigten (§§ 176, 177, 313) von ihrem Rechte auf Mitgliedschaft bei der aufnehmenden Kasse Gebrauch machen wollen, steht in ihrem Belieben. Die aufnehmende Kasse kann von § 310 Abs. 3 keinen Gebrauch machen. Auch die Wartezeiten aus §§ 207, 208 laufen fort.

Übernahme der Beamten.

§ 290. Die aufnehmende Kasse hat die Beamten und Angestellten der aufgenommenen zu denselben oder gleichwertigen Bedingungen zu übernehmen.

Die Beamten und Angestellten müssen eine ähnliche und ihren Fähigkeiten entsprechende Stellung bei der aufnehmenden Kasse annehmen. Sie müssen sich auch eine andere Beschäftigung im Kassendienste gefallen lassen, die nicht in auffälligem Mißverhältnisse zu ihren Fähigkeiten steht. Sie treten unter die Dienstordnung der aufnehmenden Kasse; ihr Gesamteinkommen darf nicht geschmälert werden.

Neu.

Unter Beamten sind sowohl solche Beamten zu verstehen, die staatliche oder gemeindliche Beamte, z. B. bei den Landkrankenkassen sind, als auch solche Kassenangestellten, denen nach § 359 die Rechte und Pflichten von staatlichen oder gemeindlichen Beamten übertragen sind. Wird Personal überflüssig, so steht der aufnehmenden Kasse nur ein etwaiges vertragliches Kündigungsrecht zu.

Die aufnehmende Kasse kann entweder die alten Anstellungsbedingungen fortbestehen lassen und ihre Dienstordnung entsprechend ergänzen, oder sie kann die übergehenden Beamten und Angestellten in ihre Verhältnisse einordnen. Dann müssen die neuen Anstellungsbedingungen den früheren gleichwertig sein.

Gleichwertig ist wie in § 259 Abs. 2 zu verstehen, sodaß ungünstigere Bedingungen auf der einen durch günstigere auf der anderen Seite ausgeglichen sein können.

Die Beamten und Angestellten sind zur Annahme der Stellungen verpflichtet. Ist keine ähnliche Stellung zu besetzen, so müssen sie auch eine andere übernehmen, wie dies für Kommunalbeamte bei Eingemeindungen ebenfalls vorkommt. Dabei ist zu Gunsten des Beamten oder Angestellten hinzugefügt, daß diese Stellung nicht in auffälligem Mißverhältnisse zu seinen Fähigkeiten stehen darf. Der Pförtner einer übergehenden Kasse kann sonach zum Kassenboten oder Krankenkontrolleur, aber ein seiner Aufgabe gewachsener Buchhalter nicht zum Pförtner der aufnehmenden Kasse gemacht werden.

Gegen diese Einordnung steht den Beamten und Angestellten die Beschwerde an das Oberversicherungsamt zu; daneben ist der ordentliche Rechtsweg nicht ausgeschlossen.

Unter Gesamteinkommen sind die finanziellen Verhältnisse im weitesten Sinne zu verstehen, also Höhe des Gehalts, Zeitabschnitte der Zulagen, Ruhegehalt und Hinterbliebenenfürsorge.

Übernahme der Ärzte.

§ 291. Den Beschluß des Oberversicherungsamts (§ 284 Abs. 1) hat der Vorstand der aufzunehmenden Kasse den Ärzten und den Zahnärzten, zu denen die Kasse in einem Vertragsverhältnisse steht, unverzüglich mitzuteilen. Der Arzt oder Zahnarzt kann sich darauf binnen vierzehn Tagen der aufnehmenden Kasse gegenüber bereit erklären, für sie tätig zu werden, unter den Bedingungen, die er mit der aufgenommenen Kasse vereinbart hatte, oder unter den Bedingungen der aufnehmenden Kasse mit ihren Ärzten und Zahnärzten. Nimmt die aufnehmende Kasse den Antrag nicht unverzüglich an, so hat sie den Arzt oder Zahnarzt zu entschädigen. Hat sich der Arzt oder Zahnarzt nicht binnen vierzehn Tagen bereit erklärt, so kann von diesem Zeitpunkt ab das Vertragsverhältnis von beiden Seiten unter Einhaltung einer dreimonatigen Kündigungsfrist, jedoch frühestens zu dem Tage der Aufnahme gekündigt werden. Vertragsmäßige Rechte, zu einem früheren Zeitpunkt zu kündigen, werden hierdurch nicht berührt.

Dies gilt entsprechend für Vertragsverhältnisse der Kasse mit Apothekenbesitzern und -verwaltern, Heilanstalten aller Art und den im § 122 aufgeführten Personen sowie mit Lieferanten.

Neu.

Die Verträge, welche die übergehende Kasse mit Ärzten usw. geschlossen hat, gehen nach § 288 auf die aufnehmende Kasse über; ihre Erfüllung kann aber unter Umständen sehr schwierig, ja unmöglich werden.

§ 291 bezieht sich nur auf Verträge, die nach dem Inkrafttreten der RVO. geschlossen sind.

Wird der Beschluß des OVA.s von der obersten Verwaltungsbehörde aufgehoben (§ 284 Abs. 2), so sind inzwischen etwa erfolgte Kündigungen unwirksam, da dann die gesetzlichen Voraussetzungen der Kündigung nachträglich wegfallen.

Vertretung der aufgenommenen Kasse im Vorstand.

§ 292. Die Vertreter der beteiligten Kassen und das Versicherungsamt können festsetzen, daß eine aufgenommene Kasse im Vorstand der aufnehmenden durch eine bestimmte Zahl der Versicherten und Arbeitgeber für längstens vier Jahre vertreten sein muß.

Neu.

Ähnlich wie bei Eingemeindungen kann den Mitgliedern der übergehenden Kasse im Vorstand der aufnehmenden eine bestimmte Zahl von Vorstandsstellen eingeräumt werden. Diese Mitglieder des Gesamtvorstands wird noch der Ausschuß der übergehenden Kasse wählen. Die Dauer dieses Sonderrechts wird sich danach richten, wie lange die vorhandenen Vorstandsmitglieder der aufnehmenden Kasse noch im Amte bleiben.

Es kann auch festgestellt werden, daß die Kassenorgane der aufnehmenden Kasse sofort neugewählt werden, damit in der Gesamtkasse auch die Interessen der Gesamtmitglieder vertreten sind.

Vermögensüberweisung.

§ 293. Die aufzunehmende Kasse hat durch eine Bilanz (§§ 39, 40, 261 des Handelsgesetzbuchs) ihr Reinvermögen zu ermitteln und davon für jedes übergehende

Mitglied so viel an die aufnehmende Kasse zu überweisen, als bei dieser an Reinvermögen auf ein Mitglied entfällt.

Die Paragraphen des HGB. lauten:

§ 39. Jeder Kaufmann hat bei dem Beginne seines Handelsgewerbes seine Grundstücke, seine Forderungen und Schulden, den Betrag seines baren Geldes und seine sonstigen Vermögensgegenstände genau zu verzeichnen, dabei den Wert der einzelnen Vermögensgegenstände anzugeben und einen das Verhältnis des Vermögens und der Schulden darstellenden Abschluß zu machen.

Er hat demnächst für den Schluß eines jeden Geschäftsjahres ein solches Inventar und eine solche Bilanz aufzustellen; die Dauer des Geschäftsjahres darf 12 Monate nicht überschreiten. Die Aufstellung des Inventars und der Bilanz ist innerhalb der einem ordnungsmäßigen Geschäftsgang entsprechenden Zeit zu bewirken.

Hat der Kaufmann ein Warenlager, bei dem nach der Beschaffenheit des Geschäfts die Aufnahme des Inventars nicht füglich in jedem Jahre geschehen kann, so genügt es, wenn sie alle zwei Jahre erfolgt. Die Verpflichtung zur jährlichen Aufstellung der Bilanz wird hierdurch nicht berührt.

§ 40. Die Bilanz ist in Reichswährung aufzustellen.

Bei der Aufstellung des Inventars und der Bilanz sind sämtliche Vermögensgegenstände und Schulden nach dem Werte anzusetzen, der ihnen in dem Zeitpunkte beizulegen ist, für welchen die Aufstellung stattfindet.

Zweifelhafte Forderungen sind nach ihrem wahrscheinlichen Werte anzusetzen, uneinbringliche Forderungen abzuschreiben.

§ 261. Für die Aufstellung der Bilanz kommen die Vorschriften des § 40 mit folgenden Maßgaben zur Anwendung:

1. Wertpapiere und Waren, die einen Börsen- und Marktpreis haben, dürfen höchstens zu dem Börsen- oder Marktpreise des Zeitpunktes, für welchen die Bilanz aufgestellt wird, sofern dieser Preis jedoch den Anschaffungs- oder Herstellungspreis übersteigt, höchstens zu dem letzteren angesetzt werden;
2. andere Vermögensgegenstände sind höchstens zu dem Anschaffungs- oder Herstellungspreis anzusetzen;
3. Anlagen und sonstige Gegenstände, die nicht zur Weiterveräußerung, vielmehr dauernd zum Geschäftsbetriebe der Gesellschaft bestimmt sind, dürfen ohne Rücksicht auf einen geringeren Wert zu dem Anschaffungs- oder Herstellungspreis angesetzt werden, sofern ein der Ab-

nutzung gleichkommender Betrag in Abzug gebracht oder ein ihr entsprechender Erneuerungsfonds in Ansatz gebracht wird;

4. die Kosten der Errichtung und Verwaltung dürfen nicht als Aktiva in die Bilanz eingesetzt werden;
5. der Betrag des Grundkapitals und der Betrag eines jeden Reserve- und Erneuerungsfonds sind unter die Passiva aufzunehmen;
6. der aus der Vergleichung sämtlicher Aktiva und sämtlicher Passiva sich ergebende Gewinn oder Verlust muß am Schlusse der Bilanz besonders angegeben werden.

Vgl. § 47 Abs. 5, § 48 Abs. 4 KVG.

Der Saldo nebst den gesetzlichen Rücklagen und anderen auf der Passivseite aufgeführten Vermögensstücken, das Reinvermögen, wird für jede beteiligte Kasse auf den Kopf ihrer Mitglieder berechnet. Der Kopfbetrag, der sich bei der aufnehmenden Kasse ergibt, z. B. 20 M., ist ihr von der anderen Kasse für jedes übergehende Mitglied zu überweisen, also von einer Kasse mit 300 Mitgliedern und einem Reinvermögen von 15 000 M. insgesamt 6 000 M. Daß die Bilanz zum Änderungstag nur vorläufig sein kann, hindert nicht, daß die Vermögensauseinandersetzung nach §§ 293 bis 296 grundsätzlich und vorbehaltlich sich ergebender einzelner Abweichungen zwischen den beteiligten Kassen vereinbart oder vom Versicherungsamt festgesetzt wird. Die endgültige Bilanz der eingehenden Kasse hat der Vorstand der aufnehmenden möglichst bald aufzustellen und dann das Reinvermögen entsprechend zu verwenden.

Sondervermögen.

§ 294. Verbleibt noch freies Vermögen, so ist es der aufnehmenden Kasse zu überweisen.

Ist es groß genug, so kann der Ausschuß der aufzunehmenden Kasse daraus ein Sondervermögen für die übergehenden Mitglieder bilden, aus dem sie einen Zuschlag zum Sterbegeld erhalten. Der Zuschlag darf den Betrag des Sterbegeldes nach den §§ 204, 205 Nr. 3 nicht übersteigen.

Der Vorstand der aufnehmenden Kasse hat dieses Sondervermögen bestimmungsmäßig zu verwalten. Ist der letzte übergegangene Versicherte ausgeschieden, so fällt der Rest an die Rücklage der Kasse.

Gewährt die aufnehmende Kasse erheblich höhere Leistungen, so hat ihr die aufzunehmende im voraus den Betrag zu überweisen, der nach biligem Anschlag den Unterschied ausgleicht.

Vgl. § 47 Abs. 5, § 48 Abs. 4 KVG.; § 90 Gew. O.

Der Kasse würden in dem zum vorigen Paragraphen gegebenen Beispiel 9000 M. als freies Vermögen verbleiben, das für einen Sonderzweck verwendet werden kann. Ob es hierzu groß genug ist, entscheidet das Versicherungsamt nach freiem Ermessen, wobei derselbe Betrag von 2000 M. z. B. bei 10 übergehenden Mitgliedern erheblich, bei 1000 dagegen unerheblich sein kann.

Um die Verwaltung des Sondervermögens möglichst einfach zu gestalten, darf es nur verwendet werden zur Zahlung eines Zuschlags zum Sterbegelde für die übergehenden Mitglieder, wenn sie als Mitglieder der aufnehmenden Kasse sterben. Ein solcher Zuschlag kann auch beschlossen werden für die Angehörigen, selbst wenn die aufnehmende Kasse kein solches Sterbegeld gewährt. Nach dem Beispiel der 9000 M. würde, wenn an Angehörige kein Sterbegeld gezahlt wird, jedes der übergehenden 300 Mitglieder im Todesfall 30 M. Zuschlag erhalten; würden binnen kurzem durch Beschäftigungswechsel alle übergehenden Mitglieder bis auf 20 aus der aufnehmenden Kasse wieder ausscheiden, so würden nur diese Mitglieder je einen Zuschlag von 450 M. erhalten können. Da dies weder der Gerechtigkeit noch dem Bedürfnis entspricht, schreibt der Entwurf eine Höchstgrenze vor.

Das Versicherungsamt hat darauf zu achten, daß der Zuschlag so bemessen werde, daß voraussichtlich sämtliche übergehenden Mitglieder den gleichen Betrag erhalten. Die Kasse kann sich an Verwaltungskosten einen angemessenen Betrag, etwa eins vom Hundert des Kapitals, jährlich berechnen; im übrigen sind die Zinsen dem Kapital zuzuschlagen.

Eine besondere Buchführung ist nicht nötig, da nur eine Erhöhung des Sterbegeldes — nicht auch der anderen Leistungen — und nur für die zur Zeit der Vereinigung vorhandenen Kassenmitglieder vorgesehen sei. Die aufnehmende Kasse hat daher nur ein alphabetisches Register der übernommenen Kassenmitglieder zu führen und darin die durch Tod oder anderweit Ausgeschiedenen zu vermerken. Tritt ein übernommenes Kassenmitglied, nachdem es einmal ausgeschieden sei, der Kasse wieder bei, so lebt sein Anspruch nicht wieder auf.

Zu Abs. 4: Gewährt z. B. die aufnehmende Kasse den 30fachen Grundlohn als Sterbegeld, und die eingehende den 25fachen, so würden bei 300 übergehenden Mitgliedern bei einem durchschnittlichen Grundlohn von 3 M. noch 300 × 5 × 3 = 4500 M. im voraus zu überweisen sein.

Verfügung über Zuwendungen.

§ 295. Hat der Arbeitgeber oder die Innung nachweisbar einer aufzunehmenden Betriebs- oder Innungskrankenkasse freiwillige Zuwendungen gemacht, so können sie über einen entsprechenden Teil des freien Vermögens zugunsten einer besonderen Unterstützungskasse oder eines Sondervermögens (§ 294 Abs. 3) für die übergehenden Mitglieder verfügen.

Neu.

Neben der Bildung eines Sondervermögens ist hier die Bildung einer Unterstützungskasse vorgesehen. Der Unterschied ist, daß letztere sich nicht auf eine Erhöhung des Sterbegeldes zu beschränken braucht, sondern auch andere Leistungen gewähren kann.

Für die Verwaltung gilt sinngemäß § 294 Abs. 3.

Fehlbeträge.

§ 296. Besitzt eine aufzunehmende Kasse nicht die vollen Kopfbeträge (§ 293) oder kein Reinvermögen, so hat sie nur die vorhandenen Bestände zu überweisen.

Ergibt die Bilanz einer aufzunehmenden Betriebsoder Innungskrankenkasse einen Fehlbetrag, so hat ihn der Arbeitgeber oder die Innung zu decken, die für die Beschaffung dieser Beträge haften.

Ergibt sich ein solcher Fehlbetrag bei einer aufzunehmenden Orts- oder Landkrankenkasse, so kann die aufnehmende Kasse auf ein Jahr die Beiträge für die aufgenommenen Versicherten durch einen besonderen Zuschlag bis zum gesetzlichen Höchstbetrage (§ 389) erhöhen.

Neu.

Der Fehlbetrag ist ein Beitrag, für den die §§ 28, 29, 405 gelten.

Beim Ausscheiden aus einer gemeinsamen Betriebskrankenkasse fällt die Zuschußpflicht dem Arbeitgeber zu, der den Antrag auf Ausscheiden gestellt hat.

Beschwerde.

§ 297. Gegen die vom Versicherungsamte genehmigte oder bewirkte Auseinandersetzung steht den Beteiligten die Beschwerde an das Oberversicherungsamt (Beschlußkammer) zu. Dieses entscheidet endgültig.

Soweit die angefochtene Entscheidung sich auf Vermögensverhältnisse bezieht, kann das Oberversicherungsamt ein Gutachten der Rechnungsstelle des Reichsversicherungsamts einholen.

Vgl. § 47 Abs. 6, § 48 Abs. 4 KVG.; § 90 Gew. O.

Durch die Aufnahme können der aufnehmenden Kasse schlechte Risiken zuwachsen. Sie haben daher ein Beschwerderecht, das übrigens in den Fällen der § 264 Abs. 1, § 276 keinen Erfolg haben kann.

Nur die beteiligten Kassen, Arbeitgeber, Innungen, Gemeindeverbände (§§ 526, 527) und Kassenmitglieder haben als Rechtsmittel die Beschwerde an das Oberversicherungsamt. Beamten, Angestellten, Ärzten, Apotheken, Lieferanten usw. steht der ordentliche Rechtsweg offen.

Bewirkt wird die Auseinandersetzung durch das V. Amt in den Fällen des § 287.

Weitere Fälle der Auseinandersetzung.

§ 298. Eine Auseinandersetzung zwischen den beteiligten Kassen findet auch statt, wenn

1. sich Kassenbezirke durch andere Abgrenzung der Verwaltungsbezirke ändern,
2. in einem Bezirk, wo bisher keine allgemeine Orts- oder keine Landkrankenkasse bestand, eine Kasse dieser Art gebildet wird,
3. aus einer allgemeinen Orts- oder einer Landkrankenkasse eine neue Krankenkasse derselben Art ausgeschieden wird,
4. die Angehörigen desselben Gewerbszweigs oder derselben Betriebsart nach Mehrheitsbeschluß beantragen, aus einer zugelassenen besonderen Ortskrankenkasse auszuscheiden,
5. von mehreren Betrieben eines Arbeitgebers, für die eine gemeinsame Betriebskrankenkasse besteht,

einer in anderen Besitz übergeht und einer der beteiligten Arbeitgeber das Ausscheiden beantragt,
6. ein Arbeitgeber mit seinen Betrieben aus einer zugelassenen gemeinsamen Betriebskrankenkasse ausscheidet,
7. ein Teil der Mitglieder aus einer Innungskrankenkasse ausscheidet, weil der Mitgliederkreis der Innung anders abgegrenzt oder eine Zwangsinnung errichtet wird,
8. eine Innung beantragt, aus einer zugelassenen gemeinsamen Innungskrankenkasse auszuscheiden.

Für die Auseinandersetzung gelten entsprechend die §§ 286 bis 297.

Bei unerheblichen Änderungen und im Falle des § 271 kann die Auseinandersetzung unterbleiben, wenn die beteiligten Kassen zustimmen; § 288 Abs. 2, § 289 gelten auch dann entsprechend.

Vgl. § 48 Abs. 2, 3, 4, § 67a, § 67b Satz 2, § 72 Abs. 3 KVG.; § 100m Gew. O.

Es wird im Unterschiede vom Krankenversicherungsgesetze die Regel sein, daß bei nicht erheblichen Ausscheidungen jede Auseinandersetzung unterbleibt, wenn die beteiligten Kassen damit einverstanden sind. Ebenso kann sie bei Kassenänderungen unterbleiben, wie sie Änderungen bei einer öffentlichen Verwaltung nach sich ziehen (§ 271). Stets gilt aber die Vorschrift des § 289 über die Kassenzugehörigkeit der ausscheidenden Mitglieder.

Folgen der Auflösung und Schließung.

§ 299. Bei Auflösung und Schließung von Krankenkassen werden ihre Beziehungen zu anderen nach den §§ 300 bis 305 geregelt.

Neu.

Wird eine Krankenkasse aufgelöst oder geschlossen, so geht sie als Rechtssubjekt unter. Zuvor sind jedoch ihre bestehenden Rechte und Pflichten gegenüber „anderen“, also gegenüber ihren Mitgliedern, Beamten und Angestellten sowie Vertragskontrahenten aller Art abzuwickeln und die durch ihr Untergehen zu anderen Kassen entstehenden Beziehungen zu regeln. Diese Aufgabe wird dem Vorstand der Kasse überlassen, der dabei an einige Vorschriften gebunden ist.

Zuweisung der Mitglieder.

§ 300. Soweit noch versicherungspflichtige Mitglieder der aufgelösten oder geschlossenen Kasse vorhanden sind, weist sie das Versicherungsamt nach Anhören ihres Kassenvorstandes den zuständigen Krankenkassen zu. Die versicherungsberechtigten Mitglieder haben das Recht auf Mitgliedschaft bei der entsprechenden Kasse. Die übergehenden Mitglieder setzen dadurch ihr Versicherungsverhältnis unmittelbar fort. Dabei gilt § 288 Abs. 2.

Auf Beschwerde über die Zuweisung entscheidet das Oberversicherungsamt (Beschlußkammer) endgültig.

Vgl. § 47 Abs. 4, 6, § 48 Abs. 4 KVG.; § 90 Gew. O.

Bei Auflösung oder Schließung einer Kasse ist unter Umständen kein Mitglied mehr vorhanden, z. B. nach dem Brande einer Fabrik, die nicht wieder errichtet wird. Soweit aber zur Zeit der Auflösung oder Schließung noch versicherungspflichtige Mitglieder vorhanden sind, haben sie künftig je nach ihrer Beschäftigung anderen Kassen anzugehören.

Erkrankte Mitglieder, die arbeitsfähig sind, werden überwiesen und für ihre Ansprüche gilt § 212. Arbeitsunfähige Erkrankte können dagegen nicht überwiesen werden; denn sie sind zwar nach § 311 Mitglieder, aber weder versicherungspflichtig noch versicherungsberechtigt. Für sie muß die untergehende Kasse weiter sorgen (vgl. § 301).

Die Beschwerde steht dem Vorstand der untergehenden Kasse, der aufnehmenden Kasse und den Mitgliedern zu. Es gilt § 128.

Liquidation.

§ 301. Der Vorstand der aufgelösten oder geschlossenen Kasse wickelt die Geschäfte der Kasse ab. Bis die Geschäfte abgewickelt sind, gilt die Kasse als fortbestehend, soweit es der Zweck der Abwicklung erfordert.

Der Vorstand macht die Auflösung oder Schließung öffentlich bekannt. Die Befriedigung von Gläubigern, die ihre Forderungen nicht binnen drei Monaten nach der Bekanntmachung anmelden, kann verweigert werden; hierauf ist in der Bekanntmachung hinzuweisen. Bekannte Gläubiger sind unter demselben Hinweis zur Anmeldung besonders aufzufordern. Für Ansprüche aus der Versicherung gelten diese Vorschriften nicht.

Vgl. § 47 Abs. 5 KVG.

Für die Abwickelung der Rechte und Pflichten der untergehenden Kasse sieht die RVO. ein vereinfachtes Liquidationsverfahren vor, das dem für die Vereine des Bürgerlichen Rechts (§§ 47 ff. BGB.) nachgebildet ist.

Für den Vorstand gelten auch während der Abwickelung der Geschäfte noch die §§ 23, 31.

Für arbeitsunfähige Erkrankte und Versicherungsfälle nach § 214 muß der Vorstand der untergegangenen Kasse aus dem Vermögen weiter sorgen. Er wird zweckmäßiger Weise den Vorstand der andern Kasse ersuchen, die Leistungen zu gewähren und ihm dafür Ersatz leisten.

Mitteilungspflicht.

§ 302. Den Beschluß des Oberversicherungsamts (§ 284 Abs. 1) hat der Vorstand der Kasse, die aufgelöst oder geschlossen wird, den Angestellten, den Ärzten und den Zahnärzten, mit denen die Kasse in einem Vertragsverhältnisse steht, unverzüglich mitzuteilen. Das Vertragsverhältnis endet drei Monate nach der Mitteilung, jedoch frühestens mit dem Tage der Auflösung oder Schließung. Hierauf ist in der Mitteilung hinzuweisen. Vertragsmäßige Rechte zu einem früheren Zeitpunkt zu kündigen, werden hierdurch nicht berührt.

Dies gilt entsprechend für Vertragsverhältnisse der Kasse mit Apothekenbesitzern und -verwaltern, Heilanstalten aller Art und den im § 122 aufgeführten Personen sowie mit Lieferanten.

Neu.

Nur wenn in dringenden Fällen (§ 284 Abs. 1) eine Kasse plötzlich geschlossen werden muß, werden Verträge noch über den Schließungstag hinaus laufen und müssen für die Dauer ihrer Gültigkeit aus dem vorhandenen Kassenvermögen mitbefriedigt werden. Die Geltungsdauer zu einem früheren Termine kündbarer oder ablaufender Verträge bleibt unberührt (vgl. auch § 291 und Art. 32 Einf.-Ges.).

Für die Fristberechnung gelten die §§ 124 flg.

Überweisung des Vermögens.

§ 303. Verbleibt nach Abwicklung der Geschäfte noch ein Vermögensbetrag, so weist ihn das Versicherungsamt unter Berücksichtigung des Mitgliederüberganges den Krankenkassen zu.

Bei Betriebs- und Innungskrankenkassen gilt hierbei § 295 entsprechend.

Auf Beschwerde über die Zuweisung entscheidet das Oberversicherungsamt (Beschlußkammer) endgültig.

Vgl. § 48 Abs. 4, § 68 Abs. 5, § 72 Abs. 3 KVG.; § 90 Gew. O.

Beschwerdeberechtigt sind der Vorstand der untergegangenen Kasse und die Kassen, denen Mitglieder überwiesen sind. Für die Beschwerde gilt § 128.

Fehlbeträge.

§ 304. Bei Betriebs- und Innungskrankenkassen gilt, falls das Vermögen zur Befriedigung der Gläubiger nicht ausreicht, § 296 Abs. 2 entsprechend.

Vgl. § 68 Abs. 5, § 72 Abs. 3 KVG.

Vgl. § 390.

Haftung der Gemeinde und Innung.

§ 305. Reicht das Vermögen einer aufgelösten oder geschlossenen Orts- oder Landkrankenkasse nicht aus, um die Ansprüche der Beamten zu befriedigen, so hat der Gemeindeverband für den Fehlbetrag einzutreten; der Beamte muß eine ihm vom Verband angebotene Stellung annehmen. Diese Vorschrift gilt bei einer Innungskrankenkasse entsprechend für die Innung.

§ 290 gilt entsprechend.

Für Betriebskrankenkassen ist solche Vorschrift entbehrlich, weil hier das Personal von dem Arbeitgeber zu stellen ist (§ 362), ihm also auch nach Untergehen der Betriebskrankenkasse zur Last fällt.

Über Gemeindeverband vgl. §§ 526, 527; im übrigen siehe die Anmerkung zu § 290.

Vierter Abschnitt.

Verfassung.

I. Mitgliedschaft.

1. Beginn und Ende.

Allgemeiner Grundsatz.

§ 306. Die Mitgliedschaft Versicherungspflichtiger beginnt mit dem Tage des Eintritts in die versicherungspflichtige Beschäftigung.

Vgl. § 19 Abs. 2 KVG.

Mitglieder der Krankenkassen sind an sich sowohl die Unternehmer, wie die Versicherten, da beide Teile Beiträge leisten und an der Verwaltung teilhaben. Das Gesetz versteht aber unter Mitgliedern stets nur die Versicherten.

Die Versicherungspflichtigen sind kraft Gesetzes ohne weiteres Mitglieder (Zwangsmitgliedschaft). Eine Ausnahme bilden aber die unständig und die hausgewerblich Beschäftigten. Beide Gruppen sind zwar versicherungspflichtig, erlangen aber Mitgliedschaft erst durch Eintragung in ein Verzeichnis der Kasse (§ 442 Abs. 3, § 468).

Die Mitglieder der Ersatzkassen (§§ 503 flg.) sind von der Mitgliedschaft nach der RVO. nicht mehr befreit.

Der Eintritt der Mitgliedschaft wird durch eine bestehende Erkrankung oder Vereinbarungen nicht gehindert.

Mit der Mitgliedschaft beginnt nicht ohne weiteres auch der Anspruch auf alle Leistungen der Kasse (vgl. § 208).

Über die Mitgliedschaft Berechtigter siehe § 310.

Betriebskrankenkassen.

§ 307. Die Mitgliedschaft bei einer neuerrichteten Betriebskrankenkasse beginnt für alle in dem Bertiebe beschäftigten Versicherungspflichtigen mit dem Tage, an dem die Kasse ins Leben tritt.

Vgl. § 63 Abs. 1, § 72 Abs. 3 KVG.

§ 307 bezieht sich nur auf den Fall, daß nachträglich eine Betriebskrankenkasse errichtet wird. Nach diesem Zeitpunkt in den Betrieb eintretende Pflichtige erwerben mit dem Eintritt in die Beschäftigung die Mitgliedschaft (§ 306). Den Tag, an dem die Kasse ins Leben tritt, bestimmt gemäß § 324 Abs. 1 das OVA.

Mit dem Beginn der Mitgliedschaft erlischt eine frühere (§ 312).

Innungskrankenkassen.

§ 308. Das Gleiche gilt für versicherungspflichtig Beschäftigte in Betrieben, mit denen Innungsmitglieder der Innung angehören, bei Errichtung einer Innungskrankenkasse oder bei späterem Beitritt des Arbeitgebers zur Innung, vorbehaltlich des § 250 Abs 3.

Vgl. § 73 Abs. 2, 3 KVG.

Die RVO. beseitigt die Bestimmung des § 73 Abs. 3 KVG., welche in solchem Falle den Übertritt der schon bei der Ortskrankenkasse versicherten Personen zum Schutz der OKK. gegen Bestandsminderung einschränkte.

Nach § 250 Abs. 3 gehören nicht in die Innungskrankenkasse die Beschäftigten eines Betriebs, mit dem ein Arbeitgeber einer Zwangsinnung freiwillig beigetreten ist oder für den nach § 249 eine Betriebskrankenkasse errichtet ist.

Konkurrenz von Kassen.

§ 309. In welche Kasse Versicherte gehören, die gleichzeitig in verschiedenen versicherungspflichtigen Arbeitsverhältnissen stehen, richtet sich nach ihrer überwiegenden Beschäftigung.

Im Zweifel entscheidet das Arbeitsverhältnis, in das sie zuerst eingetreten sind.

Der Bundesrat kann hierüber näheres bestimmen.

Vgl. § 19 Abs. 4 KVG.

Über die in diesem Paragraphen geregelten Fälle bestanden bisher Zweifel, die nun gelöst sind. Schwierigkeiten können sich namentlich ergeben, wenn der Versicherte z. B. neben gewerblichen Lohnarbeiten ein Hausgewerbe oder einen anderen der im 6. Abschnitt erwähnten besonderen Berufszweige betreibt. Eine Sondervorschrift enthält § 439 für Dienstboten.

Wegen der Beitragsleistung vgl. § 396. Ein Bundesratsbeschluß ist seither noch nicht ergangen.

Versicherungsberechtigte.

§ 310. Die Mitgliedschaft Versicherungsberechtigter beginnt mit dem Tage ihres Beitritts zur Kasse. Der Beitritt geschieht durch schriftliche oder mündliche Anmeldung beim Vorstand oder bei der Meldestelle (§ 319).

Eine Erkrankung, die beim Beitritt bereits besteht, begründet für diese Krankheit keinen Anspruch auf Kassenleistung. Macht die Satzung das Recht zum Beitritt von der Vorlegung eines ärztlichen Gesundheitszeugnisses abhängig (§ 176 Abs. 3), so muß dieses der Anmeldung beigefügt sein.

Die Kasse kann Versicherungsberechtigte, die sich zum Beitritt melden, ärztlich untersuchen lassen. Sie kann binnen einem Monat den Beitritt Erkrankter und solcher Personen, für die das nach Abs. 2 erforderliche Gesundheitszeugnis nicht genügt, mit Wirkung von der Meldung an zurückweisen.

Vgl. § 4 Abs. 3, § 19 Abs. 3, Satz 2, 3, § 63 Abs. 2, Satz 2, 3, § 72 Abs. 3 KVG.

Während die §§ 306 bis 308 den Beginn der Mitgliedschaft für Versicherungspflichtige regeln, tut es § 310 für die Versicherungsberechtigten.

Die Anmeldung ist eine rechtsgeschäftliche Erklärung und nicht zu verwechseln mit den Meldungen in §§ 317 flg.

Wenn Abs. 1 die Anmeldung auch bei den nach § 319 errichteten Meldestellen zuläßt, so bezieht sich dies nur auf die Mitglieder von Orts-, Land- und Innungs-, nicht auch auf diejenigen von Betriebskrankenkassen, da die Meldestellen nach § 319 nur für die ersteren Kassenarten eingerichtet werden können. Nicht zuständig sind die von der Kasse errichteten Meldestellen (§ 345 Nr. 5).

Eine durch Betrug erschlichene Aufnahme ist in jeder Beziehung unwirksam.

Im Eingang des zweiten Absatzes ist das Wort „Erkrankung" gewählt, um klarzustellen, daß eine bloße Krankheitsanlage nicht genügt, die Krankheit vielmehr beim Beitritt bereits eingetreten sein muß.

Ist das ärztliche Zeugnis nicht beigefügt, so ist die Anmeldung ohne weiteres zurückzuweisen. Das Zeugnis wird der Beitretende auf seine Kosten zu beschaffen haben.

Das Untersuchungsrecht hat die Kasse auch dann, wenn ein ärztliches Zeugnis beigebracht ist.

Das Zurückweisungsrecht hindert nicht, daß der Beitretende zunächst formell Mitglied wird. Erfolgt dann aber die Zurückweisung, so begründet die Mitgliedschaft während der Zwischenzeit für keinen Teil Rechte oder Pflichten.

Für die Fristberechnung gilt § 124 flg.

Fortdauer der Mitgliedschaft Arbeitsunfähiger.

§ 311. Arbeitsunfähige bleiben Mitglieder, solange die Kasse ihnen Leistungen zu gewähren hat.

Vgl. § 54a Satz 2, § 65 Abs. 3, § 72 Abs. 3, § 73 Abs. 1 KVG.

Das Beschäftigungsverhältnis, welches die Versicherungspflicht bedingt, kann durch Arbeitsunfähigkeit aufgehoben werden. In diesem Fall soll dennoch die Mitgliedschaft während der Dauer der Kassenleistungen bestehen bleiben.

Über die Dauer der Leistungen vgl. § 183. Nach der Beendigung der Leistungen richtet sich die Mitgliedschaft nach allgemeinen Grundsätzen. Besteht das Beschäftigungsverhältnis fort, so bleibt auch die Mitgliedschaft bestehen. Ist das Beschäftigungsverhältnis aber gelöst, so kann die Mitgliedschaft freiwillig gemäß § 313 fortgesetzt werden.

Auch ein Wechsel der Kassenmitgliedschaft ist bei Erkrankung und Arbeitsunfähigkeit möglich, z. B. infolge Vereinigung von Kassen bei Fortdauer des Beschäftigungsverhältnisses; dann gilt § 212.

Erlöschen der Mitgliedschaft.

§ 312. Die Mitgliedschaft erlischt, sobald der Versicherte Mitglied einer anderen Krankenkasse oder einer knappschaftlichen Krankenkasse wird.

Vgl. § 73 Abs. 4 KVG.

Niemand kann gleichzeitig Mitglied zweier Krankenkassen der Reichsversicherung sein. Die Stellung, welche die knappschaftlichen Krankenkassen zu den reichsgesetzlichen Kassen einnehmen, bringt es mit sich, daß auch die Mitgliedschaft bei einer Kasse der ersteren Art das Ausscheiden aus der Zugehörigkeit zur Orts-, Land-, Betriebs- oder Innungskrankenkasse herbeiführt und umgekehrt.

Fortsetzung der Mitgliedschaft.

§ 313. Scheidet ein Mitglied, das auf Grund der Reichsversicherung oder bei einer knappschaftlichen

Krankenkasse in den vorangegangenen zwölf Monaten mindestens sechsundzwanzig Wochen oder unmittelbar vorher mindestens sechs Wochen versichert war, aus der versicherungspflichtigen Beschäftigung aus, so kann es in seiner Klasse oder Lohnstufe Mitglied bleiben, solange es sich regelmäßig im Inland aufhält und nicht nach § 312 ausscheidet. Es kann in eine niedere Klasse oder Lohnstufe übertreten.

Wer Mitglied bleiben will, muß es der Kasse binnen drei Wochen nach dem Ausscheiden oder im Falle des § 311 nach Beendigung der Kassenleistungen anzeigen. Wer jedoch in der zweiten oder dritten dieser Wochen erkrankt, hat für diese Krankheit, vorbehaltlich des § 214, Anspruch auf die Kassenleistungen nur, wenn er die Anzeige in der ersten Woche gemacht hat. Der Anzeige steht es gleich, wenn in der gleichen Frist die satzungsmäßigen Beiträge voll gezahlt werden. Mit Zustimmung des Oberversicherungsamts kann die Satzung längere Fristen bestimmen.

Vgl. § 4 Abs. 4, § 11, § 19 Abs. 6, § 27 Abs. 1, 2, § 63 Abs. 4, § 64, § 72 Abs. 3, § 73 Abs. 1 KVG.

Für die Frage der freiwilligen Fortsetzung der Kassenmitgliedschaft muß man das Interesse der Kasse und das des Versicherten unterscheiden. Der Versicherte hat den Wunsch, die Fortsetzung der Mitgliedschaft möglichst lange Zeit noch erklären zu können, weil diese Erklärung, z. B. wenn er sich selbständig machte, für sein ganzes Leben Bedeutung haben kann. Die Kasse muß dagegen Wert darauf legen, daß das Verhältnis nicht zu lange Zeit in der Schwebe bleibe, damit sie nicht drei Wochen oder noch länger das Risiko einer Erkrankung tragen muß, ohne Beiträge zu bekommen. Die RVO. sucht zwischen beiden Interessen zu vermitteln. Die Kasse trägt danach das Risiko einer Erkrankung zunächst nur für eine Woche, während anderseits der Versicherte noch während weiterer zweier Wochen die Fortsetzung der Mitgliedschaft mit Wirkung für die Zukunft erklären kann. Ist der Versicherte wegen Erwerbslosigkeit ausgeschieden, sind die Rechte aus § 214 ausdrücklich vorbehalten, so daß er bei Erkrankung innerhalb 3 Wochen wenigstens die Regelleistungen der Kasse bekommt, während er bei Erkrankung innerhalb der ersten Woche und Erklärung der Fortsetzung der

Mitgliedschaft auch auf die satzungsmäßigen Mehrleistungen Anspruch hat.

Mit Recht klagten bisher die Krankenkassen darüber, daß Personen, die sonst dem Kreise der Versicherten fernstehen, sich durch eine ganz vorübergehende Beschäftigung dauernd das Recht der Mitgliedschaft erwerben können. Es handelt sich dabei vielfach um schlechte Risiken. Dieser Zustand gereicht mithin gerade den Volksklassen zum Schaden, für welche die Versicherung eigentlich bestimmt ist. Dagegen schützt jetzt das Erfordernis einer gewissen Dauer der Versicherung.

Erfordert wird nun, daß der Versicherte die vorgeschriebene Mindestzeit auf Grund der Reichsversicherung versichert gewesen ist, unerheblich ist aber, welcher Kassenart er angehört hat und wie lange er Mitglied der letzten Kasse gewesen ist.

Die Fristen werden vom Ausscheiden an rückwärts gerechnet. Die 26 Wochen brauchen nicht ununterbrochen verlaufen zu sein. Geringfügige Unterbrechungen beim Übergang von einer Beschäftigung zur andern unterbrechen die sechswöchige Frist nicht. Auch Zeiten freiwilliger Mitgliedschaft werden angerechnet.

Wegen der Berechnung der Fristen vgl. § 126.

Der Versicherte, der die Mitgliedschaft fortsetzt, behält Anspruch auf alle Kassenleistungen. Er kann in eine niedere (d. h. niedrigere) Lohnstufe auch dann übertreten, wenn er wegen Erhöhung seines Einkommens aus der Versicherungspflicht ausgeschieden ist. Die Bestimmung ist für die Kassen sehr ungünstig.

Mit der Übernahme einer unständigen oder hausgewerblichen Beschäftigung erlischt das Recht, die Mitgliedschaft bei der alten Kasse fortzusetzen, an sich noch nicht, wohl aber mit der Eintragung in das betreffende Verzeichnis (vgl. § 442 Abs. 3, § 468). Denn erst diese würde eine Doppelversicherung herbeiführen.

Kürzere Fristen können nicht bestimmt werden. Die Zustimmung des OVA.s wird nach freiem Ermessen erteilt. Vgl. § 324 Abs. 3.

Erlöschen der Mitgliedschaft Berechtigter.

§ 314. Die Mitgliedschaft Versicherungsberechtigter erlischt, wenn sie zweimal nacheinander am Zahltage die Beiträge nicht entrichten und seit dem ersten dieser Tage mindestens vier Wochen vergangen sind. Die Satzung kann diese Frist bis zum nächstfolgenden Zahltage verlängern.

Erfährt der Vorstand der Kasse glaubhaft, daß das regelmäßige jährliche Gesamteinkommen eines versicherungsberechtigten Mitglieds viertausend Mark übersteigt, so hat er diesem Mitglied alsbald mitzuteilen, daß seine Mitgliedschaft erloschen sei. Die Mitgliedschaft erlischt mit der Zustellung der Mitteilung.

Vgl. § 19 Abs. 6, § 27 Abs. 2 KVG.

Abs. 2 ist die Folge des § 178. Übersteigt das Einkommen 4000 Mark, so erlischt damit nach § 178 die Versicherungsberechtigung (und zwar sowohl Selbst- als Weiterversicherung), nicht aber die Mitgliedschaft. Diese erlischt erst durch Zustellung gemäß Abs. 2. Zum Erlaß der Mitteilung ist der Vorstand verpflichtet. Über den Zahltag vgl. § 393.

Falsche Kassenzugehörigkeit.

§ 315. Hat eine Kasse für einen Versicherungspflichtigen nach vorschriftsmäßiger Anmeldung drei Monate ununterbrochen und unbeanstandet die Beiträge angenommen, so hat sie ihn, solange sich sein Beschäftigungsverhältnis nicht ändert, als Mitglied mindestens bis zu dem Tage anzuerkennen, wo der Kassenvorstand ihn oder seinen Arbeitgeber schriftlich an eine andere Kasse verweist.

Neu.

Für die Versicherten sind früher häufig Unzuträglichkeiten dadurch entstanden, daß die Krankenkasse, bei der sie angemeldet waren, ihre Zugehörigkeit erst in dem Augenblick bestritt, wo sie Unterstützungsansprüche geltend machten. Der mangelnden Rechtsvorschrift hierüber wird jetzt abgeholfen.

Die Bestimmung bezieht sich nur auf Versicherungspflichtige; wegen Leistung an nicht Versicherungspflichtige vgl. § 213.

So lange die Kasse den Versicherten als Mitglied anerkennen muß, ist sie auch zu den satzungsgemäßen Leistungen verpflichtet, ohne Ersatz fordern zu können. Auch der Versicherte kann sich nur an diese Kasse halten. Beim Übergang zu einer andern gilt § 212.

Die Verweisung erfolgt durch die Mitteilung, daß der Versicherte nicht dieser, sondern einer bestimmten andern Kasse angehöre.

Bestreitung der Kassenzugehörigkeit.

§ 316. Bestreitet die andere Kasse seine Zugehörigkeit, so hat die alte Kasse bis zur Entscheidung, vorbehaltlich späterer Erstattung, vorläufig weiter die Beiträge anzunehmen und die Leistungen zu gewähren.

Neu.

Die erste Kasse gewährt ihre Leistungen fort. Wird die andere Kasse für verpflichtet erklärt, so kann die alte Kasse Ersatz und der Versicherte etwaige Mehrleistungen vom Tage der Zuweisung an verlangen.

Durch diese Vorschrift in Verbindung mit §§ 208, 212 werden für die Versicherten die Unzuträglichkeiten zufolge Mangels einheitlicher Kassengebilde auf ein sehr geringes Maß beschränkt.

2. Meldungen.

Meldepflicht der Arbeitgeber.

§ 317. Die Arbeitgeber haben jeden von ihnen Beschäftigten, der zur Mitgliedschaft bei einer Orts-, Land- oder Innungskrankenkasse verpflichtet ist, bei der durch die Satzung oder nach § 319 bestimmten Stelle binnen drei Tagen nach Beginn und Ende der Beschäftigung zu melden. Änderungen des Beschäftigungsverhältnisses, welche die Versicherungspflicht berühren, haben sie gleichfalls binnen drei Tagen zu melden.

Die Meldung kann unterbleiben, wenn die Arbeit für kürzere Zeit als eine Woche unterbrochen wird und die Beiträge fortgezahlt werden. Die Satzung kann die Meldefrist über den dritten Tag hinaus bis zum letzten Werktag der Kalenderwoche erstrecken.

Die Kasse kann mit Verwaltungen von Reichs- und Staatsbetrieben Abweichendes über die Meldungen vereinbaren.

Die oberste Verwaltungsbehörde kann über Form und Inhalt der Meldungen Vorschriften erlassen.

Vgl. § 49 Abs. 1, Satz 1, 2, Abs. 2, 4 KVG.

Arbeitgeber ist in der Regel der Betriebsunternehmer. Bei mehreren Arbeitsverhältnissen ist jeder Arbeitgeber zur Meldung verpflichtet.

Die Vorschriften über die Meldepflicht der Arbeitgeber (§§ 317 bis 319) gelten nunmehr auch für die Innungskrankenkassen. Anders verhält es sich mit den Betriebskrankenkassen, für deren innere Verfassung diese Vorschriften sich nicht eignen. Für die Ersatzkassen wird der § 317 durch § 519 ergänzt.

Die Anmeldung hat auch zu erfolgen, wenn der Pflichtige bereits bei einer Kasse versichert ist. Die Meldepflicht erstreckt sich aber nur auf versicherungspflichtige Personen.

Für die Berechnung der Frist gelten §§ 124 flg.

Unter der Kalenderwoche ist die Woche zu verstehen, in der die dreitägige Frist abläuft.

Abs. 3 hat namentlich ausgedehnte forstwirtschaftliche Betriebe im Auge, für die aus den regelmäßigen Meldevorschriften besondere Belästigungen entstehen können.

Auch der letzte Absatz des Paragraphen beruht auf praktischen Wahrnehmungen. Für die Meldepflichtigen kann es oft sehr erwünscht sein, wenn einheitliche Bestimmungen über Form und Inhalt der Meldungen erlassen werden.

Wesentlich abweichend vom Krankenversicherungsgesetze regelt die RVO. die Folgen, die Verletzungen der Vorschriften über die Meldepflicht nach sich ziehen. Die Erstattungspflicht, die § 50 des Krankenversicherungsgesetzes auferlegte, fällt weg; dafür bestimmen aber §§ 530, 531, wie in anderer Weise gegen den säumigen oder sonst schuldigen Arbeitgeber vorgegangen werden kann.

Angaben bei der Anmeldung.

§ 318. In der Anmeldung sind auch die Angaben zu machen, die durch die Satzung zur Berechnung der Beiträge gefordert werden.

Änderungen in diesen Verhältnissen sind binnen der Meldefrist anzuzeigen.

Ändert sich der Lohn, so ändert sich die Lohnstufe, wenn nicht die Satzung anders bestimmt, erst mit der nächsten Beitragszahlung.

Vgl. 49 Abs. 3 KVG.

Zu den Angaben im Sinne des Abs. 1 werden auch Angaben darüber gehören, ob und wie lange der Angemeldete einer andern Kasse angehört hat und ob er verheiratet ist.

Änderungen sind nach Abs. 2 nur dann anzuzeigen, wenn sie für die Beitragsberechnung wesentlich sind, also insbesondere nicht geringfügige, sich ausgleichende Schwankungen in Arbeitszeit oder Verdienst.

Nach Abs. 3 kann die Satzung sofortige Wirksamkeit der Änderung, nicht aber spätere festsetzen. Beitragszahlung bedeutet Beitragszahlungsperiode.

Änderungen in den für die Klassenzugehörigkeit maßgebenden Verhältnissen (§ 180 Abs. 1) werden Mangels einer anderweiten Bestimmung sofortige Wirkung haben.

Vgl. §§ 530, 531.

Meldestellen.

§ 319. Das Versicherungsamt kann in seinem Bezirke für alle oder mehrere Orts-, Land- und Innungskrankenkassen gemeinsame Meldestellen errichten oder deren Geschäfte mit Genehmigung der Gemeindeaufsichtsbehörde den Ortsbehörden übertragen.

Die Kosten werden auf die beteiligten Kassen nach Verhältnis des Jahreseinganges an Beiträgen umgelegt, sofern nicht das Oberversicherungsamt einen anderen Maßstab bestimmt.

Vgl. § 49 Abs. 5 KVG.

Die bisherige streitige Frage, ob die Meldestellen auch lediglich für einzelne Arten der Krankenkassen im Bezirk errichtet werden können, wird hier bejaht. Ebenso ist es, wie bisher, zulässig, die Meldestellen nur für einzelne Teile des Bezirkes zu errichten. Für Betriebskrankenkassen können diese Meldestellen nicht errichtet werden.

Die Innungskrankenkassen sind mit benannt, nachdem die gesetzliche Meldepflicht auf sie erstreckt ist. Ob und wo ihre Beteiligung bei den Meldestellen zweckmäßig ist, bleibt der Prüfung des Einzelfalls überlassen.

Im Hinblick auf die Vergrößerung zahlreicher Kassenbezirke ist es unter Umständen erwünscht, daß die Ortsbehörden beim Meldewesen mitwirken. Bei der sonstigen geschäftlichen Entlastung, die diesen der Entwurf in Sachen der Krankenversicherung gewährt, kann ihnen die Übernahme dieser Arbeit ohne Unbilligkeit zugemutet werden. Diese Meldestellen sind für die Beitrittserklärung Versicherungsberechtigter zuständig (§ 310 Abs. 1). Sie können auch Zahlstellen sein (§ 404). Vgl. auch § 530.

II. Satzung.

Errichtung.

§ 320. Für jede Krankenkasse ist, bevor sie ins Leben tritt, eine Satzung zu errichten.

Sie wird errichtet für

Orts- und Landkrankenkasse von dem Gemeindeverband nach Anhören beteiligter Arbeitgeber und Versicherter,

Betriebskrankenkassen von dem Arbeitgeber oder seinem Vertreter nach Anhören von Beschäftigten,

Innungskrankenkassen von der Innungsversammlung unter Beteiligung des Gesellenausschusses nach § 95 der Gewerbeordnung.

Wird eine Kasse nicht in der endgültig angeordneten Frist errichtet (§ 233 Abs. 2, § 249 Abs. 4), so errichtet für sie das Versicherungsamt die Satzung.

Vgl. § 23, Abs. 1, § 64 Nr. 1, § 72 Abs. 3 KVG.; § 85, § 93 Abs. 2, Nr. 9, § 95 Gew. O.

Zur Anleitung bei der Errichtung der Satzungen war bisher ein Musterstatut veröffentlicht (vgl. Bek. v. 3. Juli 1891 und 1. Juli 1903, Zentral-Blatt für das Deutsche Reich 1892, S. 515, und 1903, S. 243. Für die RVO. ist ein solches noch zu erwarten. Der Abdruck erfolgt im V. Band.

Für das Anhören der Beteiligten hat die die Kasse errichtende Stelle zu sorgen. Ist sie unterblieben, so ist der Satzung die Genehmigung zu versagen.

Für Ortskrankenkassen hatte nach dem Krankenversicherungsgesetze die Gemeindebehörde die Satzung zu errichten; bei gemeinsamen Ortskrankenkassen bestimmt sich die dafür zuständige Behörde nach § 43 a. a. O. Die RVO. setzt an deren Stelle für den Regelfall den zuständigen Gemeindeverband (vgl. § 526 Abs. 1, 2). Wo kein solcher besteht, bestimmt die Landesregierung, welche Stelle statt seiner die Satzung zu errichten hat (vgl. § 526 Abs. 3).

Im Abs. 3 des § 320 ist die Errichtung der Satzung durch das Versicherungsamt für die Fälle vorgesehen, in denen das Oberversicherungsamt eine Orts- oder Landkrankenkasse (§ 233 Abs. 2) oder eine Betriebskrankenkasse für vorübergehende Baubetriebe (§ 249) deshalb selbst errichtet oder durch das Versicherungsamt errichten läßt, weil seine Anordnung dieserhalb nicht befolgt ist. Auch die vom V. Amt errichtete Satzung bedarf der Genehmigung der OVA.s gemäß § 324.

Über den Inhalt der Satzung vgl. die folgenden Paragraphen.

Inhalt.

§ 321. Die Satzung muß den Bezirk der Kasse sowie den Kreis ihrer Mitglieder angeben und bestimmen über

1. Namen und Sitz der Kasse,
2. Art und Umfang der Leistungen,
3. Höhe der Beiträge und Zahlungszeit,
4. Zusammensetzung, Rechte und Pflichten des Vorstandes,
5. Zusammensetzung und Berufung des Ausschusses und Art seiner Beschlußfassung, sowie seine Vertretung nach außen im Falle des § 346 Abs. 1,
6. Aufstellung des Voranschlags,
7. Aufstellung und Abnahme der Jahresrechnung,
8. Höhe der Vergütungen nach § 21 Abs. 2, 3,
9. Art der Bekanntmachungen,
10. Änderung der Satzung.

Vgl. § 19 Abs. 1, § 23 Abs. 2, § 34a, Abs. 1, § 37 Abs. 1, § 52 Abs. 1, § 64, § 72 Abs. 3, § 73 Abs. 1 KVG.

§ 321 ergänzt in mehreren Punkten die Vorschrift des § 23 Abs. 2 des Krankenversicherungsgesetzes darüber, was die Satzung notwendig enthalten muß (zu vergleichen auch §§ 677 und 1338).

Der Bezirk der Kasse und der Kreis ihrer Mitglieder ist nicht dem Ermessen der Stelle überlassen, welche die Satzung errichtet; Diese „bestimmt" also nicht darüber. Wohl aber muß beides aus der Satzung zu ersehen sein.

Bei der Zentralisation der Krankenkassen wird für diese ein ordnungsmäßiger Voranschlag (Nr. 6) von erhöhter Bedeutung sein. Wenn auch ein großer Teil der Ausgaben nach Gesetz und Satzung festgelegt ist, so werden doch auch die vom Ermessen der Kassenorgane abhängigen Ausgaben voraussichtlich eine größere Rolle spielen.

Wenn Nr. 9 es der Satzung vorbehält, über die Art der Bekanntmachungen der Krankenkasse zu bestimmen, so entspricht dies gleichlautenden Vorschriften der Unfall- und Invalidenversicherung (§§ 677 und 1338). Die Satzung braucht danach nicht etwa schon die einzelnen Blätter namhaft zu machen, in denen die Krankenkasse ihre Bekanntmachungen erläßt, aber sie muß klarstellen, von wem und in welcher Weise die Art der Bekanntmachungen zu bestimmen ist.

Angabe der Meldestelle.

§ 322. Bei Orts-, Land- und Innungskrankenkassen muß die Satzung die Stellen für die Meldungen bezeichnen.

Vgl. § 49 Abs. 2 KVG.

Meldungen an unrichtiger Stelle sind nicht wirksam. Vgl. §§ 319, 345 Abs. 2, Nr. 5.

Unzulässiger Inhalt.

§ 323. Die Satzung darf nichts bestimmen, was gesetzlichen Vorschriften zuwiderläuft oder nicht im Zwecke der Kasse liegt.

Vgl. § 23 Abs. 3, § 64, § 72 Abs. 3 KVG.

Enthält die Satzung solche unzulässige Bestimmungen, so ist die Genehmigung zu versagen (§ 324). Innerhalb des Rahmens der zwingenden gesetzlichen Vorschriften kann die Kasse ihre Verhältnisse beliebig selbst ordnen. Sie kann insbesondere auch Bestimmungen aufnehmen, die im Gesetz nicht vorgesehen sind. Jedoch muß dieser freiwillige Inhalt dem Zweck der Kasse entsprechen (also z. B. nicht Verpflichtung zur Teilnahme an dem Begräbnis von Kassenmitgliedern).

Genehmigung.

§ 324. Die Satzung bedarf der Genehmigung des Oberversicherungsamts, ebenso ihre Änderung. Bei Genehmigung der Satzung bestimmt das Oberversicherungsamt zugleich, wann die Kasse ins Leben tritt.

Die Genehmigung darf nur durch die Beschlußkammer und nur dann versagt werden, wenn die Satzung den gesetzlichen Vorschriften nicht genügt.

Wo das Gesetz für einzelne Bestimmungen der Satzung die Zustimmung des Oberverwaltungsamts fordert, darf sie nur durch die Beschlußkammer versagt werden. Die Entscheidung ist endgültig.

Die Gründe der Versagung sind mitzuteilen.

Vgl. § 24 Abs. 1, 2, 4, § 64, § 72 Abs. 3, § 73 Abs. 5 KVG.

Die Genehmigung der Satzung liegt in allen Fällen dem Oberversicherungsamt an Stelle der seither zuständigen höheren

Verwaltungsbehörde ob. Sie ist auch dann erforderlich, wenn das V. Amt die Satzung errichtet hat (§ 320 Abs. 3). Ein Widerruf der Genehmigung ist unzulässig. Eine Genehmigung unter Bedingungen ist denkbar und statthaft.

Die Satzung genügt den gesetzlichen Vorschriften nicht, wenn die Formvorschriften über ihre Errichtung verletzt sind (insbes. § 320), wenn sie nicht alle erforderlichen Bestimmungen enthält (§ 321), wenn sie unzulässige Bestimmungen enthält (§ 323) oder wenn sie mit einer andern Satzung in Widerspruch steht.

Wird eine Satzung mit ungesetzlichem Inhalt gleichwohl genehmigt, so sind ihre Bestimmungen insoweit unwirksam, als sie gegen das Gesetz verstoßen.

Wird die Genehmigung versagt, so ist Beschwerde an das Reichsversicherungsamt gegeben (§ 1793). Zuständig ist der Beschlußsenat (§ 1781). Das Verwaltungsstreitverfahren und der Rekurs nach §§ 20, 21 der Gewerbeordnung finden also hier fortan nicht mehr statt.

Unter Abs. 3 fallen §§ 176 Abs. 3, Satz 2, 180, 193, 313 letzter Satz, 333 Abs. 3, 364 Abs. 2, 371 Abs. 2, 384, 403, 420 Abs. 2, 421, 423 Abs. 3, 424, 428, 450, 455. In diesen Fällen kann die Zustimmung nach freiem Ermessen versagt werden. Die Zustimmung zu einzelnen Bestimmungen kann zugleich mit der Genehmigung der Satzung nachgesucht und erteilt werden.

Aushändigung der Satzung.

§ 325. Jedes Mitglied erhält unentgeltlich einen Abdruck der Satzung und ihrer Änderung, ebenso auf Antrag jeder Arbeitgeber, der Kassenmitglieder beschäftigt.

Vgl. § 24 Abs. 3 KVG.

Die Unterlassung der Aushändigung bewirkt, daß dem Mitglied bei einem Verstoß gegen die Satzung Rechtsnachteile nicht erwachsen können, falls es nicht anderweitig über seine Pflichten belehrt worden ist.

Die Versicherten erhalten zweckmäßig zugleich die Krankenordnung (§ 347).

Irrtümliche Genehmigung.

§ 326. Ergibt sich nachträglich, daß eine Satzung nach § 324 Abs. 2 nicht hätte genehmigt werden dürfen, so ordnet das Oberversicherungsamt (Beschlußkammer) die erforderliche Änderung an.

Beschließt der Ausschuß nicht binnen einem Monat die endgültig angeordnete Änderung, so vollzieht sie das Oberversicherungsamt (Beschlußkammer) rechtsverbindlich.

Das Gleiche gilt für endgültig angeordnete Änderungen der Satzung, die durch Vorschriften dieses Gesetzes erforderlich werden.

Vgl. § 10 Abs. 3, § 33 Abs. 3, §§ 48a, 64, § 72 Abs. 3, § 73 Abs. 1 KVG.

Binnen einem Monat nach Erlaß der Anordnung muß entweder die Satzungsänderung beschlossen oder gemäß § 1793 Beschwerde beim Reichs-(Landes-)versicherungsamt eingelegt sein: anderenfalls vollzieht das Oberversicherungsamt die Änderung alsbald selbst.

Ist eine Kasse zu Unrecht genehmigt, so gelten die §§ 266, 273, 279. Vgl. auch §§ 124 flg. und § 345 Abs. 2, Nr. 6 und Abs. 3.

III. Kassenorgane.

1. Zusammensetzung bei Orts- und Landkrankenkassen.

Organe bei beiden Kassenarten.

§ 327. Vorstand und Ausschuß besorgen die Geschäfte der Kasse. Die Mitglieder des Ausschusses dürfen nicht dem Vorstand angehören; werden solche in den Vorstand gewählt, so scheiden sie aus dem Ausschuß aus.

Vgl. § 34 Abs. 1, § 36 Satz 1 KVG.

Die Generalversammlung des alten Rechts kennt die RVO. nicht mehr; an ihre Stelle ist der Ausschuß getreten (vgl. § 332).

Die Vorschriften dieses Abschnitts ergänzen für die Krankenkassen das, was zu Beginn des ersten Buches (§§ 3 flg.) für die Organe der Versicherungsträger allgemein bestimmt ist. Wenn im § 327 angeführt wird, daß beide Organe die Geschäfte der Kasse besorgen, so heißt dies innerhalb der Grenzen, die das Gesetz jedem von ihnen zuweist, vergleiche namentlich zu §§ 342, 345.

Die gegenseitige Stellung von Vorstand und Ausschuß läßt es nicht angezeigt erscheinen, daß dieselbe Person gleichzeitig beiden Organen angehört. Ein Vorstandsmitglied kann daher nicht in den Ausschuß gewählt werden, auch der Vorsitzende des Vorstands nicht Vorsitzender des Ausschusses sein. Würden sie gleichwohl gewählt werden, so wäre die Wahl ungültig. Dagegen kann ein Mitglied des Ausschusses wohl in den Vorstand gewählt werden: es scheidet dann aber mit der Wahl ohne weiteres aus dem Ausschuß aus.

Wahl des Vorsitzenden der OKK.

§ 328. Die Vorstandsmitglieder der Ortskrankenkasse wählen aus ihrer Mitte den Vorsitzenden des Vorstandes.

Gewählt ist, wer die Mehrheit der Stimmen aus der Gruppe sowohl der Arbeitgeber als auch der Versicherten im Vorstande erhält.

Neu.

Über die wählenden Vorstandsmitglieder vgl. § 335. Es ist also getrennte Abstimmung beider Gruppen erforderlich. Führt diese nicht zur Wahl, so greift § 329 Platz. Über die Wahl von Stellvertretern siehe § 330. Verhältniswahl ist nicht erforderlich.

Bestellung des Vorsitzenden bei OKK.

§ 329. Kommt diese Mehrheit nicht zustande, so wird die Wahl auf einen anderen Tag anberaumt.

Kommt die Wahl auch in der zweiten Sitzung nicht zustande, so benachrichtigt der Vorstand das Versicherungsamt. Dieses bestellt einen Vertreter, der bis zu einer gültigen Wahl die Rechte und Pflichten des Vorsitzenden auf Kosten der Kasse ausübt. Auf Beschwerde entscheidet das Oberversicherungsamt endgültig. Ein Arbeitgeber darf nur dann als Vertreter bestellt werden, wenn die Mehrheit der Gruppe der Arbeitnehmer keinen Einspruch erhebt; ein Arbeitnehmer nur, wenn die Mehrheit der Gruppe der Arbeitgeber keinen Einspruch erhebt.

Als Arbeitgeber im Sinne des Abs. 2 gilt nicht, wer nur Dienstboten oder unständige Arbeiter beschäftigt.

Neu.

Die zweite Wahl ist auf einen anderen Tag vorgesehen, damit inzwischen eine Verständigung, auch eine Herbeiziehung der bei der ersten Wahl etwa verhinderten Vorstandsmitglieder erfolgen kann.

Das Versicherungsamt kann ein Vorstandsmitglied selbst — Arbeitgeber oder Versicherten — mit den Geschäften beauftragen, aber auch eine andere geeignete Persönlichkeit, beispielsweise einen seiner eigenen Angestellten oder einen gemeindlichen Beamten bestellen. Im letzteren Falle kann es nach Bedarf eine angemessene Vergütung festsetzen, welche die Kasse tragen muß. Auch der auf diese Weise bestellte Vorsitzende hat volles Stimmrecht und gibt bei Stimmengleichheit den Ausschlag (§ 9).

Stellvertreter des Vorsitzenden bei OKK.

§ 330. Die Vorstandsmitglieder der Ortskrankenkasse wählen aus ihrer Mitte in ungetrennter Wahlhandlung einen oder mehrere Stellvertreter des Vorsitzenden.

Neu.

Für die Wahl der Stellvertreter des Vorsitzenden genügt die sonst für die Wahlen bei der Kasse vorgesehene Mehrheit. Getrennte Wahl seitens der Arbeitgeber und der Kassenmitglieder wie beim Vorsitzenden selbst (§ 328) ist daher nicht nötig.

Wie die Vorstandsmitglieder selbst gewählt werden, bestimmt § 335.

Wahl des Vorstands bei Landkrankenkassen.

§ 331. Bei der Landkrankenkasse wählt die Vertretung des Gemeindeverbandes den Vorsitzenden und die anderen Mitglieder des Vorstandes, darunter einen oder mehrere Stellverteter des Vorsitzenden. Diese Mitglieder müssen zu einem Drittel den beteiligten Arbeitgebern (§ 332 Abs. 2), zu zwei Dritteln den bei der Kasse Versicherten angehören.

Die oberste Verwaltungsbehörde kann bestimmen, daß der Vorsitzende und die anderen Mitglieder des Vorstandes gewählt werden, wie die Vertreter im Ausschuß (§ 336 Abs. 2).

Neu.

Darüber, wie bei der Landkrankenkasse der Vorsitzende bestimmt werden sollte, ist viel diskutiert worden. Daß die RVO. von der Bestellung des Vorsitzenden und der anderen Mitglieder des Vorstandes durch allgemeine Wahlen Abstand genommen hat, liegt u. a. an den praktischen Schwierigkeiten: an den großen Entfernungen der Arbeits- und Wohnstätten sowie an der zeitweiligen Unabkömmlichkeit der landwirtschaftlichen Arbeiter und Dienstboten und der häufigen Abwesenheit der Wandergewerbetreibenden.

Über Gemeindeverband vgl. §§ 526, 527. Vertretung des Gemeindeverbands in Preußen ist der Kreistag, in Bayern der Distriktsrat.

Ausschuß.

§ 332. Der Ausschuß besteht zu einem Drittel aus Vertretern der beteiligten Arbeitgeber und zu zwei Dritteln aus Vertretern der Versicherten und zählt höchstens neunzig Vertreter.

Beteiligt ist ein Arbeitgeber, der für seine versicherungspflichtigen Beschäftigten Beiträge an die Kasse zu zahlen hat und nicht nach § 14 Abs. 2 zu den Versicherten zu rechnen ist.

Vgl. § 37 Abs. 1, 2, § 38 Abs. 1, 2 KVG.

An Stelle der schon bisher eingeführten Drittelung der Stimmen hatte der Regierungsentwurf eine Halbierung vorgesehen, die jedoch abgelehnt worden ist. Die Zahl der Ausschußmitglieder muß also stets durch 3 teilbar sein.

Zu den Versicherten zu rechnen ist nach § 14 Abs. 2 wer nicht regelmäßig mehr als zwei Versicherungspflichtige beschäftigt.

Über die Wahl vgl. die folgenden Paragraphen.

Wahl des Ausschusses bei OKK.

§ 333. Bei der Ortskrankenkasse wählen die beteiligten volljährigen Arbeitgeber und die volljährigen Versicherten ihre Vertreter je aus ihrer Mitte, und zwar getrennt unter Leitung des Vorstandes.

Die erste Wahl nach Errichtung der Kasse leitet ein Vertreter des Versicherungsamts, spätere nur, wenn kein Vorstand vorhanden ist.

Das Stimmrecht der einzelnen Arbeitgeber ist nach der Zahl ihrer versicherungspflichtigen Beschäftigten zu bemessen; die Satzung kann es abstufen und eine Höchstzahl der Stimmen vorschreiben. Abstufung und Höchstzahl bedürfen der Zustimmung des Oberversicherungsamts.

Vgl. § 37 Abs. 1 KVG.

Die Wahl findet nach den Grundsätzen der Verhältniswahl statt (vgl. § 15). Es gelten die allgemeinen Vorschriften in §§ 12 flg. Die Volljährigkeit tritt mit Vollendung des 21. Lebensjahres ein (§ 2 des BGB.).

Es würde über das Bedürfnis hinausgehen, wenn jeder Arbeitgeber für jeden seiner Beschäftigten eine Stimme haben müßte. Das OVA. wird darauf zu achten haben, daß der Zweck der Vorschrift nicht durch zu weite Spannung der Stufen oder zu niedrige Stimmenhöchstzahl vereitelt wird.

Die Zustimmung nach Abs. 3 Satz 2 steht im freien Ermessen des OVA. Sie darf nur durch die Beschlußkammer versagt werden (vgl. § 324 Abs. 3).

Einladungsfrist.

§ 334. Die Frist zwischen der Ausschreibung der Wahl (§ 333) und der Wahl selbst muß mindestens einen Monat betragen; die Satzung kann eine längere Mindestfrist festsetzen.

Die Satzung kann bestimmen, daß nach Bezirken oder Berufsgruppen gewählt wird.

Neu.

Der Paragraph ist in den Kommissionsverhandlungen eingefügt. Für die Berechnung der Frist gilt § 125.

Vorstandswahl.

§ 335. Die Vertreter der Arbeitgeber und der Versicherten im Ausschuß wählen getrennt aus ihrer Gruppe die Vorstandsmitglieder, und zwar die Arbeitgeber ein Drittel und die Versicherten zwei Drittel.

Vgl. § 34 Abs. 1, § 38 Abs. 3 KVG.
Für Landkrankenkassen gilt § 331.

Über die wählenden Vertreter vgl. § 332. Die Wahl erfolgt nach den Grundsätzen der Verhältniswahl (§ 15). Es finden die allgemeinen Vorschriften § 12 flg. Anwendung. Wählbar sind nicht etwa nur die Mitglieder des Ausschusses, sondern jeder, der der Gruppe der beteiligten Arbeitgeber oder Versicherten angehört.

Ausschuß bei der Landkrankenkasse.

§ 336. Bei der Landkrankenkasse wählt die Vertretung des Gemeindeverbandes die Vertreter der beteiligten Arbeitgeber und der bei der Kasse Versicherten je aus deren Mitte.

Die Landesregierung kann in solchen Bezirken von Versicherungsämtern, in welchen nur Stadt- und Landgemeinden, nicht aber selbständige Gutsbezirke und Gemarkungen oder ausmärkische Bezirke vorhanden sind, das Wahlrecht den Vertretungen der einzelnen Gemeinden übertragen und hierüber näheres bestimmen.

Durch Landesgesetz kann für das Gebiet oder Gebietsteile des Bundesstaats angeordnet werden, daß zum Vorstand und Ausschuß wie bei der Ortskrankenkasse gewählt wird.

Neu.

Gemäß § 15 wird Verhältniswahl erforderlich sein.

Über „Vertretung des Gemeindeverbands" siehe bei § 331. Zu Abs. 3 vgl. §§ 332 bis 335.

Ausschluß von der Wahl.

§ 337. Die Satzung kann die Arbeitgeber, die mit Zahlung der Beiträge im Rückstande sind, von Wählbarkeit und Wahlberechtigung ausschließen.

Vgl. § 38 Abs. 4 KVG.

Die Bestimmung entspricht dem bisherigen Recht.

Über Zahlung der Beiträge vgl. § 393 flg.

2. Zusammensetzung bei Betriebs- und Innungskrankenkassen.

Organe der BKK.

§ 338. Für Betriebskrankenkassen gilt § 327 entsprechend.

Vorstand und Ausschuß bestehen aus dem Arbeitgeber oder seinem Vertreter und aus Vertretern der Versicherten; der Ausschuß zählt höchstens fünfzig Vertreter der Versicherten.

Der Arbeitgeber oder sein Vertreter führt den Vorsitz. Er hat die Hälfte der Stimmen, die den Versicherten nach der Satzung zustehen.

Vgl. § 34 Abs. 1, § 36 Abs. 1, § 38 Abs. 2, § 64 Nr. 2, § 72 Abs. 3 KVG.

Die Vorschrift gilt für die Betriebskrankenkassen nur „entsprechend", d. h. mit der aus der Beteiligung des Unternehmers an beiden Organen der Kasse herzuleitenden Maßgabe.

Die Vorschriften für die Zusammensetzung der Organe bei den Betriebs- und den Innungskrankenkassen weichen von den entsprechenden Vorschriften für die Ortskrankenkassen im allgemeinen in ähnlicher Weise ab, wie schon im Krankenversicherungsgesetze. Wenn es aber dort der Satzung überlassen bleibt, dem Betriebsunternehmer oder seinem Vertreter den Vorsitz in den Organen der Betriebskrankenkasse zu übertragen, so wird solches jetzt gleich im Gesetze vorgeschrieben.

Bei Stimmengleichheit gibt der Vorsitzende den Ausschlag (§ 9).

Vertreterwahl bei BKK.

§ 339. Bei der Betriebskrankenkasse wählen die volljährigen Versicherten aus ihrer Mitte ihre Vertreter im Ausschuß unter Leitung des Vorstandes. § 333 Abs. 2, § 334 Abs. 1 gelten. Diese Vertreter wählen aus den Versicherten deren Vertreter im Vorstand.

Vgl. § 34 Abs. 1, § 36 Abs. 1, § 37 Abs. 1, § 38 Abs. 2, § 73 Abs. 1 KVG.; § 90 Gew. O.

Siehe die Bemerkungen zu §§ 333, 334.

Ausschluß vom Wahlrecht bei der BKK.

§ 340. Wer die Mitgliedschaft bei einer Betriebskrankenkasse freiwillig fortsetzt, ist weder wählbar noch wahlberechtigt.

Vgl. § 64 Nr. 5, § 72 Abs. 3 KVG.

Über freiwillige Fortsetzung der Mitgliedschaft vgl. § 313. Für Selbstversicherung (§ 176 flg.) gilt die Bestimmung nicht.

Bestimmungen für IKK.

§ 341. Die §§ 327, 332, 333, 334 Abs. 1, §§ 335, 337 gelten auch für Innungskrankenkassen; den Vorsitzenden und seine Stellvertreter bestellt die Innung aus den Vorstandsmitgliedern.

Haben nach der Satzung (§ 381 Abs. 2) die Arbeitgeber und die Versicherten je die Hälfte der Beiträge zu tragen, so haben sie je die Hälfte der Vertreter im Ausschusse, diese Vertreter je die Hälfte der Vorstandsmitglieder zu wählen.

Vgl. § 34 Abs. 1, § 36 Abs. 1, § 37 Abs. 1 KVG.; § 90 Gew. O.

Die Innungskrankenkassen stellt das Gesetz hinsichtlich ihrer inneren Verfassung im allgemeinen den Ortskrankenkassen gleich. Jedoch wird dem besonderen Verhältnis, in dem sie zur Innung stehen (zu vergleichen insbesondere auch § 390), dadurch Rechnung getragen, daß der Innung das Recht eingeräumt wird, den Vorsitzenden zu bestellen. Nach § 90 der Gewerbeordnung konnte ihr dieses Recht schon bisher zugestanden werden.

3. Pflichten.

Vorstand.

§ 342. Der Vorstand verwaltet die Kasse, soweit das Gesetz nichts anderes bestimmt.

Vgl. § 35 Abs. 1, Satz 1, § 64, § 72 Abs. 3 KVG.; § 90 Gew. O.

Stellung und Pflichten des Vorstands und seiner Mitglieder sind zum größten Teil schon im ersten Buche geregelt. Vgl. insbesondere die §§ 5 flg., 19 flg., 141, 142.

Die laufende Verwaltung der Kasse gehört zu den eigenen Angelegenheiten des Vorstandes. Gegenüber der zwingenden Vorschrift des § 342 kann die Satzung den Vorstand nicht etwa zugunsten des Ausschusses, beschränken.

Das Oberversicherungsamt wird bei Genehmigung der Satzung auch darauf zu achten haben, daß keine dem § 342 zuwiderlaufende Vorschrift aufgenommen wird. Im übrigen entscheidet, wenn über diesen Punkt etwa Streit entstehen sollte, nach § 33 die Aufsichtsbehörde.

Andere Bestimmungen sind insbesondere in § 345 flg. enthalten.

Auskunftspflicht des Vorstands.

§ 343. Der Vorstand ist verpflichtet, den Gewerbeaufsichtsbeamten auf Verlangen Auskunft über Zahl und Art der Erkrankungen zu erteilen.

Die oberste Verwaltungsbehörde kann hierüber näheres bestimmen.

Diese erst im Reichstag eingefügte Bestimmung dient hauptsächlich der Bekämpfung der Berufskrankheiten.

Gestattung der Büchereinsicht.

§ 344. Der Vorstand muß den Trägern der Unfall- sowie der Invaliden- und Hinterbliebenenversicherung gestatten, durch Beauftragte in den Kassenräumen während der Geschäftsstunden die Bücher und Listen einzusehen, um Zahl, Beschäftigungszeit und Lohnhöhe ihrer Versicherten zu ermitteln.

Vgl. § 76a Abs. 2, § 76d. KVG.

Die den Berufsgenossenschaften gestattete Büchereinsicht erleichtert diesen die Prüfung der Angaben ihrer Mitglieder in Bezug auf Löhne usw. Den Versicherungsanstalten wird durch das Informationsrecht die Prüfung hinsichtlich der Beitragsentrichtung erleichtert. Eine Verpflichtung zur Führung irgend welcher Bücher ist den Kassen hierdurch nicht auferlegt, vgl. aber § 366.

Zuständigkeit des Ausschusses.

§ 345. Der Ausschuß beschließt über alles, was nicht Gesetz, Satzung oder Dienstordnung dem Vorstand zuweist.

Dem Ausschuß bleibt vorbehalten,

1. den Voranschlag festzusetzen,
2. die Jahresrechnung abzunehmen,
3. die Kasse gegenüber den Vorstandsmitgliedern zu vertreten,
4. Vereinbarungen und Verträge mit anderen Kassen zu beschließen,
5. die Errichtung von Melde- und Zahlstellen zu beschließen,
6. die Satzung zu ändern,
7. die Kasse aufzulösen oder mit anderen Krankenkassen freiwillig zu vereinigen.

Die Beschlüsse zu Nr. 6 und 7 bedürfen der Mehrheit sowohl der Arbeitgeber als der Versicherten. Bei Satzungsänderungen genügt ungetrennte Abstimmung, wenn sie nach § 326 angeordnet sind oder wenn sie die Kassenleistungen und Beiträge betreffen und nicht § 388 oder § 389 entgegensteht.

Vgl. § 36, § 47 Abs. 2, § 48 Abs. 1, § 49 Abs. 2, § 64, § 72 Abs. 3 KVG.; § 90 Gew. O.

Die RVO. hat die Zahl der Gegenstände wesentlich vermehrt, die dem Beschlusse des Ausschusses vorbehalten bleiben.

Das Recht des Ausschusses, zur Vorbereitung seiner Beschlüsse Beauftragte oder Unterausschüsse zu bestellen, bedarf nicht der ausdrücklichen Erwähnung der Gesetze. Die neuen Nummern 4, 5 betreffen wichtigere Maßnahmen, welche die Kasse oder ihr Vermögen auf längere Zeit hinaus belasten oder verpflichten.

Nach der gesetzlichen Regelung ist im Zweifel der Ausschuß zuständig. Es steht aber nichts im Wege auch umgekehrt die Zuständigkeit des Ausschusses bestimmt zu umgrenzen, und alles andere dem Vorstand zuzuweisen, was sich der Einfachheit halber empfehlen wird.

Nr. 2. Das Recht zur Abnahme der Jahresrechnung schließt das Recht, sie vorher zu prüfen, ohne weiteres in sich.

Nr. 3. In welcher Form die Vertretung erfolgt, bestimmt der Ausschuß selbst. Auch Ersatzansprüche aus § 23 gehören hierher.

Nr. 6. Die Änderung bedarf der Zustimmung des OVA.s (§ 324).

Nr. 7. Hier ist ein Beschluß des OVA.s erforderlich (§§ 180 flg.).

Die in Abs. 2 angeordnete getrennte Abstimmung bezweckt, in Fragen von besonderer Bedeutung auch den Arbeitgebern ein entscheidendes Mitbestimmungsrecht einzuräumen. Das ist um so mehr gerechtfertigt, als den erheblichen ihnen auferlegten Lasten keine unmittelbaren Vorteile gegenüberstehen

Vgl. auch § 379 Abs. 2.

Mitwirkung und Zustimmung des Ausschusses.

§ 346. Bei Erwerb, Veräußerung oder Belastung von Grundstücken wird die Kasse durch den Vorstand und den Ausschuß vertreten.

Der Zustimmung des Ausschusses bedürfen

1. die vom Vorstand aufgestellte oder geänderte Dienstordnung für die Angestellten (§ 355),

2. Vorstandsbeschlüsse über Errichtung von Krankenhäusern und Genesungsheimen.

Neu.

In der Regel ist der Vorstand allein zur Vertretung der Kasse berufen (§ 5). In § 346 müssen beide Organe zusammen tätig werden.

Die Form der Vertretung ist gemäß § 321 Nr. 5 von vornherein durch die Satzung zu regeln.

Der erste Absatz des § 346 entscheidet die Streitfrage, ob der Erwerb usw. von Grundstücken, den der Vorstand ohne Zustimmung des Ausschusses vornimmt, nichtig ist oder nur den Vorstand, dem Ausschuß und der Kasse gegenüber haftbar macht, in ersterem Sinne.

In den Fällen des Abs. 2 braucht die Zustimmung von außen nicht hervorzutreten.

Krankenordnung.

§ 347. Der Ausschuß regelt Meldung und Überwachung der Kranken, sowie ihr Verhalten durch eine Krankenordnung.

Sie bedarf der Genehmigung des Versicherungsamts. Wird die Genehmigung versagt, so entscheidet auf Beschwerde das Oberversicherungsamt (Beschlußkammer) endgültig.

Reicht eine Kasse trotz Aufforderung des Versicherungsamts in der gesetzten Frist keine Krankenordnung ein, so stellt das Oberversicherungsamt (Beschlußkammer) diese rechtsverbindlich fest. Das Gleiche gilt für angeordnete Änderungen oder Ergänzungen.

Das Versicherungsamt kann die Krankenkasse mit ihrer Zustimmung und unter Vereinbarung über die Kosten bei der Überwachung der Kranken unterstützen. Hierüber beschließt der Beschlußausschuß. Lehnt er ab, so beschließt auf Beschwerde das Oberversicherungsamt endgültig.

Vgl. § 6a Abs. 2, § 26a Abs. 2, Nr. 2a, § 64, § 72 Abs. 3, § 73 Abs. 1 KVG.

Das Streben der Krankenversicherung geht dahin, eingetretene Krankheiten der Versicherten möglichst rasch und gründlich zu heilen. Um diesen Zweck zu erreichen, bedarf es des verständnisvollen Mitwirkens der Erkrankten selbst: es liegt in ihrem eigenen Interesse wie in dem der Kasse, daß sie nicht durch ein zweckwidriges Verhalten den Heilprozeß verzögern oder vereiteln. Dieser Punkt ist so wichtig, daß die RVO. den Erlaß einer Krankenordnung zur Pflicht macht.

Als Ergänzung hierzu gestattet das Gesetz in § 529 Zuwiderhandelnde in Ordnungsstrafe zu nehmen.

Die Krankenordnung wird den Mitgliedern zweckmäßig mit der Satzung (§ 325), spätestens aber bei der Erkrankung auszuhändigen sein.

Die Beschwerdefrist beträgt einen Monat (§ 128).

Zur Beschwerde in Abs. 4 ist der Vorsitzende des V. Amts und die Kasse berechtigt. Zuständig ist die Beschlußkammer (§ 1781 Abs. 1).

Vgl. § 348.

Beitragseinsendung etc.

§ 348. Der Ausschuß bestimmt, wie für die Mitglieder, die sich nicht im Kassenbereich aufhalten, die Beiträge einzusenden und die Leistungen auszuzahlen sind, und wie die Krankenüberwachung bei ihnen zu regeln ist.

Vgl. § 27 Abs. 4, § 64, § 72 Abs. 3, § 73 Abs. 1 KVG.

Der Ausschuß hat nur Bestimmungen allgemeiner Art zu treffen, nicht Einzelfälle zu entscheiden.

Die Bestimmungen über Krankenüberwachung werden zweckmäßig in der Krankenordnung aufzunehmen sein.

IV. Angestellte und Beamte.

Vorbemerkung.

Unter Beamten der Kassen versteht das Gesetz hier wie auch an anderen Stellen diejenigen Angestellten, welche entweder ohnehin nach Landesrecht staatliche oder gemeindliche Beamte sind (zu vgl. § 351 Abs. 1) oder welche mit den Rechten und Pflichten solcher auf Lebenszeit, unwiderruflich oder mit Anrecht und Ruhegehalt angestellt sind.

Angestellte sind die in § 351 Abs. 1 charakterisierten Personen.

Vgl. zu diesem Abschnitt auch die wichtigen Übergangsbestimmungen der Art. 32—40 des Einf.-Ges.

Anstellung.

§ 349. Bei den Krankenkassen werden die aus Mitteln der Kassen bezahlten Stellen der Beamten und derjenigen Angestellten, für welche die Dienstordnung (§ 351) gilt, durch übereinstimmende Beschlüsse beider Gruppen im Vorstande besetzt.

Einigen sich die Gruppen nicht, so wird die Beschlußfassung auf einen anderen Tag anberaumt. Wird auch dann keine Einigung erzielt, so kann die Anstellung beschlossen werden, wenn mehr als zwei Drittel der Anwesenden dafür stimmen; ein solcher Beschluß bedarf der Bestätigung durch das Versicherungsamt. Sie darf nur auf Grund von Tatsachen versagt werden, die darauf schließen lassen, daß dem Vorgeschlagenen die erforderliche Zuverlässigkeit, insbesondere für eine unparteiische Wahrnehmung seiner Dienstgeschäfte, oder Fähigkeit fehlt.

Wird die Bestätigung versagt, so entscheidet auf Beschwerde des Vorstandes das Oberversicherungsamt (Beschlußkammer) endgültig.

Neu.

Dieser § 349 tritt sofort in Kraft (Art. 38 Einf.-Ges.).

Dem Vorstande liegt auch die Anstellung solcher Personen im Kassendienst ob, welche der Dienstordnung nicht unterstehen. Nur gilt dabei für seinen Beschluß nicht die besondere Vorschrift des § 349. Diese will die Arbeitgeber und Kassenmitglieder tunlichst gleichzustellen und zugleich eine Gewähr für die geschäftliche Befähigung und Zuverlässigkeit der Kassenangestellten schaffen.

Aus Gründen anderer Art, namentlich aus politischen oder konfessionellen Rücksichten darf das V. Amt die Bestätigung nicht versagen.

Die Beschwerdefrist beträgt einen Monat (§ 128).

Amtliche Bestellung.

§ 350. Kommt kein Anstellungsbeschluß zustande oder wird die Bestätigung endgültig versagt, so bestellt das Versicherungsamt auf Kosten der Kasse widerruflich die für die Geschäfte der Stelle erforderlichen Personen.

Haben die Bestellten die Geschäfte ein Jahr lang geführt, so kann ihnen das Versicherungsamt mit Genehmigung des Oberversicherungsamts die Stelle endgültig übertragen, falls nicht inzwischen ein gültiger Anstellungsbeschluß gefaßt worden ist.

Neu.

Diese Bestimmung entspricht in ihren Grundgedanken der in § 329 Abs. 2 vorgesehenen amtlichen Bestellung des Vorsitzenden. — Über das sofortige Inkrafttreten dieses § 350 siehe Art. 38 Einf.-Ges.

Dienstordnung.

§ 351. Für die von den Krankenkassen besoldeten Angestellten, die nicht nach Landesrecht staatliche oder gemeindliche Beamte sind oder nach § 359 deren Rechte und Pflichten haben, wird eine Dienstordnung aufgestellt.

Für Angestellte, die nur auf Probe, zu vorübergehender Dienstleistung oder zur Vorbereitung beschäftigt werden, oder die das Amt ohne Entgelt nebenher ausüben, gilt die Dienstordnung nur, soweit sie es ausdrücklich vorsieht.

Neu.

Für die Beamten (siehe Vorbemerkung) gelten die allgemeinen landesrechtlichen Bestimmungen. Für sie ist daher keine Regelung in der Dienstordnung erforderlich. Es ist jedoch nicht ausgeschlossen, daß die Dienstordnung auch für sie ergänzende Regeln aufstellt.

Vgl. Art. 34 flg. Einf.-Ges.

Inhalt der Dienstordnung.

§ 352. Die Dienstordnung regelt die Rechts- und die allgemeinen Dienstverhältnisse der Angestellten, insbesondere den Nachweis ihrer fachlichen Befähigung, ihre Zahl, die Art der Anstellung, die Kündigung oder Entlassung und die Festsetzung von Strafen. Die fachliche Befähigung muß auch in anderer Weise als durch die Zurücklegung eines vorgeschriebenen Bildungsganges nachgewiesen werden können.

Neu.

Die Bestimmungen der Dienstordnung binden die Kassenorgane ebenso wie die Angestellten; sie bieten den letzteren daher wirksamen Schutz gegen willkürliche oder ungerechte Behandlung.

Besoldungsplan.

§ 353. Die Dienstordnung enthält einen Besoldungsplan. Dabei regelt sie:

1. wieweit bei unverschuldeter Arbeitsbehinderung das Gehalt fortbezahlt wird;
2. in welchen Fristen Dienstalterszulagen gewährt werden;
3. unter welchen Bedingungen Ruhegehalt und Hinterbliebenenfürsorge gewährt werden.

Sie regelt ferner, unter welchen Voraussetzungen Beförderung stattfindet.

Der Paragraph ist in den Kommissionsverhandlungen eingefügt.

Kündigung und Entlassung.

§ 354. Wer der Dienstordnung unterstehen soll, wird durch schriftlichen Vertrag angestellt.

Die Kündigung oder Entlassung solcher Angestellten darf, vorbehaltlich des Abs. 6, nur auf übereinstimmenden Beschluß der Arbeitgeber und der Versicherten im Vorstand, kommt aber ein solcher Beschluß nicht zustande, auf Beschluß der Vorstandsmehrheit mit Zustimmung des Vorsitzenden des Versicherungsamts ausgesprochen werden; nach zehnjähriger Beschäftigung darf sie nur aus einem wichtigen Grunde stattfinden.

Die Vereinbarungen über das Kündigungsrecht der Kasse dürfen den Angestellten nicht schlechter stellen, als er mangels einer Vereinbarung nach bürgerlichem Recht gestellt sein würde.

Kündigung oder Entlassung darf für Fälle nicht ausgeschlossen werden, in denen ein wichtiger Grund vorliegt.

Geldstrafe darf nur bis zum Betrag eines einmonatigen Diensteinkommens vorgesehen werden.

Angestellte, die ihre dienstliche Stellung oder ihre Dienstgeschäfte zu einer religiösen oder politischen Betätigung mißbrauchen, hat der Vorsitzende des Vorstandes zu verwarnen und bei Wiederholung, nachdem ihnen Gelegenheit zur Äußerung gegeben worden ist, sofort zu entlassen; die Entlassung bedarf der Genehmigung durch den Vorsitzenden des Versicherungsamts. Eine religiöse oder politische Betätigung außerhalb der Dienstgeschäfte und die Ausübung des Vereinigungsrechts dürfen, soweit sie nicht gegen die Gesetze verstoßen, nicht gehindert werden und gelten an sich nicht als Gründe zur Kündigung oder Entlassung.

Neu.

Diese Bestimmung gilt für Beamte (siehe Vorbemerkung) nicht.

Wenn das Gesetz auch einerseits Wert darauf legt, den Angestellten der Kassen eine gesicherte Stellung zu verschaffen, so muß es auf der anderen Seite doch die Interessen der Kasse selbst in dieser Beziehung ebenfalls wahren. Die Angestellten sind um der Kasse willen da, nicht umgekehrt. Es geht deshalb nicht an, den Angestellten ihre Stellung unter allen Umständen und auch für solche Fälle zu sichern, in denen ein erhebliches und wohlberechtigtes Interesse der Kasse an ihrem Ausscheiden besteht. Ein solches liegt nicht nur vor, wenn die Angestellten sich als gänzlich untüchtig zu den ihnen obliegenden Arbeiten erweisen oder sich Dienst- oder andere Vergehen zuschulden kommen lassen, sondern unter Umständen auch dann, wenn die Kasse wegen dauernder Abnahme der Mitgliederzahl und des Geschäftsumfanges, wegen wesentlicher Änderungen der äußeren Verfassung oder aus ähnlichen Gründen ihren Personalbestand verringern kann und muß. Es ist nicht wohl möglich und jedenfalls nicht Sache des Gesetzes, alle einzelnen Möglichkeiten aufzuzählen, für deren Eintritt den Kassenorganen das Entlassungs- oder Kündigungsrecht vorbehalten werden muß. Vielmehr ist es richtiger, letzteres allgemein für den Fall zu fordern, daß ein wichtiger Grund (im Sinne des Bürgerlichen Gesetzbuchs) vorliegt, also negativ ausgedrückt, den Ausschluß des Entlassungsrechts für alle Fälle dieser Art zu untersagen.

Was als ein wichtiger Grund zu gelten hat, muß der Einzelprüfung vorbehalten bleiben. Eine solche wird zunächst allgemein bei der Genehmigung der Dienstordnung stattzufinden haben, soweit aber ein Fall in der Dienstordnung nicht vorgesehen ist oder deren Auslegung dabei streitig wird, durch die Stellen, die diesen Streit- oder Disziplinarfall zu entscheiden haben.

Ordnet bei einer Verletzung der gesetzlichen Verpflichtungen der Vorsitzende des Vorstandes die Entlassung nicht an, so kann ihn nach § 357 Abs. 2 das Versicherungsamt hierzu anhalten. Es ist jedoch anzunehmen, daß die Aufsichtsbehörde auch selbst die Kündigung aussprechen kann, wenn irgendein wichtiger Grund zur Kündigung oder Entlassung vorliegt, und der Vorstand in pflichtwidriger Weise von seinem Kündigungs- oder Entlassungsrecht keinen Gebrauch macht.

Über das Kündigungsrecht nach bürgerlichem Rechte vgl. die §§ 620 flg. des BGB.

Abs. 2 bis 6 tritt nach Art. 38 Einf.-Ges. sofort in Kraft.

Vgl. auch § 358.

Aufstellung der Dienstordnung.

§ 355. Vor Aufstellung der Dienstordnung hat der Vorstand die volljährigen Angestellten zu hören.

Sowohl im Vorstand als auch im Ausschuß beschließen über die Dienstordnung die Arbeitgeber und die Versicherten getrennt.

Die Dienstordnung bedarf der Genehmigung des Oberversicherungsamts. Der Vorstand hat dem Oberversicherungsamte diejenigen Bestimmungen der Dienstordnung, über welche sich die beiden Gruppen im Vorstand oder im Ausschuß nicht geeinigt haben, unter Angabe des Stimmverhältnisses zu bezeichnen. Über diese Bestimmungen entscheidet das Oberversicherungsamt; im übrigen darf es der Dienstordnung die Genehmigung nur versagen, wenn ein wichtiger Grund vorliegt, insbesondere, wenn Zahl oder Besoldung der Angestellten in auffälligem Mißverhältnisse zu ihren Aufgaben steht.

Wird die Genehmigung versagt, so entscheidet auf Beschwerde die oberste Verwaltungsbehörde.

Das Gleiche gilt für Änderungen der Dienstordnung.

Neu.

Nach Abs. 1 ist anzunehmen, daß jeder volljährige Angestellte das Recht hat, gehört zu werden.

Zu Abs. 2 vgl. § 346 Abs. 2, Nr. 1.

Das Oberversicherungsamt, nicht das Versicherungsamt ist zuständig für die Genehmigung der Dienstordnung, um innerhalb größerer Bezirke eine gewisse Gleichmäßigkeit zu erzielen.

Die Entscheidung letzter Instanz ist, da es sich um Beamtenverhältnisse handelt, nicht dem Reichsversicherungsamt übertragen.

Die Beschwerdefrist ist gemäß § 128 ein Monat.

Vgl. Art. 33 Einf.-Ges.

Aufstellung der Dienstordnung durch das OVA.

§ 356. Reicht eine Kasse trotz Aufforderung in der gesetzten Frist keine Dienstordnung ein, so stellt das Oberversicherungsamt die Dienstordnung rechtsverbindlich fest. Das Gleiche gilt für angeordnete Änderungen und Ergänzungen.

Neu.

Kommen die Dienstordnung oder die für sie nötigen Änderungen nicht zustande, so ist in der gleichen Weise zu verfahren, wie wenn keine Krankenordnung (§ 347) zustande kommt.

Verstöße gegen die Dienstordnung.

§ 357. Beschlüsse des Vorstandes oder Ausschusses, die gegen die Dienstordnung verstoßen, hat der Vorsitzende des Vorstandes durch Beschwerde an die Aufsichtsbehörde zu beanstanden; die Beschwerde bewirkt Aufschub.

Macht der Vorstand oder sein Vorsitzender, obgleich ein wichtiger Grund dafür vorliegt, gegen einen Angestellten von seinem Kündigungs- oder Entlassungsrechte keinen Gebrauch, so kann ihn das Versicherungsamt dazu anhalten. Über die Anordnung entscheidet auf Beschwerde des Vorstandes das Oberversicherungsamt (Beschlußkammer) endgültig.

Läuft eine Bestimmung des Anstellungsvertrags der Dienstordnung zuwider, so ist sie nichtig.

Vgl. § 35 Abs. 3, § 64, § 72 Abs. 3 KVG.; § 90 Gew. O.

Dem Vorsitzenden des Vorstandes wird hier die gleiche Pflicht zur Beanstandung, wie im § 8, auferlegt.

Die **einzelnen Verträge**, die der Vorstand etwa mit den Angestellten abschließt, bedürfen keiner Genehmigung. Ihr Inhalt darf indessen der Dienstordnung nicht widersprechen. Tut er es gleichwohl, so kann die Kasse hierdurch nicht verpflichtet werden. Wie weit den Angestellten daraus Ansprüche gegen die Mitglieder der Kassenorgane zustehen, die den Vertrag mit ihnen abgeschlossen haben, richtet sich nach allgemeinen Rechtsgrundsätzen.

Über Aufsichtsbehörde vgl. § 377. Die Beschwerdefrist ist ein Monat (§ 128). Siehe auch § 379 Abs. 2.

Streitigkeiten.

§ 358. In Streitigkeiten aus dem Dienstverhältnisse der Angestellten, die der Dienstordnung unterstehen, entscheidet das Versicherungsamt (Beschlußausschuß). Auf Beschwerde entscheidet das Oberversicherungsamt endgültig. Die Kaiserlichen Verordnungen (§ 35 Abs. 2) regeln das Nähere über das Verfahren bei Entlassung eines Angestellten wegen Vergehens gegen die Dienstordnung oder im Falle des § 354 Abs. 6 entsprechend den Vorschriften des Reichsbeamtengesetzes über Anschuldigungsschrift, Zulassung eines Verteidigers, Vernehmung des Angeschuldigten, mündliche Verhandlung und freie Beweiswürdigung.

Für vermögensrechtliche Ansprüche gelten folgende besondere Vorschriften.

Der Klage muß die Entscheidung des Oberversicherungsamts vorangehen. Die Klage kann nur binnen einem Monat erhoben werden, nachdem die Entscheidung des Oberversicherungsamts zugestellt ist; die Frist ist eine Notfrist im Sinne des § 223 Abs. 3 der Zivilprozeßordnung.

Soweit es sich um die Festsetzung von Geldstrafen handelt, ist der Rechtsweg ausgeschlossen. An die Entscheidungen der Versicherungsbehörden darüber, ob unter Einhaltung der Kündigungsfrist aus einem wichtigen Grunde gekündigt werden darf (§ 354 Abs. 2), sind die ordentlichen Gerichte gebunden.

Aus den rechtskräftigen Entscheidungen der Versicherungsbehörden findet die Zwangsvollstreckung nach dem Achten Buche der Zivilprozeßordnung statt.

Neu.

Welche Angestellten der Dienstordnung unterstehen, regelt § 351. Beamte (siehe Vorbemerkung) gehören also nicht hierher.

Streitigkeiten aus dem Dienstverhältnis sind auch Verfahren wegen verhängter Geldstrafen gegen die Angestellten.

Die Beschwerdefrist beträgt einen Monat (§ 128). Es entscheidet die Beschlußkammer des OVA.s (§ 1781).

Neben oder über dem in Abs. 1 geregelten Verfahren noch den Rechtsweg zuzulassen, würde nicht angezeigt sein, es sei denn, daß vermögensrechtliche Ansprüche (von der Pflicht zur Zahlung von Geldstrafen abgesehen) in Frage stehen. Wo das letztere der Fall ist, muß zuvor der disziplinare Instanzenzug erschöpft sein (zu vergleichen § 150 des Gesetzes, betreffend die Rechtsverhältnisse der Reichsbeamten, vom 31. März 1873, RGBl. S. 61).

Die in Abs. 3 genannte Entscheidung des OVA.s ist nicht eine besonders geartete Vorentscheidung, sondern lediglich die endgiltige Entscheidung der Beschlußkammer nach Abs. 1. Diese Entscheidung ist für die ordentlichen Gerichte nicht bindend (siehe aber Abs. 4 Satz 2).

Gegen die Versäumung der Notfrist ist Wiedereinsetzung in den vorigen Stand nach § 233 flg. der Zivilprozeßordnung statthaft; die §§ 131 bis 134 finden keine Anwendung, da es sich um eine Frist bei den Gerichten handelt.

Nach Abs. 5 sind die Entscheidungen der Versicherungsbehörden vollstreckbare Schuldtitel im Sinne der Zivilprozeßordnung.

§ 558 tritt nach Art. 38 des Einf.-Ges. sofort in Kraft.

Anstellung auf Lebenszeit etc.

§ 359. Der Vorstand einer Orts-, Land- oder Innungskrankenkasse kann mit Genehmigung des Oberversicherungsamts Beamte auf Lebenszeit oder nach Landesrecht unwiderruflich oder mit Anrecht auf Ruhegehalt anstellen.

Für Orts-, Land- und Innungskrankenkassen mit mehr als zehntausend Versicherten kann das Oberversicherungsamt nach Anhören des Kassenvorstandes anordnen, daß mindestens die Geschäftsleiter in dieser Weise angestellt werden.

Der Vorstand hat dagegen die Beschwerde an die oberste Verwaltungsbehörde.

Den Beamten, die in dieser Weise angestellt sind, kann die Landesregierung die Rechte und Pflichten der staatlichen oder gemeindlichen Beamten übertragen.

Für die Beamten gilt § 357 Abs. 2 entsprechend.

Für Inhaber des Zivilversorgungsscheins (Militäranwärter) darf kein Vorrecht bei der Stellenbesetzung vorgeschrieben werden.

Neu.

Bei der Anstellung auf Lebenszeit werden namentlich kleinere Kassen mit einer gewissen Vorsicht verfahren müssen. Sie werden dadurch der Regel nach auf eine weit hinausliegende Zeit gebunden, deren künftige Verhältnisse sich gegenwärtig oft noch gar nicht übersehen lassen. Das Gesetz will sachlich berechtigte Anstellungen dieser Art keineswegs erschweren, hält es aber doch für ratsam, sie an die Genehmigung einer höheren Stelle zu knüpfen. In einzelnen Bundesstaaten ist Anstellung auf Lebenszeit nicht üblich; sie wird dort durch eine unwiderrufliche Anstellung ersetzt. Die RVO. behandelt beide Anstellungsarten hier gleichmäßig, ebenso die Anstellung mit Anrecht auf Ruhegehalt.

Ist eine Anstellung dieser Art bei kleineren Kassen aus dem angeführten Grunde unter Umständen nicht unbedenklich, so kann sie umgekehrt bei den ganz großen Kassen, deren Geschäftsführung einer besonderen Stetigkeit bedarf, für die geschäftsleitenden Personen dringend angezeigt sein. Dem Oberversicherungsamte wird daher für solche Fälle das Recht beigelegt, eine solche Anstellung anzuordnen. Da diese Maßnahme eine erhebliche Tragweite hat, so soll der Kasse im gegebenen Falle das Recht der Beschwerde an die oberste Verwaltungsbehörde zustehen. Die Beschwerdefrist ist ein Monat (§ 128).

Bei den großen Krankenkassen nähert sich die ganze Art der Geschäftsführung in sehr weitgehendem Maße derjenigen bei den Gemeindeverwaltungen; damit rechfertigt es sich, daß den in der bezeichneten Weise lebenslänglich unwiderruflich oder mit Anspruch auf Ruhegehalt angestellten Beamten die vollen Rechte und Pflichten gleichartiger Staats- oder gemeindlicher Beamter beigelegt werden. Dies bezieht sich auch auf das Verfahren und den Instanzenzug in Disziplinarangelegenheiten. Wie die Rechte und Pflichten im einzelnen zu übertragen sind, muß der Landesregierung überlassen bleiben.

Solange eine Übertragung der Rechte und Pflichten nach Abs. 4 nicht stattgefunden hat, sind die fraglichen Personen Angestellte und unterfallen der Dienstordnung (vgl. § 351).

Landesrechtliche Beitrittspflicht zu Pensionskassen.

§ 360. Wo nach Landesgestz auch die nicht auf Lebenszeit oder unwiderruflich angestellten Beamten der Gemeinden und anderer öffentlicher Körperschaften verpflichtet sind, einer staatlich überwachten Pensionskasse oder ähnlichen Einrichtung beizutreten, kann die Landesregierung die zu diesem Zwecke für die Körperschaften und ihre Angestellten geltenden Vorschriften auf Orts-, Land- und Innungskrankenkassen und deren Angestellte ausdehnen.

Neu.

Durch diese Vorschrift wird der Zweifel beseitigt, ob landesrechtliche Vorschriften über Beitritt von Beamten zu Pensionskassen auch auf die reichsgesetzlich geregelten Verhältnisse der Krankenkassen und ihrer Angestellten angewandt werden dürfen.

Haftung für getreue Verwaltung.

§ 361. Für geschäftsleitende Beamte oder Angestellte gilt § 23 Abs. 1 entsprechend.

Vgl. § 42 Abs. 1, § 64 Nr. 3, § 72 Nr. 3, § 72 Abs. 3, § 73 Abs. 1 KVG.

Die Haftung für getreue Verwaltung, die § 42 des alten Krankenversicherungsgesetzes nur für die Rechnungs- und Kassenführer aussprach, ist im Hinblick auf den erweiterten Geschäftsumfang zentralisierter Kassen auf alle geschäftsleitenden Angestellten und Beamten ausgedehnt worden.

Für die Geltendmachung der Ansprüche aus der Haftung sind die ordentlichen Gerichte zuständig; es handelt sich nicht um Streitigkeiten aus dem Dienstverhältnisse nach § 358.

Vgl. auch § 535 (Strafbestimmung).

Angestellte der Betriebskrankenkasse.

§ 362. Bei den Betriebskrankenkassen bestellt der Arbeitgeber auf seine Kosten und Verantwortung die für die Geschäfte erforderlichen Personen. Für diese Personen gilt § 24 entsprechend.

Angestellte der Betriebskrankenkassen, die ihre dienstliche Stellung oder ihre Dienstgeschäfte zu einer religiösen oder politischen Betätigung mißbrauchen, hat der Vorsitzende des Vorstandes zu verwarnen und bei Wiederholung, nachdem ihnen Gelegenheit zur Äußerung gegeben worden ist, sofort zu entlassen; § 357 Abs. 2 gilt dann entsprechend.

Neu.

Die Angestellten einer BKK. sind nicht Angestellte der Kasse, sondern solche des Betriebsunternehmers; ihr Verhältnis zu diesem beruht auf privarechtlicher Grundlage. Ob die Kasse als solche auch eigene Angestellte haben kann (z. B. Krankenkontrolleure), erscheint sehr zweifelhaft. Bisher bestellte der Unternehmer nur die Rechnungs- und Kassenführer (§ 64 Nr. 3 KVG.).

Die Verweisung auf § 24 besagt, daß die Aufsichtsbehörde (vgl. § 377) einen Angestellten, der nicht mehr vertrauenswürdig für die Geschäftsführung erscheint, nach vorheriger Anhörung durch Beschluß seines Amtes entheben kann. Die Enthebung bezieht sich aber nur auf die Tätigkeit bei der Betriebskrankenkasse. Binnen einem Monat (§ 128) ist Beschwerde an die Beschlußkammer des OVA.s zulässig (§ 24 Abs. 3).

Zu Abs. 2 vgl. auch § 379 Abs. 2.

V. Verwaltung der Mittel.

Verwendung.

§ 363. Die Mittel der Kasse dürfen nur zu den satzungsmäßigen Leistungen, zur Füllung der Rücklage, zu den Verwaltungskosten und für allgemeine Zwecke der Krankheitsverhütung verwendet werden.

Nach Bestimmung der obersten Verwaltungsbehörde ist es zulässig, Kassenmittel für den Besuch von Versammlungen zu verwenden, die den gesetzlichen Zwecken der Krankenversicherung dienen sollen.

Vgl. § 29 Abs. 2, § 64, § 72 Abs. 3, § 73 Abs. 1 KVG.

Zu den Verwaltungskosten der Krankenkassen gehören auch Beschaffung der Bureauräume und die nach Gesetz oder Satzung den Kassenangestellten und ihren Hinterbliebenen zu gewährenden Pensionen, Invaliden- und Hinterbliebenenunterstützungen.

Neu eingeführt ist, daß die Kassen ihre Mittel auch für allgemeine Zwecke der Krankheitsverhütung verwenden dürfen. Es ist z. B. künftig Herstellung und Verteilung von Flugblättern zulässig, die gesundheitlich belehrend und aufklärend wirken sollen. Ebenso Desinfektion der Wohnungen von Mitgliedern, die an ansteckenden Krankheiten gelitten haben, Abhaltung belehrender Vorträge, Errichtung oder Unterstützung von Auskunftsstellen zur Bekämpfung der Tuberkulose, der Geschlechtskrankheiten usw.

Jedoch sind alle diese Maßregeln davon abhängig, daß die Mittel dazu nach Erfüllung aller gesetzlichen Pflichtleistungen übrig sind.

Nicht zulässig sind Maßregeln vorbeugender Natur gegenüber einzelnen Mitgliedern, wie z. B. Unterbringung in eine Heilstätte vor Erkrankung.

Der Bau von Krankenhäusern brauchte in diesem Paragraphen nicht besonders erwähnt zu werden, da er nach der zutreffenden Auslegung des § 29 des Krankenversicherungsgesetzes schon bisher den Krankenkassen erlaubt war. Die Zulässigkeit ergibt sich überdies aus § 346 Abs. 2, Nr. 2.

Der Abs. 2 entscheidet die bisherige Streitfrage, ob Kassenmittel zum Beschicken von Versammlungen verwendet werden dürfen. Der hauptsächlichste Zweck der Veranstaltung muß sich auf die Förderung von Angelegenheiten richten, die sich auf die reichsgesetzliche Krankenfürsorge beziehen oder sie doch unmittelbar berühren. Im übrigen muß verlangt werden, daß die Kasse selbst aus dem Verlauf und dem Ergebnisse der Versammlung für die Zwecke der eigenen Verwaltung Nutzen ziehen kann. So würde es beispielsweise nicht gerechtfertigt sein, wenn eine kleine Kasse, deren Mittel gerade nur die gesetzlichen Regelleistungen decken, eine Tagung beschicken wollte, die sich lediglich mit der zweckmäßigsten Art befassen soll, wie große, kostspielige Heilanstalten herzustellen sind. Auch in der Zahl der entsandten Vertreter muß Maß gehalten werden: nur in seltenen Ausnahmefällen wird ein Bedürfnis dafür anerkannt werden können, daß eine einzelne Kasse mehr als einen Vertreter schickt.

Die Zulässigkeit der in Abs. 2 vorgesehenen Ausgaben setzt den Erlaß von Bestimmungen durch die obersten Verwaltungsbehörden voraus. Solche Bestimmungen müssen erlassen werden. Es handelt sich also nicht um eine Erlaubnis im Einzelfall.

Werden Kassenmittel im Widerspruch zu § 363 verwendet, so macht sich der Vorstand haftbar nach § 23.

Rücklage.

§ 364. Die Kasse sammelt eine Rücklage mindestens im Betrage der Jahresausgabe je nach dem Durchschnitte der letzten drei Jahre an und erhält sie auf dieser Höhe. Sie benutzt hierzu die Beitragsteile, welche Arbeitgeber ihr für Mitglieder von Ersatzkassen zahlen (§ 517 Abs. 2), und mindestens ein Zwanzigstel des Jahresbetrags der übrigen Kassenbeiträge.

Bei angeordneten Betriebskrankenkassen (§ 249) kann die Satzung mit Zustimmung des Oberversicherungsamts anderes bestimmen.

Vgl. § 10 Abs. 2, § 32, § 64, § 72 Abs. 3, § 73 Abs. 1 KVG.

Die bisherige Anordnung, wonach jährlich ein Zehntel vom Jahresertrag der Kassenbeiträge an den Reservefonds geht, erfährt eine nicht unwesentliche Erleichterung dahin, daß nunmehr nur noch „mindestens ein Zwanzigstel" der Rücklage zuzuführen ist. Es wird also ein längerer Zeitraum für die Ansammlung gewährt, deren Höhe jedoch nicht herabgesetzt. Bei manchen Kassen wird aber doch eine schnellere Rücklage dadurch erfolgen, daß die RVO. die Arbeitgeber zu Beiträgen verpflichtet, deren versicherungspflichtige Angestellte bei Ersatzkassen Mitglieder sind (vgl. § 517).

Die Zustimmung in Abs. 2 erfolgt nach freiem Ermessen, die Versagung nur durch die Beschlußkammer (vgl. § 324 Abs. 3).

Vgl. im übrigen über Rücklage die §§ 387, 392 und 509).

Verwahrung von Wertpapieren.

§ 365. Wertpapiere der Kasse, die nicht lediglich zur Anlegung zeitweilig verfügbarer Betriebsgelder dienen, verwahrt der Gemeindeverband, wenn das Versicherungsamt nichts anderes bestimmt.

Vgl. § 40 Abs. 2, § 64, § 72 Abs. 3, § 73 Abs. 1 KVG.

Die Vorschriften über die Vermögensanlegung sind in der Hauptsache für alle Versicherungsträger gemeinsam getroffen (zu vergleichen §§ 25 bis 29).

Über Gemeindeverband vgl. die §§ 526, 527.

Rechnungsführung.

§ 366. Ort und Form der Rechnungsführung bestimmt der Bundesrat.

Vgl. § 41 Abs. 2, § 64, § 72 Abs. 3, § 73 Abs. 1 KVG.

Diese Bestimmungen sind bisher noch nicht ergangen.

Rechnungsabschluß und Nachweise.

§ 367. Die Kasse hat dem Versicherungsamt einen Rechnungsabschluß einzureichen, sowie Nachweisungen über die

1. Mitglieder,
2. Krankheits-, sonstigen Leistungs- und Sterbefälle,
3. eingegangenen Beiträge,
4. gewährten Leistungen,
5. Art und Höhe des Entgelts für die ärztlichen Leistungen,
6. Zahl der für die Kasse tätigen Ärzte, Spezialärzte, Zahnärzte, Zahntechniker, Apothekenbesitzer und -verwalter und anderen solchen Personen, welche Arzneimittel feilhalten.

Der Bundesrat stellt Muster und Einsendungsfristen fest; er kann den Inhalt der Nachweisungen ausdehnen. Mindestens von vier zu vier Jahren sind die Nachweisungen und Abschlüsse einheitlich für das Reich zusammenzustellen.

Vgl. § 9 Abs. 3, Satz 3, § 41 Abs. 1, § 64, § 72 Abs. 3, § 73 Abs. 1, § 79 KVG.

Das Gesetz gibt die inhaltlich zusammenhängenden §§ 41 und 79 des Krankenversicherungsgesetzes in den §§ 366, 367 wieder.

Die bundesratlichen Anordnungen sind zur Zeit noch nicht ergangen.

VI. Verhältnis zu Aerzten, Zahnärzten, Krankenhäusern und Apotheken.

Vorbemerkung.

Bei Regelung der wichtigen Arztfrage stellt die RVO. den Grundsatz an die Spitze, daß beim Feststellen der Bedingungen für die ärztliche Versorgung der Kassenmitglieder sich die Kassenorgane und die Ärzte als gleichberechtigte Vertragschließende gegenüberstehen. Hierdurch bringt sie zum Ausdruck, daß der Gesetzgeber von seinem Standpunkt aus keinem der verschiedenen Arztsysteme einen Vorzug einräumt, sondern sie in rechtlicher Hinsicht als gleichwertig behandelt.

Zu diesem Vorgehen ist der Gesetzgeber aus folgenden (der Begründung entnommenen) Erwägungen veranlaßt worden.

Die ärztliche Tätigkeit setzt, wenn sie erfolgreich wirken soll, in besonders hohem Maße ein persönliches Vertrauensverhältnis des Pflegebefohlenen zu dem Arzte voraus, der ihn behandelt. Das Gewähren der ärztlichen Hilfe ist daher ebenso wie ihre Abgeltung von der Gegenseite durchaus ungeeignet, den Gegenstand eines Kampfes zu bilden. Dies gilt auf dem Gebiete der sozialen Wohlfahrtspflege nicht minder als im privaten Leben.

Um so bedauerlicher ist es, daß sich bei der Krankenversicherung schon seit einer längeren Reihe von Jahren im Verhältnis zwischen den Ärzten und den Organen der Krankenkassen scharfe Gegensätze entwickelt haben. Ihr Ergebnis sind an vielen Orten erbitterte Streitigkeiten, ein Zustand offenen Kampfes gewesen. Ein nicht geringer Teil der deutschen Ärzteschaft steht infolgedessen der ganzen Krankenversicherung mit einer gewissen Mißstimmung gegenüber. Auf der anderen Seite wird durch Kämpfe dieser Art oft geradezu die ordnungsmäßige ärztliche Versorgung der erkrankten Versicherten in Frage gestellt und damit eine schwere öffentliche Notlage geschaffen.

Die Mißstände hatten einen solchen Umfang angenommen, daß von den verschiedensten Seiten mit Nachdruck ein Eingreifen der Gesetzgebung gefordert wurde, das hier allein noch helfen könne. In der Tat liegen die Dinge so, daß die gesetzgebenden Faktoren sich der Pflicht ernster Prüfung nicht mehr entziehen können, wie hier Abhilfe zu schaffen ist.

Daß, im ganzen betrachtet, die Ein- und Durchführung der reichsgesetzlichen Krankenversicherung den Interessen des ärztlichen Standes Abbruch getan hätte, wird man nicht anerkennen können. Sicher sind es sehr erhebliche Vorteile, welche die Gesamtheit der Ärzte dieser Einrichtung zu verdanken hat. Dahin gehören namentlich die außerordentlich stark vermehrte Nachfrage nach ärztlicher Hilfe und die erhöhte Sicherheit für den Bezug des Entgelts. Wenn durch den seit dem Inkrafttreten des

Krankenversicherungsgesetzes beobachteten großen, zum Teil übergroßen Andrang zum ärztlichen Studium der durchschnittliche Anteil des einzelnen Arztes an diesen Vorteilen sich nicht im entsprechenden Maße gehoben hat, so ist dies nicht Schuld der Versicherungsgesetze.

Dagegen haben die letzteren allerdings anderseits auch gewisse Folgen hervorgerufen, die geeignet sein können, den ärztlichen Berufsstand ungünstig zu beeinflussen. Der freie Beruf des Arztes bedarf in weitem Maße der Möglichkeit freier Betätigung. Dem Ärztestand als Ganzem kann diese Bewegungsfreiheit, dem einzelnen Arzte die Gelegenheit, eine sichere Lebensstellung zu begründen, geschmälert werden, wenn große Gruppen der Bevölkerung für den freien Wettbewerb ausgeschaltet werden. Es läßt sich nicht leugnen, daß das infolge der Krankenversicherung ausgebildete Kassenarztsystem hierzu beitragen kann und hin und wieder in der Tat beigetragen hat. Daraus erklärt es sich, wen sich die Gegnerschaft zahlreicher Mitglieder des deutschen Ärztestandes vornehmlich gegen dieses im Krankenversicherungsgesetze zugelassene System richtet, und wenn darin zugleich die Quelle der meisten weiteren Unzuträglichkeiten erblickt wird. Als solche werden besonders angeführt die standesunwürdige Abhängigkeit der Kassenärzte von der Willkür der Kassenvorstände, die Unsicherheit ihrer Stellung und das unverhältnismäßige Herabdrücken des Entgelts für die ärztlichen Leistungen. Demgemäß kämpft ein großer, in einflußreiche Verbände zusammengefaßter Teil der Ärzte für das dem Kassenarztsystem entgegengesetzte System der sogenannten freien Arztwahl. Er ist nicht nur mit allen Kräften und mit vielem Erfolge für dessen tunlichst weitgehende Durchführung bei den einzelnen Kassen eingetreten, sondern er verlangt auch, daß es gestzlich als das für die Krankenkassen allein oder doch für die Regel allein zulässige System der ärztlichen Versorgung festgelegt werde. Um diese Forderung zu begründen, betonen die Ärzte unter anderem besonders, daß sie nicht allein den berechtigten Interessen des Ärztestandes, sondern auch denen der Versicherten selbst diene. Denn deren natürliches Recht, sich im Erkrankungsfall an den Arzt ihres Vertrauens zu wenden, dürfe nicht durch einseitige Maßnahmen ihrer Kassenorgane beeinträchtigt werden.

Eine „freie“ Arztwahl verlangen die Ärzte nicht in dem Sinne, daß jedes Kassenmitglied jeden beliebigen im Kassenbezirke wohnenden und praktizierenden Arzt ohne weiteres auf Kosten der Kasse zuziehen dürfe. Vielmehr wird darunter ein System verstanden, nach welchem jeder approbierte Arzt bei jeder Krankenkasse seines Wohnbezirkes zur Praxis zugelassen werden muß, sofern er sich verpflichtet, diese Praxis zu gewissen Bedingungen auszuüben, die zwischen der Kasse und der Mehrzahl seiner Standesgenossen im Bezirk oder deren Standesvertretung oder Koalition vereinbart sind; jedem Kassenmitgliede steht dann die Wahl unter den so zugelassenen Ärzten frei (sogenannte „beschränkte freie Arztwahl“). Meistens wird, namentlich von den großen ärztlichen Verbänden, des weiteren verlangt, daß die Bedingungen nicht zwischen den Kassen und den einzelnen Ärzten, sondern allgemein zwischen den Kassen und den für den Bezirk zuständigen ärztlichen Standesvertretungen zu vereinbaren seien.

Demgegenüber nehmen die ganz überwiegende Mehrzahl der Krankenkassen aller Arten sowie eine immerhin nicht unbeträchtliche Minderheit der Ärzte selbst einen abweichenden Standpunkt ein. Dabei richtet sich deren Widerspruch nicht sowohl gegen die freie Arztwahl überhaupt, als vielmehr dagegen, daß sie zwangsweise allseitig durchgeführt werde. Man erkennt auf dieser Seite an, daß sich das System an sich sehr wohl bewähren könne und tatsächlich auch da, wo es eingeführt ist, vielfach durchaus bewährt habe. Man behauptet aber, daß auch dieses System den Keim großer Unzuträglichkeiten in sich trage und daher zum mindesten weitgehende Kautelen voraussetze, daß es aber überdies keineswegs überall und für alle Verhältnisse passe. Daraus folgert man, daß es nach wie vor dem Ermessen und der freien Vereinbarung der Beteiligten überlassen bleiben müsse, die ärztliche Versorgung der einzelnen Kasse je nach dem örtlichen Bedürfnis in der einen oder in der anderen Weise zu ordnen. Dies um so mehr, als das Schlagwort vom „Arzte ihres Vertrauens“ gar nicht von den Versicherten selbst, die es doch am nächsten angehen müßte, sondern lediglich von den ärztlichen Vorkämpfern der freien Arztwahl ausgehe.

Als die bedenklichsten Nachteile, die mit der freien Arztwahl nicht verbunden sein müssen, wohl aber leicht damit verbunden sein können, werden namentlich die nachfolgenden angeführt. Die freie Arztwahl lockere die persönlichen Beziehungen zwischen den Kassenverwaltungen und den Ärzten und mindere das Interesse der Ärzte am Gedeihen der Kasse. Sie fördere das Simulantentum und steigere die Ausgaben der Kasse im Übermaße. Denn sie veranlasse die Mitglieder, diejenigen Ärzte zu bevorzugen, welche im Verschreiben von Arzneien und Stärkungsmitteln, im Ausstellen von Bescheinigungen über Krankheit und Arbeitsunfähigkeit sowie in der Zahl der ärztlichen Besuche am weitesten gingen. Ferner soll die freie Arztwahl wegen der mit ihr verbundenen Möglichkeit, den Arzt häufig zu wechseln, die Überwachung der Kranken erschweren. Dann aber wird behauptet, daß die freie Arztwahl ihren Zweck, den Ärzten den freien Wettbewerb zu sichern, gar nicht erreiche. Vielmehr schaffe sie für den Arzt statt der Gefahr einer Abhängigkeit von der Kassenverwaltung den mindest ebenso bedenklichen Mißstand der Abhängigkeit von den einzelnen Kassenmitgliedern und stelle überdies die Auswahl des Arztes unter Einflüsse außenstehender Faktoren. Die Richtigkeit dieses Einwandes werde durch die Tatsache bewiesen, daß da, wo freie Arztwahl gilt, das Maß der Kassenpraxis, das den einzelnen Ärzten zufällt, die auffälligsten Ungleichheiten aufweist.

Bei dieser Sachlage hat das Gesetz es grundsätzlich dabei belassen, daß Kassen und Ärzte ihr gegenseitiges Verhältnis frei vereinbaren. Vor dem Gesetze müssen beide Systeme, das der freien Arztwahl und das der sogenannten Kassenärzte, durchaus gleichwertig und gleichbleiben.

Es darf nicht einseitig Sache der Krankenkassen und ihrer Organe sein, die Bedingungen für die ärztliche Versorgung der Kassenmitglieder festzusetzen. Kassen und Ärzte sollen sich als durchaus gleichberechtigte vertragschließende Teile gegenüberstehen. Ob die Kasse mit einzelnen oder allen Ärzten ihres Bezirkes oder mit bestimmten ärztlichen Organisationen abschließt, muß den Verhältnissen des Einzelfalls überlassen bleiben. Das Gesetz kann den Abschluß von Verträgen mit einzelnen Ärzten ebensowenig verbieten oder erschweren, wie es etwa für das Verhältnis zwischen Arbeitgebern und Arbeitnehmern den Ausschluß von Kollektivverträgen vorschreiben könnte. Ebenso liegt es ihm aber fern, etwa die ärztlichen Organisationen von der Vertragschließung fernzuhalten.

Die vom Entwurf vorgeschlagene Bildung von Vertragsausschüssen mit Schiedsinstanzen hat nicht die Zustimmung der Beteiligten, namentlich nicht der Ärzte, gefunden.

In der umfassenden *Kommissionsberatung* über die Ärztefrage wurde von verschiedenen Rednern bedauert, daß es bei dem in den Verhandlungen zutage getretenen Widerstreit der Ansichten *nicht möglich* erscheine, eine für beide Interessengruppen ersprießliche und annehmbare *Lösung zu finden*, und daß man sich deshalb in Erwartung einer späteren Regelung darauf beschränken müsse, im wesentlichen es bei dem bestehenden Recht zu belassen.

Die *freie Arztwahl* ist, wie auch von ihren begeisteren Anhängern zugegeben werde, nicht überall durchführbar. Deshalb vermeidet es das Gesetz, sie gesetzlich als Prinzip an die Spitze zu stellen. Wollte man dem Wunsche der Ärzte entsprechen, so hätte man nicht umhin gekonnt, auch eine gesetzliche Begriffsbestimmung der freien Arztwahl zu geben. Dies erschien kaum möglich bei den verschiedenen Formen, die dieses Arztsystem je nach der Verschiedenartigkeit der Verhältnisse in der Großstadt, der Kleinstadt und auf dem Lande angenommen hat. Man wäre sonst Gefahr gelaufen, durch eine solche gesetzliche Bestimmung die weitere freie Entwickelung dieses Systems und seine Anpassung an veränderte Verhältnisse zu hemmen.

Die Praxis habe den Begriff des Kassenarztsystems dahin festgelegt, daß nach ihm die Kasse allein die Zahl der Ärzte bestimme und sie auch allein auswählt; dagegen verstehen die Anhänger der freien Arztwahl jetzt hierunter sowohl, daß die Kasse Zahl und Person der Ärzte unter Mitwirkung einer ärztlichen Organisation festsetzt, als auch, daß die Auswahl der Ärzte den Kassenkranken völlig freisteht. Dieses System ist, wie die Debatte ergeben habe, beispielsweise in Württemberg bei einer großen Anzahl von Kassen eingeführt. Weder dieses noch ein sonstiges der bisher üblichen Systeme der ärztlichen Versorgung soll ausgeschlossen werden, es soll vielmehr der freien Entwicklung der Verhältnisse überlassen werden, welche Systeme sich tatsächlich durchsetzen.

Die Streitigkeiten der Krankenkassen mit den Besitzern oder Verwaltern der Apotheken über die Bedingungen des Arzneibezugs haben zwar nicht den gleichen Umfang angenommen und wohl auch nicht in so hohem Maße Aufsehen erregt, wie die Kämpfe mit den Ärzten. Gleichwohl waren auch sie zahlreich und für beide Teile mit unliebsamen Folgen verbunden.

Den Ausgangspunkt der Meinungsverschiedenheiten bildete, wie bei den Ärzten, ganz überwiegend der Abschluß von Verträgen der Kassen mit einzelnen Apothekenbesitzern und der damit verbundene Ausschluß der übrigen Apotheken von der Arzneilieferung. Auf der anderen Seite führen die Kassen lebhafte Klage darüber, daß sie beim Mangel anderer Vereinbarung vielfach gezwungen seien, die sogenannten Handverkaufsartikel ungleich den anderen Abnehmern der Apotheken zu den höheren Rezepturpreisen zu bezahlen. Die gleichfalls viel umstrittene Frage, ob die Krankenkassen ermächtigt werden sollen, unmittelbar an ihre Mitglieder Arzneien abzugeben, liegt außerhalb des Rahmens der vorliegenden Reform.

Freie Apothekenwahl kann nicht nach denselben Grundsätzen beurteilt werden wie freie Arztwahl. Während die Leistung des Arztes entschieden individuelles Gepräge trägt, tritt die Persönlichkeit des Apothekers hinter die gelieferte Ware zurück. Für diese aber bieten die Vorschriften über Einrichtung, Betrieb und Besichtigung der Apotheken sowie über das Zubereiten, Aufbewahren und Bereithalten der Heilmittel die Gewähr eines durchschnittlichen Gleichmaßes an Güte. Die Preise sind durch die Taxen einheitlich festgesetzt, und diese Einheitlichkeit würde beim System einer beschränkten freien Apothekenwahl infolge der Gleichmäßigkeit der Vereinbarungen auch die zugelassenen Preisermäßigungen erfassen. Allerdings konnten einzelne Krankenkassen bisher unter Umständen durch Sonderabmachungen mit einzelnen Apothekern, die ihre Kollegen unterbieten, noch weitergehende Preisermäßigungen erzielen. Diesem Vorteile für die Kasse steht aber der Nachteil für einen Teil der Versicherten gegenüber, daß sie die benötigten Arzneimittel nicht, wie es sonst die Regel bildet, aus den ihnen zunächst gelegenen Apotheken beziehen können, sondern aus oft unbequemen Entfernungen entnehmen müssen. Fernerhin aber erwächst den nicht begünstigten Apothekern aus ihrem Ausschluß von der Arzneilieferung ungerechtfertigter Schaden, dem sie sich weniger zu entziehen vermögen, als es die Ärzte können, wenn sie nicht zur Kassenpraxis zugelassen werden. Sie sind durch die Apotheke an den Ort gefesselt. Für deren Anlage und Bewertung aber ist in der Hauptsache ein fester, räumlich abgegrenzter Kundenkreis bestimmend gewesen. Die Unterlage, auf der die staatlichen Konzessionierungen der Apotheken fußen, fällt weg, sobald der Apotheke durch einseitige Maßnahmen der Krankenkasse ein beträchtlicher, unter Umständen überwiegender Teil der Abnehmer entzogen wird. Insoweit besteht auch außerhalb der an der Krankenversicherung unmittelbar beteiligten Kreise ein öffentliches Interesse daran, die ausschließliche Bevorzugung einzelner Apotheken zu verhindern.

Von diesen Gesichtspunkten aus schränkt die RVO. das jetzt den Krankenkassen zustehende Recht, zum Liefern der Arznei nur bestimmte Apotheken zuzulassen (§§ 6a, 26a des Krankenversicherungsgesetzes), dahin ein, daß jeder Apothekenbesitzer oder -verwalter im Kassenbezirke das Recht haben soll, solchen mit Einzelapotheken von der Kasse getroffenen Vereinbarungen auch für seine Apotheke beizutreten und damit das gleiche Anrecht zu erwerben, zur Arzneilieferung zugelassen zu werden.

Freilich ist bei einer solchen Ordnung der Frage die Besorgnis mindestens bis zu einem gewissen Grade berechtigt, daß es den Krankenkassen weniger als seither gelingen werde, von den Apotheken die Bewilligung angemessener Rabattsätze zu erwirken. In einer Reihe von Bundesstaaten sind solche bereits vorgeschrieben, in anderen aber ist dies nicht der Fall. Zweifellos aber ist die Rabattgewährung schon wegen des Zweckes der Krankenkassen und der wirtschaftlichen Lage ihrer Mitglieder erwünscht. Sie ist zudem da berechtigt, wo die Kassen den Apotheken als Abnehmer in größerem Maßstab gegenüberstehen. Aus diesen Gründen sieht die RVO. vor, daß den Kassen ein Abschlag auf die Arzneitaxpreise gewährt werden soll. Da die Verhältnisse aber überall verschieden liegen, überläßt er es den einzelnen Bundesregierungen, die Höhe des Rabatts zu bestimmen. (Nach der Begr. und dem Kom. Ber.).

Vertragsfreiheit.

§ 368. Die Beziehungen zwischen Krankenkassen und Ärzten werden durch schriftlichen Vertrag geregelt; die Bezahlung anderer Ärzte kann die Kasse, von dringenden Fällen abgesehen, ablehnen.

N e u.

Das in den Vorbemerkungen angedeutete Prinzip völliger Vertragsfreiheit gelangt hier unzweideutig zum Ausdruck. Die Kassen können mit einen wie mit vielen Ärzten beliebige Vereinbarungen treffen.

Eine Einschränkung dieses Grundsatzes völliger Freiheit bringt § 369. Kann die Kasse einen Vertrag nicht schließen oder halten die Ärzte ihn nicht ein, so greift § 370 Platz. Genügt die von der Kasse gewährte ärztliche Behandlung nicht, so schafft nach § 372 das OVA. Abhilfe.

Ein d r i n g e n d e r F a l l liegt vor, wenn Gefahr in Verzug ist und der Kassenarzt nicht mehr rechtzeitig gerufen werden kann. In solchen Fällen hat der Versicherte einen verfolgbaren Anspruch gegen die Kasse (§ 1636), der auf Bezahlung des Arztes oder Erstattung der Kosten geht. Der Arzt selbst kann nach allgemeinen Vorschriften (insbes. §§ 677 flg. BGB.) seine Honoraransprüche im ordentlichen Rechtsweg einklagen, oder, falls ihm der Versicherte seinen Anspruch gegen die Kasse abtritt, im Spruchverfahren der RVO.

In nicht dringenden Fällen k a n n die Kasse die Bezahlung von Nichtkassenärzten ablehnen, braucht es aber nicht zu tun.

Ärzteauswahl.

§ 369. Soweit es die Kasse nicht erheblich mehr belastet, soll sie ihren Mitgliedern die Auswahl zwischen mindestens zwei Ärzten freilassen. Wenn der Versicherte die Mehrkosten selbst übernimmt, steht ihm die Auswahl unter den von der Kasse bestellten Ärzten frei. Die Satzung kann jedoch bestimmen, daß der Behandelte während desselben Versicherungsfalles oder Geschäftsjahres den Arzt nur mit Zustimmung des Vorstandes wechseln darf.

N e u.

Dieser Paragraph will dem Bedürfnis der Versicherten für den Fall gerecht werden, daß die Satzung die Auswahl des Arztes einschränkt. Dann soll immerhin dem Versicherten die Heranziehung auch der andern mit der Kasse im Vertragsverhältnis stehender Ärzte gestattet sein; aber er muß dann die Mehrkosten tragen.

Gegen willkürlichen, allzu häufigen Wechsel des Arztes kann sich die Kasse nach Abs. 2 schützen. Das Verbot des Wechsels während desselben Versicherungsfalles soll gegen die Vereitelung der Gesunderklärung durch Arztwechsel schützen, während die zweite Möglichkeit die Regelung der Beziehungen zwischen Arzt und Kasse erleichtert. Die Beschränkungen können einzeln oder nebeneinander eingeführt werden und erfassen auch den Fall des Satz 2.

Bare Leistungen statt ärztliche Hilfe.

§ 370. Wird bei einer Krankenkasse die ärztliche Versorgung dadurch ernstlich gefährdet, daß die Kasse keinen Vertrag zu angemessenen Bedingungen mit einer ausreichenden Zahl von Ärzten schließen kann, oder daß die Ärzte den Vertrag nicht einhalten, so ermächtigt das Oberversicherungsamt (Beschlußkammer) die Kasse auf ihren Antrag widerruflich, statt der Krankenpflege oder sonst erforderlichen ärztlichen Behandlung eine bare Leistung bis zu zwei Dritteln des Durchschnittsbetrags ihres gesetzlichen Krankengeldes zu gewähren.

Das Oberversicherungsamt (Beschlußkammer) kann zugleich bestimmen,

1. wie der Zustand dessen, der die Leistungen erhalten soll, anders als durch ärztliche Bescheinigungen nachgewiesen werden darf,
2. daß die Kasse ihre Leistungen solange einstellen oder zurückbehalten darf, bis ein ausreichender Nachweis erbracht ist,
3. daß die Leistungspflicht der Kasse erlischt, wenn binnen einem Jahre nach Fälligkeit des Anspruchs kein ausreichender Nachweis erbracht ist,
4. daß die Kasse diejenigen, denen sie ärztliche Behandlung zu gewähren hat, in ein Krankenhaus verweisen darf, auch wenn die Voraussetzungen des § 184 Abs. 3 nicht vorliegen.

Gegen den Beschluß des Oberversicherungsamts (Abs. 1, 2) hat der Kassenvorstand die Beschwerde bei der obersten Verwaltungsbehörde.

Neu.

Der Gesetzgeber darf den Krankenkassen nur Pflichten auferlegen, die sie imstande sind zu leisten. Dies gilt auch davon, daß sie die Krankenhilfe in Natur leisten sollen. Machen die Ärzte der Kasse ohne deren Schuld diese Art der Leistung unmöglich oder stellen sie Bedingungen, deren Annahme der Kasse billigerweise nicht zugemutet werden darf, so bleibt nichts übrig, als die Kasse von dieser Pflicht zu entbinden.

Die Gewährung einer baren Beihilfe, mit der sich der Versicherte die erforderliche Krankenpflege selbst zu beschaffen hat, ist zweifellos eine Versicherungsleistung von minderem Werte. Sie wird deshalb auf den Notfall beschränkt, und zwar einen Notfall, der nur durch ein der Billigkeit nicht entsprechendes Verhalten der Ärzte hervorgerufen werden kann. Wo Grundsätze vereinbart oder vorläufig festgesetzt sind, werden deren Bedingungen regelmäßig als angemessene im Sinne dieser Vorschrift zu erachten sein, es sei denn, daß bei der Kasse außergewöhnliche Verhältnisse bestehen, die es nicht unbillig erscheinen lassen, wenn die Ärzte andere, ihnen vorteilhaftere Bedingungen forderten. Wo Grundsätze nicht vereinbart sind, wird sich die oberste Verwaltungsbehörde nach billigem Ermessen darüber schlüssig zu machen haben, ob ausreichender Grund gegeben ist, den § 370 anzuwenden.

Die bare Vergütung umfaßt auch die Versorgung mit Arznei (§ 182 Nr. 1). Sie ist nach dem gesetzlichen, also nicht etwa nach dem gemäß § 191 erhöhten Krankengeld zu berechnen (vgl. §§ 180, 181, 182 Nr. 2).

Die in Abs. 2 vorgesehenen Bestimmungen sind selbstverständlich nur im Falle des Abs. 1 zulässig.

Für die Beschwerde gilt § 128.

Keine Auswahl von Krankenhäusern.

§ 371. Die Satzung kann den Vorstand ermächtigen, die Krankenhausbehandlung nur durch bestimmte Krankenhäuser zu gewähren und, wo die Kasse Krankenhausbehandlung zu gewähren hat, die Bezahlung anderer Krankenhäuser, von dringenden Fällen abgesehen, abzulehnen.

Dabei dürfen Krankenhäuser, die lediglich zu wohltätigen oder gemeinnützigen Zwecken bestimmt oder von öffentlichen Verbänden oder Körperschaften errichtet, und die bereit sind, die Krankenhauspflege zu den gleichen Bedingungen wie die im Abs. 1 bezeichneten Krankenhäuser zu leisten, nur aus einem wichtigen Grunde mit Zustimmung des Oberversicherungsamts ausgeschlossen werden.

Neu.

Auch in Bezug auf die Auswahl von Krankenhäusern wird also den Kassen völlige Freiheit gewährt. Die Satzung kann unbeschränkt wie beschränkt freie Wahl zulassen oder jede Wahl ausschließen. Eine Schutzvorschrift im Interesse der Versicherten gibt § 372.

Über die Beendigung schon bestehender Vertragsverhältnisse mit Krankenhäusern siehe Art. 41 Einf.-Ges.

Krankenhausbehandlung muß die Kasse gewähren nach §§ 426, 429, 430, 435, 487; vgl. auch § 184 Abs. 4.

Ein dringender Fall liegt vor, wenn Gefahr in Verzug ist und das von der Kasse bestimmte Krankenhaus nicht rechtzeitig erreicht werden kann oder überfüllt ist. Durch eine entsprechende Satzungsbestimmung bekommt der Vorstand nur die Befugnis, nicht die Pflicht, zur Ablehnung.

Die Zustimmung erfolgt nach freiem Ermessen, die Versagung aber nur durch die Beschlußkammer (§ 324 Abs. 3).

Ungenügende Krankenpflege.

§ 372. Genügt bei einer Krankenkasse die ärztliche Behandlung oder Krankenhauspflege nicht den berechtigten Anforderungen der Erkrankten, so kann, vorbehaltlich des § 370, das Oberversicherungsamt nach Anhören der Kasse jederzeit anordnen, daß diese Leistungen noch durch andere Ärzte oder Krankenhäuser zu gewähren sind.

Diese Anordnung soll nur auf solange getroffen werden, wie es ihr Zweck fordert, und bedarf, wenn sie über ein Jahr gelten soll, der Genehmigung der obersten Verwaltungsbehörde.

Neu.

Mit allem Nachdruck muß dafür gesorgt werden, daß die Versicherten die ihnen gesetzlich für den Krankheitsfall zugebilligte Hilfe auch tatsächlich und in ausreichender Weise erhalten. Dies fordert das öffentliche Wohl. Demgemäß muß von Staats wegen eingegriffen werden, sobald die Maßnahmen einer Krankenkasse dieser Anforderung nicht entsprechen.

Wenn § 56a des Krankenversicherungsgesetzes das Eingreifen der Behörde vom Antrag einer bestimmten Zahl Versicherter abhängig machte, so konnte die hierfür vorgesehene Zahl nur willkürlich gegriffen werden und wirkt ganz anders bei großen als bei kleinen Kassen. Richtiger ist es, das Einschreiten des Oberversicherungsamts dessen eigenem pflichtgemäßen Ermessen zu überlassen. Die Besorgnis, daß dann schon auf den Antrag vereinzelter unzufriedener Kassenmitglieder hin vorgegangen werden müßte, und daß daraus mindestens unnötige Weiterungen entstehen könnten, ist nicht begründet. Denn auf offenbar unbegründete Anträge hin wird die Behörde überhaupt nichts veranlassen. In dieser Hinsicht tritt das OVA. an die Stelle des gewöhnlich als Aufsichtsbehörde tätigen VA. (§ 377).

Wegen Beschwerde gegen die Anordnung siehe § 373 Abs. 2.

Eingreifen des OVA.

§ 373. Wird die Anordnung nicht binnen der gesetzten Frist befolgt, so kann das Oberversicherungsamt selbst das Erforderliche auf Kosten der Kasse veranlassen. Verträge, welche die Kasse mit Ärzten oder Krankenhäusern bereits geschlossen hat, bleiben unberührt.

Die Kasse hat gegen diese Anordnungen und Maßnahmen binnen einer Woche die Beschwerde bei der obersten Verwaltungsbehörde.

Neu.

Wenn aufsichtliche Anordnungen dieser Art sich auch, wie die Erfahrung gelehrt hat, nicht vermeiden lassen, so ist doch nicht zu verkennen, daß sie stark in das Selbstverwaltungsrecht der Kasse eingreifen. Zudem handelt es sich dabei oft um Maßregeln, die einen mehr als nur vorübergehenden Zustand schaffen; denn beispielsweise wird auch das Oberversicherungsamt seinerseits Ärzte, die unter den mit ihm vereinbarten Bedingungen zur Übernahme der Kassenpraxis bereit sind, häufig nur dann finden, wenn es ihnen Verträge von längerer Dauer gewährleistet. Gerade deshalb soll der Eingriff in die Selbstverwaltung sich stets in so schonenden Grenzen halten, wie es nach Lage der Verhältnisse möglich ist. Dies gilt namentlich von der Dauer der Anordnungen. Soweit sie eine bestimmte Zeit überschreiten sollen, ist Nachprüfung und Genehmigung durch die oberste Verwaltungsbehörde vorbehalten.

Die Beschwerde hat keine aufschiebbare Wirkung.

Für die Berechnung der Frist gelten die §§ 124 flg.

Zahnärzte.

§ 374. Für die Beziehungen zwischen den Krankenkassen und den Zahnärzten gelten die §§ 368, 372, 373 entsprechend.

Neu.

Auch die Behandlung von Zahnkrankheiten wird für den Regelfall den approbierten Ärzten und Zahnärzten vorbehalten. Nur wird der Kreis der zulässigen Ausnahmen weiter gezogen, weil die vorhandenen Zahnärzte örtlich noch ungleicher verteilt sind als die Ärzte, auch bei Zahnleiden der Umfang derjenigen Operationen verhältnismäßig größer ist, welche ein vornehmlich technisches Können voraussetzen (vgl. § 113).

Die Zahntechniker sind hier nicht erwähnt. Es bleibt den Kassen überlassen, mit Zahntechnikern beliebige Verträge abzuschließen.

Zwistigkeiten zwischen den Krankenkassen und den Zahnärzten sind nicht in dem gleichen Umfang vorgekommen und haben jedenfalls keine ähnliche Bedeutung gehabt, wie die Kämpfe der Kassen und Ärzte. Das Gesetz hat daher von einer entsprechenden Anwendung des § 370 abgesehen.

Arzneiversorgung.

§ 375. Die Satzung kann den Vorstand der Kasse ermächtigen, innerhalb des Kassenbereichs oder mit Genehmigung des Versicherungsamts darüber hinaus wegen Lieferung der Arznei mit einzelnen Apothekenbesitzern oder -verwaltern oder, soweit es sich um die dem freien Verkehr überlassenen Arzneimittel handelt, auch mit anderen Personen, die solche feilhalten, Vorzugsbedingungen zu vereinbaren. Alle Apothekenbesitzer und -verwalter im Bereiche der Kasse können solchen Vereinbarungen beitreten. Der Vorstand kann dann, von dringenden Fällen abgesehen und, vorbehaltlich des § 376 Abs. 3, die Bezahlung der von anderer Seite gelieferten Arznei ablehnen.

Genügt die Arzneiversorgung, die eine Kasse gewährt, nicht den berechtigten Anforderungen der Erkrankten, so gelten die §§ 372, 373 entsprechend.

Neu.

Siehe die Vorbemerkungen S. 180 ff.

Der Unterscheidung in Abs. 1 des § 375 liegt die Erwägung zu Grunde, daß bei den sonstigen Arzneimittelhändlern es für die Güte ihrer Waren an jeder Garantie fehlt, wie sie bei den Apothekern in ihrer Person und ihrem Gewerbebetriebe gegeben sind. Es würde daher höchst bedenklich sein, Arzneimittelhändler auch gegen den Willen der Kasse zur Lieferung zuzulassen. Bezüglich der dem freien Verkehr überlassenen Arzneimittel kann die Kasse beliebig Verträge abschließen. Sie kann aber die Bezahlung anderweitig bezogener derartiger Mittel im Fall des § 376 Abs. 3 und in dringenden Fällen nicht ablehnen.

Ein dringender Fall liegt vor, wenn Gefahr im Verzug obwaltet und die Arznei nicht rechtzeitig auf dem vorgeschriebenen Wege bezogen werden kann.

Versagt das V. Amt die in Abs. 1 vorgeschriebene Genehmigung, so ist nur fristlose Beschwerde im Aufsichtswege gegeben.

Vgl. § 376.

Arzneipreise.

§ 376. Die Apotheken haben den Krankenkassen für die Arzneien einen Abschlag von den Preisen der Arzneitaxe zu gewähren. Die oberste Verwaltungsbehörde bestimmt seine Höhe; sie kann ihn für die einzelnen Apotheken davon abhängig machen, daß die Kasse aus ihnen mindestens zu einem bestimmten Betrage bezieht.

Die höhere Verwaltungsbehörde setzt unter Rücksicht auf die örtlichen Verhältnisse und die im Handverkauf üblichen Preise die Höchstpreise von solchen einfachen Arzneimitteln fest, welche sonst ohne ärztliche Verschreibung (im Handverkauf) abgegeben zu werden pflegen. Diese Höchstpreise dürfen einen Betrag nicht überschreiten, der sich nach Abs. 1 ergibt. Die oberste Verwaltungsbehörde kann näheres anordnen.

Beziehen die Berechtigten die im Abs. 2 bezeichneten Arzneimittel zu einem Preise, der die Festsetzung nicht übersteigt, aus einer Apotheke, so kann die höhere Verwaltungsbehörde anordnen, daß die Kasse die Bezahlung nicht deshalb ablehnen darf, weil sie nach § 375 mit

Personen, die nicht Apothekenbesitzer oder -Verwalter sind, niedrigere Preise vereinbart hat.

Neu.

Die Festsetzung nach Abs. 2 bezieht sich sowohl auf die Bestimmung der Handverkaufsartikel als auch auf die ihrer Preise. Der einzelne Apotheker kann sich dieser Bestimmung gegenüber nicht darauf berufen, er gebe diese Artikel nicht im Handverkauf ab.

Abs. 3 soll die Möglichkeit geben, kleine Landapotheken zu schützen, an deren Bestand die Bevölkerung oft großes Interesse hat.

Fünfter Abschnitt.

Aufsicht.

Vorbemerkung.

Die Vorschriften des Fünften Abschnitts ergänzen nur in einigen Einzelpunkten nach den besonderen Verhältnissen der Krankenversicherung die allgemeinen Regeln des Ersten Buches über die Beaufsichtigung der Versicherungsträger (§§ 30 bis 34).

Aufsichtsbehörde ist das Versicherungsamt. Die bisherige „Oberaufsicht der höheren Verwaltungsbehörde" fällt weg, das Oberversicherungsamt übt Aufsichtsrechte als Beschwerdeinstanz aus. Nur in den Fällen 372 bis 375 (ungenügende Versorgung mit Krankenpflege) übt das OVA. unmittelbare Aufsichtsrechte aus.

Die Gemeindebehörden, die von der Pflicht, die Aufsicht selbst zu führen, entlastet werden, können dafür zur Hilfe für das Versicherungsamt bei Führung dieser Aufsicht herangezogen werden, was wegen der Vergrößerung der meisten Aufsichts- und vieler Kassenbezirke zweckmäßig erscheint.

Versicherungsamt als Aufsichtsbehörde.

§ 377. Die Aufsicht über die Krankenkassen führt, vorbehaltlich der §§ 372 bis 375, das Versicherungsamt.

Sie erstreckt sich auch auf die Beobachtung der Dienst- und Krankenordnung.

Wird die Beschwerde gegen eine Anordnung des Versicherungsamts darauf gestützt, daß die Anordnung rechtlich nicht begründet sei und den Beschwerdeführer in einem Rechte verletze oder mit einer rechtlich nicht begründeten Verbindlichkeit belaste, so entscheidet darüber das Oberversicherungsamt (Beschlußkammer).

Bei Betriebskrankenkassen für Reichs- oder Staatsbetriebe kann die oberste Verwaltungsbehörde Aufgaben des Versicherungsamts, die nicht der Spruchausschuß wahrzunehmen hat, anderen Behörden übertragen.

Vgl. § 44, § 66 Abs. 1, § 72 Abs. 3, § 84 Abs. 3 KVG.; § 96 Gew. O.

In den Fällen der §§ 372 bis 375 ist das Versicherungsamt nicht etwa kraft seines Aufsichtsrechtes neben dem OVA. zuständig.

Gegen die Beschwerdeentscheidung der Beschlußkammer ist binnen einem Monat weitere Beschwerde an den Beschlußsenat des Reichsversicherungsamtes (Landesversicherungsamtes) zulässig (§§ 1797, 1781, 128).

Ansprüche gegen den Arbeitgeber bei BKK.

§ 378. Das Versicherungsamt kann Ansprüche einer Betriebskrankenkasse gegen den Arbeitgeber aus seiner Rechnungs- und Kassenführung in Vertretung der Kasse selbst oder durch einen Beauftragten geltend machen.

Vgl. § 66 Abs. 2, § 72 Abs. 3 KVG.

An sich ist es Aufgabe des Vorstandes Ansprüche einer Krankenkasse gegen Arbeitgeber geltend zu machen. Bei der Betriebskrankenkasse ist aber Vorsitzender des Vorstandes der Arbeitgeber selbst oder sein Beauftragter. Daher muß die Versicherungsbehörde eingreifen, jedoch aus eigenem Recht, nicht etwa an Stelle des verhinderten Vorstands.

Auch bei Ansprüchen gegen den Vorstand kann das V. Amt eintreten, wenn der Ausschuß seiner Verpflichtung (§ 345 Abs. 2, Nr. 3) nicht nachkommt (§ 379 Abs. 2).

Verwaltung durch das V. Amt.

§ 379. Solange die Wahlberechtigten sich weigern, zu den Kassenorganen zu wählen, bestellt das Versicherungsamt (Beschlußausschuß) die Mitglieder oder Vertreter.

Solange der Vorstand oder sein Vorsitzender oder der Ausschuß sich weigern, die ihnen obliegenden Geschäfte auszuführen, nimmt sie das Versicherungsamt selbst oder durch Beauftragte auf Kosten der Kasse wahr.

Vgl. § 39 Abs. 1, § 45 Abs. 5, § 64, § 72 Abs. 3 KVG.; § 90 Gew. O.

Eine wiederholte Aufforderung zur Wahl erscheint nicht erforderlich; auch nicht eine ausdrückliche Weigerung. Bloße Nichterfüllung reicht aber nicht aus. Die Bestallung gilt nicht für die ganze Wahlperiode, sondern nur für die Dauer der Weigerung. Das Gleiche gilt für die Zwangsverwaltung im Fall des Abs. 2.

Abs. 2 bezieht sich sowohl auf ganze oder teilweise Übernahme der Verwaltung als auf Vornahme einzelner Geschäfte (z. B. Durchführung von Haftungsansprüchen gegen Organe). Der Eintritt des V. Amts muß sich innerhalb der unbedingt gebotenen Grenzen halten. Vgl. die ähnlichen Fälle in §§ 329, 350.

Sechster Abschnitt.

Aufbringung der Mittel.

I. Beiträge.

Grundsatz.

§ 380. Die Mittel für die Krankenversicherung sind von den Arbeitgebern und den Versicherten aufzubringen.

Vgl. § 5 Abs. 2, § 51 Abs. 1, § 65 Abs. 1, § 72 Abs. 3, § 73 Abs. 1 KVG.

Der Grundsatz des § 380 ist zum Teil durchbrochen. Versicherungsberechtigte tragen Beiträge allein. Bei unständig Beschäftigten tritt an Stelle des Arbeitgebers der Gemeindeverband (§ 453). Bei den Hausgewerbetreibenden trifft die Beitragspflicht die Auftraggeber (§ 469).

Eine Übergangsvorschrift findet sich in Art. 31 Einf.-Ges.

Verteilung der Beitragslast.

§ 381. Versicherungspflichtige haben zwei Drittel, ihre Arbeitgeber ein Drittel der Beiträge zu zahlen.

Bei Innungskrankenkassen kann die Satzung bestimmen, daß die Arbeitgeber und die Versicherungspflichtigen je die Hälfte der Beiträge zu tragen haben. Wird dies durch Änderung der Satzung bestimmt, so bedarf der Beschluß der Mehrheit der Vertreter sowohl der Arbeitgeber als auch der Versicherten.

Versicherungberechtigte haben die Beiträge allein zu tragen.

Vgl. § 5 Abs. 2, § 51 Abs. 1, § 65 Abs. 1, § 72 Abs. 3, § 73 Abs. 1 KVG.

Beitrag ist die ganze, teils vom Arbeitgeber, teils vom Versicherten zu tragende Summe.

Der Regierungsentwurf hatte wie bei der Bemessung der Stimmenzahl auch bei den Beiträgen die Hälftelung vorgesehen. Dagegen wurde eingewendet, die erhöhte Last für die Unternehmer werde zwar von der Großindustrie leicht getragen, sei aber bedenklich wegen der geringen Leistungsfähigkeit des Mittelstandes, insbesondere auch des kleinen Bauernstandes, für den zum Teil die Krankenversicherung überhaupt eine ganz neue Last bilde. Andererseits sei das Übergewicht der Arbeiter bei der Kassenverwaltung bereits ein historisches Recht, gegen dessen Beseitigung die Arbeiterschaft nicht ohne Grund und mit dem Hinweis auf die mißliebigen Erfahrungen bei der Verwaltung der Knappschaftskassen sich sträube, wo über eine zu große Bevormundung durch die Arbeitgeber lebhaft geklagt werde. Man hat es aus diesen und anderen Gründen bezüglich der Teilung der Beiträge bei dem bisherigen Zustand gelassen.

Dagegen wurde anerkannt, daß bei der Wahl des Vorsitzenden hier und da Mißstände vorgekommen und mit rücksichtsloser Majorisierung Personen von den Versicherten gewählt worden seien, mit deren Wahl die Arbeitgeber nicht hätten einverstanden sein können. Um dies künftig zu vermeiden, sind die Bestimmungen des Gesetzes in dieser Beziehung geändert worden (vgl. §§ 328, 329).

Die Zulässigkeit der Halbierung der Beiträge bei den Innungskrankenkassen entspricht der Zulässigkeit der Halbierung der Stimmen (vgl. § 341 Abs. 2).

Die Erhebung von Eintrittsgeldern ist nach der RVO. nicht mehr zulässig.

Verbleiben in höherer Lohnklasse.

§ 382. Die Satzung kann gestatten, daß Versicherte, die vorübergehend einen geringeren Lohn beziehen, in ihrer alten höheren Lohnklasse versichert bleiben, wenn sie den Mehrbetrag des Beitrags selbst übernehmen oder der Arbeitgeber zustimmt.

Neu.

Dieser in den Kommissionsverhandlungen eingefügten Bestimmung liegt die Erwägung zu Grunde, daß es unbillig ist, wenn Arbeiter, die jahrelang hohe Beiträge bezahlt haben, wegen vorübergehender Lohnherabsetzung in Zeiten wirtschaftlichen Tiefstandes ein geringeres, den geleisteten Beiträgen nicht entsprechendes Krankengeld erhalten. Dieser bisherige Rechtszustand hatte aber auch mancherlei sonstige Mißstände im Gefolge. Wenn der Arbeitgeber es versehentlich unterlassen hatte, die Lohnherabsetzung der Krankenkasse anzuzeigen, so wurden zwar die höheren Beiträge weiter gezahlt, im Erkrankungsfalle dagegen nur das dem Lohn entsprechende niedrigere Krankengeld gewährt. Umgekehrt wurde, wenn der Arbeitgeber bei Wiedergewährung des alten höheren Lohnes die Anzeige verabsäumte, zwar das höhere Krankengeld ausgezahlt, der Arbeitgeber aber für den Mehrbetrag im Regreßwege in Anspruch genommen. Diese Mißstände können jetzt beseitigt werden.

Praktisch wird die Vorschrift wohl so gehandhabt werden, daß der Versicherte seinen Arbeitgeber veranlaßt, den gesamten Beitrag einschließlich des Mehrbetrags an die Kasse zu zahlen und dafür einen entsprechend höheren Abzug am Lohn zu machen.

Die Satzung kann die fragliche Bestimmung auch von Voraussetzungen abhängig machen, z. B. von Zurücklegung einer Karenzzeit.

Wird der höhere Lohn nicht bezahlt, so rückt der Versicherte ohne weiteres in die seinem tatsächlich verdienten Entgelt entsprechende Lohnklasse.

Die Bestimmung dürfte in der Praxis zu Schwierigkeiten Anlaß bieten; insbesondere ist der Begriff „vorübergehend" sehr dehnbar.

Befreiung von der Beitragslast.

§ 383. Bei Arbeitsunfähigkeit sind für die Dauer der Krankenhilfe keine Beiträge zu entrichten.

Das Gleiche gilt während des Bezugs des Wochen- und des Schwangerengeldes.

Vgl. § 54a Satz 1, § 65 Abs. 3, § 72 Abs. 3, § 73 Abs. 1 KVG.

Die Bestimmung gilt für Pflichtige wie für Berechtigte.

Über den Begriff der Arbeitsunfähigkeit vgl. § 182. Ob die Krankenhilfe in ihrem ganzen Umfang oder nur Krankenpflege gewährt wird, ist unerheblich. Jedoch dauert die Befreiung nur solange, als Arbeitsunfähigkeit besteht.

Die Befreiung gilt auch für Zusatzbeiträge (§ 384 Abs. 2), aber nur während Arbeitsunfähigkeit des Versicherten selbst, nicht etwa während einer des Familienglieds.

Werden Hebammendienste und ärztliche Behandlung (§ 198) gewährt ohne daß Arbeitsunfähigkeit vorliegt, so greift § 383 nicht Platz.

Über die Fortdauer der Mitgliedschaft vgl. § 311.

Gefahrentarif, Zusatzbeiträge.

§ 384. Die Satzung kann die Höhe der Beiträge nach den Erwerbszweigen und Berufsarten der Versicherten abstufen und eine höhere Bemessung der Beitragsteile des Arbeitgebers für einzelne Betriebe zulassen, soweit die Erkrankungsgefahr erheblich höher ist.

Kassen mit Familienhilfe können von den Versicherten mit Familienangehörigen einen Zusatzbeitrag erheben, den die Satzung allgemein festzusetzen hat. Die §§ 381, 382, 385 bis 403 gelten hierfür nicht.

Billigt die Satzung das Krankengeld nicht allgemein für Sonn- und Feiertage zu, so kann sie die Beiträge für solche Mitglieder entsprechend erhöhen, für welche die Sonn- und Feiertage Arbeitstage sind.

Festsetzungen dieser Art bedürfen der Zustimmung des Oberversicherungsamts.

Ordnet der Vorstand für einen Betrieb höhere Beiträge an, so hat der Arbeitgeber die Beschwerde an das Versicherungsamt. Im Rechtszuge entscheidet das Oberversicherungsamt endgültig.

Vgl. § 9 Abs. 1, § 22 Abs. 2, 3, § 52b, § 64, § 65 Abs. 3, § 72 Abs. 3, § 73 Abs. 1 KVG.

Bisher durften Gefahrenklassen nur bei gemeinsamen Ortskrankenkassen gebildet werden, in denen sich mehrere hinsichtlich der Erkrankungsgefahr wesentlich verschiedene Gewerbezweige befanden (§ 22 Abs. 3 KVG.). Jetzt ist ihre Einführung schlechthin und bei allen Kassen zulässig. Sie stellt aber lediglich eine Befugnis der Kasse dar, von der sie keinen Gebrauch machen muß.

Innerhalb der einzelnen Erwerbszweige oder Berufsarten müssen die Beiträge gleich bemessen werden. Den Maßstab für die Abstufung unter den Erwerbszweigen und Berufsarten bildet die verschiedene Erkrankungsgefahr. Die Beiträge für die einzelnen Gruppen müssen im gleichen Verhältnis stehen wie die Leistungen der Kasse für sie.

Die erhöhte Krankheitsgefahr, die ein einzelner Betrieb vermöge eigener Besonderheiten bietet, konnte nach dem Krankenversicherungsgesetze dadurch berücksichtigt werden, daß der Unternehmer angehalten wurde, eine eigene Betriebskrankenkasse zu errichten (vgl. §§ 60, 61 des Krankenversicherungsgesetzes). Da die RVO. diese Art einer zwangsweisen Errichtung von Betriebskrankenkassen vom Gesichtspunkt der Zentralisation aus beseitigt hat, so mußte sie, um eine unbillige Belastung der weniger gefährdeten Betriebe zu vermeiden, eine Ersatzvorschrift treffen, die höhere Beiträge für Betriebe mit erhöhter Krankheitsgefahr zuläßt.

Weil es sich dabei um Einzelfälle handelt, welche die Satzung im voraus nicht zu übersehen vermag, so kann diese die Erhöhung für die Einzelbetriebe nicht selbst festsetzen, wie sie es für Erwerbszweige und Berufsarten tun kann. Vielmehr wird die Satzung nur dem Kassenvorstand eine Ermächtigung zu erteilen haben, die sie nach der Art der Fälle und den Grenzen der zulässigen Höherbelastung näher umschreiben muß. Dabei wird zweckmäßig zugleich zu bestimmen sein, für welchen Zeitraum eine solche Höherbelastung der Betriebe zu gelten hat und unter welchen Voraussetzungen und in welchen Zwischenräumen dem Arbeitgeber gestattet sein soll, wegen veränderter Verhältnisse auf Zurücknahme der Anordnung anzutragen.

Über die Höchstgrenze für die Bemessung der Beiträge vgl. §§ 388 bis 390.

Gewähren Krankenkassen satzunggemäß Familienhilfe, so können sie dies tun, ohne einen Zusatzbeitrag zu erheben. Die Familienhilfe wird in solchem Falle gleich den anderen Leistungen der Kasse durch die allgemeinen Beiträge aufgebracht. Wo indessen die Arbeitgeber zu einer Übernahme der damit gegebenen Mehrlast nicht geneigt sind, kann es die an sich erwünschte Einführung der Familienhilfe fördern und den eigenen Wünschen der Kassenmitglieder entsprechen, wenn sie die Mehrkosten daraus ganz oder zum Teil durch Zusatzbeiträge übernehmen. Während für solche Zusatzbeiträge die übrigen Vorschriften über die Beiträge und deren Leistung nicht gelten, gilt auch für sie die Vorschrift, daß sie bei Arbeits-

unfähigkeit des versicherten Mitglieds (§ 383) nicht entrichtet zu werden brauchen.

Daß die Festsetzung allgemein zu erfolgen hat, bedeutet lediglich, daß die Erhebung nicht dem Vorstand im Einzelfalle überlassen werden darf. Die Zusatzbeiträge können sowohl nach der Zahl der versicherten Familienmitglieder, als auch, was praktischer erscheint, einheitlich von jedem Mitglied, das überhaupt berechtigte Angehörige besitzt, erhoben werden.

Über Familienhilfe vgl. § 205.

Kassen, die das Krankengeld an Sonn- und Feiertagen nicht allgemein gewähren, müssen es für diese Tage doch denen zahlen, die berufsmäßig auch an Sonn- und Feiertagen beschäftigt werden, beispielsweise Dienstboten und Arbeitern im Wirts- und Verkehrsgewerbe. An sich ist es billig, daß diese für die höhere Leistung der Kasse auch entsprechend höhere Beiträge zahlen. Auf der anderen Seite macht die Erhebung verschiedener Beiträge der Kasse Umstände und pflegt sich da nicht zu verlohnen, wo die Beschäftigten dieser Art nur einen geringen Bruchteil der Kassenmitglieder bilden. Die RVO. überläßt es deshalb der Satzung, wie sie die Frage regeln will (vgl. §§ 182, 191).

Der umgekehrte Fall, daß für einzelne Versicherten bestimmte Wochentage keine Arbeitstage sind (z. B. Waschfrauen, die nur wöchentlich an drei Tagen arbeiten), ist in der RVO. nicht vorgesehen. Eine gewisse Berücksichtigung wird nach Abs. 1 Satz 1 möglich sein. Im übrigen erscheint es aber nach dem im Gesetz vielfach anerkannten Grundsatz, daß Leistung und Gegenleistung sich entsprechen sollen, gerechtfertigt, in solchen Fällen niedrigere Beiträge zu erheben. Bei ihrer Bemessung wäre dann zu berücksichtigen, daß Krankenpflege während der ganzen Woche, Krankengeld aber nur an den Arbeitstagen gewährt wird.

Die Zustimmung des OVA. erfolgt nach freiem Ermessen, die Versagung nur durch die Beschlußkammer (§ 324 Abs. 3).

Im letzten Absatz ist Entscheidung durch Beschlußausschuß und -Kammer nicht vorgeschrieben. Die Beschwerdefrist ist ein Monat (§ 128).

Bemessung der Beiträge.

§ 385. Die Beiträge sind in Hundertsteln des Grundlohns so zu bemessen, daß sie, die anderen Einnahmen eingerechnet, für die zulässigen Ausgaben der Kasse ausreichen.

Zu anderen Zwecken darf die Kasse keine Beiträge erheben.

Entstehen Zweifel darüber, ob die Satzung oder ihre Änderung die Beiträge entsprechend dem Abs. 1 bemißt, so läßt sie das Oberversicherungsamt vor der Genehmigung sachverständig prüfen. Sind sie unzulänglich, so hängt die Genehmigung davon ab, daß die Beiträge erhöht oder die Leistungen bis auf die Regelleistungen gemindert werden.

Vgl. § 22 Abs. 1, § 29 Abs. 2, §§ 30, 64, § 72 Abs. 3, § 73 Abs. 1 KVG.

Über Grundlohn siehe §§ 180, 181. Auch die Barleistungen werden nach dem Grundlohn bemessen (vgl. insbes. §§ 182, 195 und 201).

Die zulässigen Ausgaben sind in § 363 angeführt.

Über die Höchstgrenze für die Erhöhung vgl. §§ 388, 389, über die Regelleistungen § 179.

Regelmäßige Beitragshöhe.

§ 386. Die Beiträge dürfen bei Errichtung der Kasse nur dann höher als vierundeinhalb vom Hundert des Grundlohns festgesetzt werden, wenn es zur Deckung der Regelleistungen erforderlich ist.

Vgl. § 9 Abs. 1, § 31 Abs. 1, § 64, § 72 Abs. 3, § 73 Abs. 1 KVG.

Die RVO. bemißt, um Mißverständnisse auszuschließen, die Höchstgrenze durchweg nach den vollen Beiträgen, also den Anteilen der Arbeitgeber und der Versicherten zusammen.

Innerhalb der zulässigen Grenze bestimmt die Satzung das Nähere über die Beitragshöhe.

Vgl. § 385 und über Regelleistungen § 179.

Unzureichende Beiträge.

§ 387. Decken die Einnahmen der Kasse ihre Ausgaben einschließlich der Beträge für die Rücklage nicht, so sind durch Satzungsänderung entweder die Leistungen bis auf die Regelleistungen zu mindern oder die Beiträge zu erhöhen.

Vgl. § 10 Abs. 1, § 33 Abs. 1, § 64, § 72 Abs. 3, § 73 Abs. 1 KVG.

Die Vorschrift des § 387 und diejenige des § 392 sind, wie nach jetzigem Rechte, unter Umständen auch dann anzuwenden, wenn entsprechende Schlüsse aus einem einzelnen Jahresabschlusse für die Zukunft gezogen werden können.

Erfolgt die Satzungsänderung nicht, so greift § 326 Abs. 3 Platz.

Über Ausgaben vgl. § 363, über Rücklage § 364, über Satzungsänderungen § 345 Abs. 2, Nr. 6, über Regelleistungen § 179 und über die Höchstgrenze für die Beitragserhöhung §§ 388, 389.

Erhöhung über 4½ vom Hundert des Grundlohns.

§ 388. Über vierundeinhalb vom Hundert des Grundlohns dürfen die Beiträge nur zur Deckung der Regelleistungen oder auf übereinstimmenden Beschluß der Arbeitgeber und Versicherten im Ausschusse erhöht werden.

Vgl. § 10 Abs. 1, § 31 Abs. 2, § 64, § 72 Abs. 3, § 73 Abs. 1 KVG.

Bei Erhöhung zur Deckung der Regelleistungen ist getrennte Abstimmung nicht erforderlich (§ 345 Abs. 3).

Wegen der Höchstgrenze vgl. § 389, wegen Regelleistungen § 179.

Höchstgrenze bei Orts-KK.

§ 389. Decken bei einer Ortskrankenkasse auch sechs vom Hundert des Grundlohns als Beiträge die Regelleistungen nicht, so können die Beiträge nur auf übereinstimmenden Beschluß der Arbeitgeber und Versicherten im Ausschusse noch weiter erhöht werden.

Andernfalls veranlaßt das Oberversicherungsamt, vorbehaltlich des § 268, daß die Kasse mit anderen Ortskrankenkassen vereinigt wird. Ist das nicht möglich oder reichen trotz der Vereinigung die Beiträge für die Regelleistungen nicht aus, so hat der Gemeindeverband die erforderliche Beihilfe aus eigenen Mitteln zu leisten. Solange dies geschieht, kann er einem Vertreter das Amt des Kassenvorsitzenden übertragen.

Vgl. § 9 Abs. 4, § 13, § 31 Abs. 2, § 47 Abs. 1, Nr. 2, § 64, § 65 Abs. 2, § 73 Abs. 1 KVG.

Nach dem Krankenversicherungsgesetze mußte eine Ortskrankenkasse geschlossen werden, wenn trotz Erhöhung der Beiträge auf sechs vom Hundert die Mindestleistungen nicht gedeckt wurden und nicht sowohl die Vertreter der Arbeitgeber als auch die der Versicherten beschlossen, die Beiträge weiter zu erhöhen. Nunmehr ist auf übereinstimmenden Beschluß noch eine Erhöhung über 6 % hinaus statthaft.

Eine gewisse Grundlage zur Berechnung etwaiger Beiträge der Gemeindeverbände bieten die bisherigen Erfahrungen bei den Ortskrankenkassen. Danach dürfte die praktische Bedeutung der Haftung des Gemeindeverbandes voraussichtlich nicht allzu groß sein. Nach der Krankenkassenstatistik für das Jahr 1908 gab es 4768 Ortskrankenkassen; von diesen haben 1493 einen Beitrag von 3 bis 4½ % und nur 70 — also 1,5 % der gesamten Ortskrankenkassen — einen Beitrag von 4½ bis 6 % erhoben; ein höherer Beitrag ist bei keiner Ortskrankenkasse notwendig gewesen. Man darf daher annehmen, daß auch nach dem neuen Gesetz die Zahl der Ortskrankenkassen, bei denen ein höherer Beitrag als 6 % notwendig sei, sehr gering sein wird. Für die durch die RVO. neu in die Versicherung einbezogenen und den Landkrankenkassen zugewiesenen Versicherten fehlt es für eine gleich sichere Schätzung der voraussichtlichen Höhe der notwendigen Beiträge an tatsächlichen Unterlagen.

Bei diesen statistischen Angaben ist allerdings die Erweiterung der Leistungen nicht berücksichtigt.

Über die Vereinigung vgl. §§ 364 flg. Nicht zulässig ist die Vereinigung einer besonderen Ortskrankenkasse, deren Bezirk über den der allgemeinen hinausgeht (§ 268); eine solche wird vielmehr geschlossen (§ 269 Nr. 2).

Nach Vereinigung wird zu prüfen sein, ob die Beiträge der nunmehr vergrößerten Kasse die Regelleistungen decken. Ist das nicht der Fall und lehnt der Ausschuß eine weitere Erhöhung nach Abs. 1 ab, so muß der Gemeindeverband eintreten.

Da das Gesetz das Wort „Zuschüsse" bei der Versicherung der Hausgewerbtreibenden in einem anderen Sinne anwendet, spricht es hier, um Verwechslungen auszuschließen, von „Beihilfen."

Der vom Gemeindeverband Bestellte tritt in alle Rechte und Pflichten des Vorsitzenden (durch Stimmrecht) ein. Im Gegensatz zu § 329 Abs. 2 trägt aber die Kasse nicht die Kosten.

Über Grundlohn vgl. §§ 180, 181, über Regelleistungen § 179 und über Gemeindeverband §§ 526 und 527.

Höchstgrenze bei anderen Kassen.

§ 390. Decken bei einer Land-, Betriebs- oder Innungskrankenkasse sechs vom Hundert des Grundlohns als Beiträge die Regelleistungen nicht, so hat bei Landkrankenkassen, vorbehaltlich des § 265 Abs. 2, der Gemeindeverband, bei Betriebskrankenkassen der Arbeitgeber, bei Innungskrankenkassen die Innung die erforderliche Beihilfe aus eigenen Mitteln zu leisten. Solange dieses bei einer Landkrankenkasse geschieht, kann der Gemeindeverband einem Vertreter das Amt des Kassenvorsitzenden übertragen.

Vgl. § 9 Abs. 4, § 13, § 31 Abs. 2, § 47 Abs. 1, Nr. 2, § 64, § 65 Abs. 1, § 65 Abs. 2, § 73 Abs. 1 KVG.

Der angezogene § 265 Abs. 2 regelt die Vereinigung mehrerer Landkrankenkassen eines V. Amts.

Mit Rücksicht auf die weniger günstige Lage namentlich der landwirtschaftlichen Versicherten dürfen hier die Beiträge in keinem Falle über sechs vom Hundert des Grundlohns hinausgehen. Ist dieser Höchstbetrag erreicht, so tritt daher alsbald der zuständige Garantieverband ein. Bei Betriebs- und Innungskrankenkassen war diese Zuschußpflicht des Betriebsunternehmers und der Innung schon nach geltendem Rechte gegeben.

Vgl. im übrigen die Bemerkungen zu § 389.

Vorläufige Verfügung des VA.

§ 391. Muß eine Kasse, um ihre Leistungsfähigkeit zu erhalten oder herzustellen, schleunig ihre Einnahmen vermehren oder ihre Ausgaben vermindern, so kann bis zur satzungsmäßigen Neuregelung das Versicherungsamt (Beschlußausschuß) vorläufig verfügen, daß, soweit erforderlich, die Beiträge erhöht wie auch die Leistungen bis auf die Regelleistungen gemindert werden; laufende Leistungen bleiben unberührt.

Auf Beschwerde entscheidet das Oberversicherungsamt endgültig.

Vgl. § 33 Abs. 4, § 64, § 72 Abs. 3, § 73 Abs. 1 KVG.

Die Verfügung des Versicherungsamts darf die gesetzliche Höchstgrenze von 6 % (§§ 389, 390) nicht überschreiten.

Die Beschwerde ist innerhalb eines Monats einzulegen (§ 128) und geht an die Beschlußkammer (§ 1781).

Über Regelleistungen vgl. § 179.

Beschließt eine Kasse die erforderliche Satzungsänderung nicht rechtzeitig, so greift § 326 Abs. 3 Platz.

Einnahmeüberschuß.

§ 392. Übersteigen die Einnahmen der Kasse die Ausgaben, so sind, falls die Rücklage das Doppelte ihres gesetzlichen Mindestbetrages erreicht hat, durch Änderung der Satzung entweder die Beiträge zu ermäßigen oder die Leistungen zu erhöhen.

Vgl. § 10 Abs. 3, § 33 Abs. 2, § 64, § 72 Abs. 3, § 73 Abs. 1 KVG.

Wegen der Satzungsänderung vgl. § 345 Abs. 2, Nr. 6, Abs. 3 (keine getrennte Abstimmung). Beschließt eine Kasse die erforderliche Änderung nicht, so greift § 326 Abs. 3 Platz.

Wegen der Rücklage siehe § 364.

II. Zahlung der Beiträge.

Einzahlung.

§ 393. Die Arbeitgeber haben die Beiträge für ihre Versicherungspflichtigen an den Tagen einzuzahlen, welche die Satzung festsetzt. Die Zahltage dürfen höchstens einen Monat auseinanderliegen. An denselben Tagen haben die Versicherungsberechtigten die Beiträge einzuzahlen.

Vgl. § 52 Abs. 1, § 65 Abs. 1, § 72 Abs. 3, § 73 Abs. 1 KVG.

Den Kassen gegenüber ist mithin nur der Arbeitgeber Schuldner der Beiträge.

Daß die Satzung die Zahlungstage für die Beiträge festzusetzen hat, ergibt sich aus § 321 Nr. 3. Die Zahltage dürfen nur einen Monat auseinander liegen, damit die Kasse keine größeren Zinsverluste und Ausfälle erleidet.

Zur Erfüllung der Bestimmung genügt es nicht, wenn monatliche Zahltage bestimmt werden aber nicht jeweils auch der Beitrag bis zum Zahltag erhoben wird. Der Sinn der Vorschrift geht vielmehr dahin, daß der Kasse niemals mehr als für einen Monat geschuldet werden darf. Monatliche Zahltage werden sich daher mit wöchentlicher Beitragserhebung nur dann vertragen, wenn nicht nur der Beitrag für die vergangenen Wochen nach- sondern auch der für eine angefangene Woche voraus erhoben wird. Da die Bestimmung nur im Interesse der Kasse getroffen ist, erscheint dies zulässig.

Es ist sowohl Voraus- als Nachzahlung zulässig. Die Kasse kann entweder die Beiträge erheben oder Einbezahlung vorschreiben.

„An denselben Tagen" in Satz 3 bedeutet nur an den in der Satzung bestimmten Tagen. Es steht nichts entgegen, die Bezahlung für Versicherungspflichtige und Berechtigte verschieden zu regeln, auch für einzelne Gruppen verschiedene Zahlperioden festzusetzen (z. B. für unständig Beschäftigte kürzere).

Abzug vom Lohn.

§ 394. Die Versicherungspflichtigen müssen sich bei der Lohnzahlung ihre Beitragsteile vom Barlohn abziehen lassen. Die Arbeitgeber dürfen die Beitragsteile nur auf diesem Wege wieder einziehen.

Die oberste Verwaltungsbehörde kann bestimmen, wie dem Arbeitgeber der Beitragsteil Versicherungspflichtiger aus ihrem Entgelt zu erstatten ist, wenn dieser nur aus Sachbezügen besteht oder von Dritten gewährt wird.

Vgl. § 53 Abs. 1, Satz 1, 2, § 65 Abs. 1, 3, § 72 Abs. 3, § 73 Abs. 1 KVG.

Zur Einziehung der Beitragsteile sind die Arbeitgeber aber keineswegs verpflichtet. Machen sie keinen Gebrauch davon, so haben sie keinen Erstattungsanspruch gegen den Versicherten.

Das Krankenversicherungsgesetz bestimmt im § 53, daß die Versicherten sich ihren Beitragsanteil bei den Lohnzahlungen einbehalten lassen müssen und daß die Arbeitgeber nur auf diesem Wege den Betrag wieder einziehen dürfen, der auf die Versicherten entfällt. Dies paßt aber nur da, wo der Lohn in bar gezahlt wird und läßt eine Lücke für die Fälle, in denen der Entgelt in Sachbezügen besteht oder, z. B. in Form von Trinkgeldern, von Dritten gewährt wird, bei Kellnern u. dergl. m. Die RVO. füllt diese Lücke durch Abs. 2 aus.

Eine Ausnahme vom Grundsatz des § 394 enthält § 398.

Vgl. § 395 und § 532 (Strafbestimmung).

Verteilung auf die Lohnzeiten.

§ 395. Die Abzüge für Beitragsteile sind gleichmäßig auf die Lohnzeiten zu verteilen, auf die sie fallen. Die Teilbeträge dürfen ohne Mehrbelastung der Versicherten auf volle zehn Pfennig abgerundet werden.

Sind Abzüge für eine Lohnzeit unterblieben, so dürfen sie nur bei der Lohnzahlung für die nächste Lohnzeit nachgeholt werden, wenn nicht die Beiträge ohne Verschulden des Arbeitgebers verspätet entrichtet worden sind.

Bei Dienstboten gelten Abschlagszahlungen nicht als Lohnzahlungen.

Vgl. § 53 Abs. 1, Satz 3, 4, 5, Abs. 2, § 65 Abs. 3, § 72 Abs. 3, § 73 Abs. 1 KVG.

Abs. 3 ist in der Kommissionsverhandlung beigefügt.

Vgl. auch § 463.

Haftung mehrer Arbeitgeber.

§ 396. Steht der Versicherte gleichzeitig in mehreren versicherungspflichtigen Arbeitsverhältnissen, so haften die Arbeitgeber als Gesamtschuldner für die vollen Beiträge.

Auf Antrag eines der Arbeitgeber verteilt das Versicherungsamt die Beiträge.

Vgl. § 52 Abs. 2, § 73 Abs. 1 KVG.

Die Anordnung übernimmt bestehendes Recht. Ein Versicherter kann gleichzeitig mehrere Beschäftigungen ausüben, von denen jede an sich seine Zuweisung zu einer anderen Kasse bedingen würde. In diesem Falle bestimmt sich seine Kassenzugehörigkeit nach § 309. Es ist zu beachten, daß auch dann § 396 anwendbar ist, daß also unter Umständen ein Arbeitgeber an eine ihm sonst fremde Kasse Beiträge zahlen muß, weil einer seiner Arbeiter dieser wegen der Tätigkeit für einen anderen Arbeitgeber zugehört.

Über Gesamtschuldnerschaft vgl. §§ 421 flg. des BGB. Die Kasse kann, so lange nicht eine Anordnung gemäß § 396 Abs. 2 erfolgt ist, von jedem Arbeitgeber den ganzen Beitrag fordern. Die Arbeitgeber sind untereinander zu gleichen Anteilen verpflichtet.

Das V. Amt wird seiner Verteilung den Wert des von den einzelnen Arbeitgebern gewährten Entgelts zu Grunde legen.

Dauer der Beitragsleistung.

§ 397. Die Beiträge sind bis zur vorschriftsmäßigen Abmeldung fortzuzahlen.

Scheidet der Versicherte zwischen zwei Zahltagen aus der Beschäftigung aus und wird er rechtzeitig abgemeldet, so sind die vorausgezahlten Beiträge nach Verhältnis der Zeit zurückzuzahlen.

Bei Betriebskrankenkassen sind die Beiträge bis zum Ende der Mitgliedschaft fortzuzahlen.

Die Satzung kann bestimmen, daß die Beiträge stets für volle Wochen erhoben und zurückgezahlt werden.

Vgl. § 52 Abs. 1, 3, § 65 Abs. 1, 3, § 72 Abs. 3, § 73 Abs. 1 KVG.

Auch wenn die Abmeldung rechtzeitig erfolgt (§ 317), sind die Beiträge bis zu ihr, nicht etwa bis zum Ende des Beschäftigungsverhältnisses, zu entrichten.

Nach Abs. 2 sollen die Beiträge in dem dort bezeichneten Falle nach dem Verhältnis zurückgezahlt werden, in welchem die Zeit vom letzten Zahltag bis zur Abmeldung zu derjenigen von der Abmeldung bis zum nächsten Zahltag steht.

Aus Abs. 3 ergibt sich, daß auch bei den Betriebskrankenkassen die Beiträge anteilweise zurückgezahlt werden. Für die Bemessung des zurückzuzahlenden Beitragsanteils tritt hier an die Stelle der Abmeldung der Tag des Ausscheidens aus dem Betriebe.

Die Bestimmung in Abs. 4 will kleinlichen Verrechnungen vorbeugen, darf aber nicht einseitig zum Vorteil der Kassen ausgelegt werden. Die nähere Regelung erfolgt durch die Satzung. Es kann z. B. für die Eintrittswoche stets ein Beitrag, für die Austrittswoche aber keiner erhoben werden. Oder es kann ein Beitrag nur dann verlangt werden, wenn der Eintritt in der ersten, der Austritt in der zweiten Hälfte der Woche erfolgt.

Streitigkeiten über Leistung, Einzahlung und Rückzahlung von Beiträgen entscheidet der Beschlußausschuß des V. Amts und auf Beschwerde endgültig die Beschlußkammer des OVA. (§§ 405 Abs. 2, 1781). Die Beschwerdefrist ist ein Monat (§ 128).

Einzahlung durch die Versicherungspflichtigen.

§ 398. Auf Antrag einer Orts- Land- oder Innungskrankenkasse sowie auf Antrag von Mitgliedern der Organe einer Betriebskrankenkasse kann das Versicherungsamt (Beschlußausschuß) widerruflich anordnen, daß Arbeitgeber, die mit Abführung der Beiträge rückständig sind und sich in einem Zwangsbeitreibungsverfahren als zahlungsunfähig erwiesen haben, nur ihren Beitragsteil einzahlen. Die von ihnen beschäftigten Versicherungspflichtigen haben dann ihren Beitragsteil an den Zahltagen selbst einzuzahlen.

Gegen diese Anordnung hat der Arbeitgeber die Beschwerde an das Oberversicherungsamt (Beschlußkammer). Es entscheidet endgültig.

Vgl. § 52a Abs. 1, 2, 5, § 65 Abs. 3, § 72 Abs. 3, § 73 Abs. 1 KVG.

Jede Art eines Zwangsbeitreibungsverfahrens genügt, wie die Rechtsprechung des Reichsgerichts schon bisher lautete. Das Beitreibungsverfahren braucht nicht besonders auf die Beiträge gerichtet gewesen zu sein, und es fällt unter den Begriff auch die Zwangsvollstreckung im Zivilprozeß.

Zahlungsunfähigkeit ist schon dann anzunehmen, wenn der Arbeitgeber zwar noch Mittel besitzt, diese aber nur durch ein umständliches Verfahren (z. B. Zwangsvollstreckung in das unbewegliche Vermögen) flüssig gemacht werden können.

Die Beschwerdefrist beträgt einen Monat (§ 128).

Vgl. die folgenden Paragraphen und § 532 (Strafbestimmung).

Inhalt und Bekanntgabe der Anordnung.

§ 399. Die Anordnung muß den Arbeitgeber, für den sie gilt, nach Namen, Wohnort und Geschäftsbetrieb bezeichnen. Sie wird ihm sowie der Polizeibehörde seines Wohnorts und des davon etwa getrennten Betriebssitzes schriftlich mitgeteilt. Verlegt der Arbeitgeber seinen Wohnort oder Betriebssitz, so benachrichtigt die Polizeibehörde die für den neuen Wohnort oder Betriebssitz zuständige Behörde.

Vgl. § 52a Abs. 3, § 65 Abs. 3, § 72 Abs. 3, § 73 Abs. 1 KVG.

Die Mitteilung an die Polizeibehörde (§ 399) ist dem § 104 des Gewerbeunfallversicherungsgesetzes entnommen.

Bekanntmachung an die Versicherungspflichtigen.

§ 400. Der Arbeitgeber hat die Anordnung durch dauernden Aushang in den Arbeitsstätten den von ihm beschäftigten Versicherungspflichtigen bekanntzumachen und diese bei jeder Lohnzahlung darauf hinzuweisen, daß sie ihren Beitragsteil selbst einzuzahlen haben.

Vgl. auch § 532 Abs. 1, Nr. 2 (Strafbestimmung).

Dem bisherigen Recht entsprechend.
Vgl. § 532 Abs. 2 (Strafbestimmung).

Aufhebung der Anordnung.

§ 401. Das Versicherungsamt (Beschlußausschuß) hebt die Anordnung auf, sobald ihm durch Bescheinigung des Kassenvorstandes nachgewiesen wird, daß alle rückständigen und fälligen Verpflichtungen des Arbeitgebers gegen die Kasse erfüllt sind.

Neu.

Zwischenzustand.

§ 402. Solange für Arbeitgeber, die sich im Zwangsbeitreibungsverfahren als zahlungsunfähig erwiesen haben, die Anordnung nicht getroffen ist, haben sie die Lohnabzüge zu machen und den Betrag spätestens binnen drei Tagen an die berechtigte Kasse abzuführen.

Vgl. § 53 Abs. 3, § 65 Abs. 3, § 72 Abs. 3, § 73 Abs. 1 KVG.

Die Bestimmung setzt voraus, daß die Voraussetzungen für eine Anordnung gemäß § 398 vorliegen, eine solche aber noch nicht getroffen ist.
Über Zwangsbeitreibungsverfahren und Zahlungsunfähigkeit vgl. die Anm. zu § 398.
Die Frist ist nach §§ 124 flg. zu berechnen.
Vgl. auch § 532 Abs. 1 Nr. 2 (Strafbestimmung).

Vorschüsse.

§ 403. Die Satzung einer Orts-, Land- oder Innungskrankenkasse kann mit Zustimmung des Oberversicherungsamts bestimmen, unter welchen Voraussetzungen die Kasse Vorschüsse von den Arbeitgebern einfordern soll.

Neu.

Seitens der Krankenkassen ist häufig darüber geklagt worden, daß die bisherigen Vorschriften gegen Arbeitgeber, die mit Abführung der Beiträge im Rückstand sind, nicht ausreichten, um die Kassen vor Einnahmeausfällen zu schützen. Dies namentlich auch deshalb, weil zuvor stets erst die Zahlungsunfähigkeit durch ein Zwangsbeitreibungsverfahren festgestellt sein muß. § 433 gibt daher den Krankenkassen ein Mittel, sich durch geeignete Satzungsbestimmungen weiter zu sichern. Damit von diesem Rechte kein unnötiger oder die Arbeitgeber über Gebühr belästigender Gebrauch gemacht werden kann, ist die Genehmigung des Oberversicherungsamts vorgesehen.

Die Satzung muß die Voraussetzungen und den Umfang der Vorschußpflicht genau vorschreiben.

Die Vorschüsse behalten die rechtliche Natur der Beiträge. Falls sie nicht rechtzeitig bezahlt werden, sind sie daher Rückstände im Sinne des § 28 und können wie Gemeindeabgaben beigetrieben werden.

Die Erteilung der Zustimmung liegt im freien Ermessen des OVA. und kann nur durch die Beschlußkammer versagt werden (§ 324 Abs. 3).

Zahlstellen.

§ 404. Auf Antrag beteiligter Kassen kann das Versicherungsamt (Beschlußausschuß) die gemeinsamen Meldestellen zugleich als Zahlstellen bestimmen, welche Beiträge annehmen und Leistungen auszahlen.

Es kann den Ortsbehörden mit Genehmigung ihrer Aufsichtsbehörden die Geschäfte der Zahlstellen übertragen.

Das Versicherungsamt kann die Krankenkassen mit ihrer Zustimmung und unter Vereinbarung über die Kosten bei der Einziehung der Beiträge unterstützen.

Die Gemeindeaufsichtsbehörde kann die geschäftsleitenden Beamten nach Anhören der Kasse als Vollstrekkungsbeamte bestellen.

Neu.

Die Bestimmung hat die gemäß § 319 vom V. Amt errichteten gemeinsamen Meldestellen im Auge.

Die Vergrößerung der Kassenbezirke wird es den Arbeitgebern und den Versicherten vielfach erwünscht erscheinen lassen, daß ihnen die Stellen näher gerückt werden, an die sie die Beiträge einzuzahlen und bei denen sie die Kassenleistungen abzuheben haben. An sich ist es erwünscht, daß eine Anordnung dieser Art die Zustimmung aller beteiligten Kassen findet. Wollte

man indessen vorschreiben, so könnte die an sich zweckmäßige Maßregel unter Umständen am Widerspruch einer kleinen Minderheit scheitern. Das Gesetz verlangt deshalb zwar einen Antrag seitens der Kassen, aber nur seitens „beteiligter" nicht „der beteiligten Kassen". Daß das Versicherungsamt eine solche Anordnung nicht treffen wird, ohne zuvor alle beteiligten Kassen zu hören und begründeten Widerspruch zu beachten, darf ohne weiteres vorausgesetzt werden.

Die Kosten, welche diese weitere Tätigkeit der Meldestellen verursacht, werden zusammen mit den übrigen Kosten der Meldestellen auf die beteiligten Kassen umgelegt. Dabei wird entweder ebenfalls der Jahreseingang an Meldungen den Verteilungsmaßstab abgeben, oder vom OVA. ein anderer Maßstab, etwa das Verhältnis der eingezogenen Beiträge oder gezahlten Unterstützungen, bestimmt (vgl. § 319 Abs. 2).

Streitigkeiten.

§ 405. Entsteht zwischen dem Arbeitgeber und seinen Beschäftigten Streit über die Berechnung und Anrechnung ihrer Beitragsteile, so entscheidet endgültig das Versicherungsamt (Beschlußausschuß).

Entsteht zwischen einem Arbeitgeber oder einem Versicherten oder bisher Versicherten oder einem zu Versichernden und einer Kasse Streit über das Versicherungsverhältnis oder über die Verpflichtung, Beiträge zu leisten, einzuzahlen oder zurückzuzahlen, so entscheidet das Versicherungsamt (Beschlußausschuß) und auf Beschwerde endgültig das Oberversicherungsamt.

Endgültige Entscheidungen über das Versicherungsverhältnis sind für alle Behörden und Gerichte bindend. Ist jedoch die Mitgliedschaft eines Versicherten für alle beteiligten Kassen endgültig und aus dem Grunde abgelehnt, daß er einer anderen von ihnen anzugehören habe, so bestimmt auf Antrag das diesen Kassen gemeinsame Versicherungsamt (Beschlußausschuß) oder Oberversicherungsamt (Beschlußkammer) oder, wo ein solches fehlt, die oberste Verwaltungsbehörde die zuständige Kasse, ohne an die früheren Entscheidungen gebunden zu sein.

Vgl. § 53a, § 54 Abs. 7, § 58 Abs. 1, § 65 Abs. 3, § 72 Abs. 3, § 73 Abs. 1 KVG.

Die unter Abs. 1 fallenden Streitigkeiten sind meist von geringer Bedeutung. Soweit sie mit Streitigkeiten über das Lohnverhältnis verbunden sind, werden sie sich meist zugleich mit der Entscheidung über den Lohnbetrag erledigen. Nur soweit sie selbständig Gegenstand eines Streites bilden, fallen sie unter Abs. 1. Es wird sich hauptsächlich um die Auslegung der §§ 394, 395 handeln.

Das V. Amt ist unter Ausschluß der ordentlichen Gerichte zuständig. Es hat auch private Abmachungen über Tragung der Beiträge zu berücksichtigen. Die Bestimmung bezieht sich auch auf bereits beendete Beschäftigungsverhältnisse.

Versicherter in Abs. 2 ist auch ein freiwillig Versicherter. Unter einem „zu Versichernden" ist der zu verstehen, der entweder seinerseits versichert sein will oder seine Pflicht, der Versicherung beizutreten, der Kasse gegenüber bestreitet.

Ein Streit über das Versicherungsverhältnis liegt auch dann vor, wenn ein früheres Versicherrungsverhältnis in Frage steht. Es handelt sich hier um eine reine Festellungsklage. Ist die Entscheidung über das Versicherungsverhältnis zur Entscheidung über eine streitige Verpflichtung erforderlich, so wird in dem für die streitige Verpflichtung gegebenen Verfahren mitentschieden. Der Versicherte hat aber nach Abs. 2 jederzeit die wichtige Möglichkeit, etwaige spätere Zweifel über sein Versicherungsverhältnis endgültig (Abs. 3) zu beseitigen.

Beiträge ist im weitesten Sinne zu verstehen, umfaßt also z. B. auch Vorschüsse (§ 403).

Das in Abs. 2 geregelte Verfahren wird nicht durch die genannten Parteien, sondern durch die Art des Streitgegenstandes bestimmt, es findet also auch bei eingetretener Rechtsnachfolge statt, z. B. wenn der Erbe eines Arbeitgebers von diesem zuviel entrichtete Beiträge zurückfordert.

Die Beschwerdefrist ist ein Monat (§ 128). Zuständig ist die Beschlußkammer des OVA. (§ 1781).

Die Vorschrift des ersten Satzes im letzten Absatz will klare Verhältnisse schaffen und widerstreitenden Entscheidungen vorbeugen. Liegt aber eine endgültige Entscheidung nicht vor, so sind die Behörden und Gerichte zur selbständigen Entscheidung berechtigt.

Der letzte Satz beseitigt den mehrfach beobachteten Mißstand, daß zweifellos versicherungspflichtige Personen dadurch ganz aus der Versicherung herausfallen, daß bei einem Zweifel darüber, welcher von zwei örtlich auseinanderliegenden Kassen sie anzugehören haben, infolge abweichender Rechtsauffassung der zuständigen Stellen ihre Zugehörigkeit sowohl zu der einen, wie auch zu der anderen Kasse endgültig verneint wird. Gegen die Möglichkeit des Gegenteils, d. h. der Zuweisung zu mehreren Kassen, schützt jetzt der § 312.

Es gelten auch hier die Vorschriften des Sechsten Buches über Abgabe an das Reichsversicherungsamt, wenn das Oberversicherungsamt von einer veröffentlichten Entscheidung der genannten Behörde abweichen will (§ 1799).

Siebenter Abschnitt.

Kassenverbände. Sektionen.

Vorbemerkung.

Die Bildung von Pflicht-Kassenverbänden ist erwogen, aber abgelehnt worden. Soweit sich Kassen untereinander freiwillig zusammenschließen wollen, um einzelne Versicherungsaufgaben besser zu lösen, ist ihnen dies nach altem wie nach neuem Recht unbenommen.

Von der Bildung dieser Zweckverbände, welche die Selbständigkeit ihrer Mitglieder nicht berühren, und nur einzelne Angelegenheiten gemeinsam wahrnehmen wollen, ist die Vereinigung (§§ 264 flg.) zu unterscheiden, welche eine neue einheitliche Kase entstehen läßt. Dagegen sind die Vereinigungen (§ 414) nur eine Sonderart der Verbände im Sinne dieses Abschnittes.

Vereinigung.

§ 406. Krankenkassen können sich durch übereinstimmenden Beschluß ihrer Ausschüsse zu einem Kassenverbande vereinigen, wenn sie ihren Sitz im Bezirke desselben Versicherungsamts haben.

Mit Genehmigung des Oberversicherungsamts (Beschlußkammer) oder, wenn sie versagt wird, mit Genehmigung der obersten Verwaltungsbehörde kann sich ein Kassenverband über die Bezirke oder Bezirksteile mehrerer Versicherungsämter erstrecken. Das Oberversicherungsamt bestimmt endgültig, welches Versicherungsamt die Aufsicht führt.

Vgl. § 46 Abs. 1, § 64, § 72 Abs. 3, § 73 Abs. 1 KVG.

Über die Aufgaben der Kassenverbände vgl. § 407.

Abs. 2 ist in den Kommissionsverhandlungen beigefügt und will die Zusammenschließung benachbarter, aber in den Bezirken verschiedener V. Ämter gelegenen Kassen ermöglichen.

Um eine eigentliche an eine Frist gebundene Beschwerde handelt es sich bei Angehung der obersten Verwaltungsbehörde nicht, vielmehr um eine selbständige an die Vorentscheidung als Voraussetzung gebundene Zuständigkeit.

Wegen Aufsicht vgl. § 413.

Aufgaben.

§ 407. Der Kassenverband kann für die ihm angeschlossenen Kassen gemeinsam

1. Angestellte und Beamte anstellen,
2. Verträge mit Ärzten, Zahnärzten, Zahntechnikern, Apothekenbesitzern und -verwaltern oder anderen Arzneimittelhändlern, Krankenhäusern sowie über Lieferung von Heilmitteln und anderen Bedürfnissen der Krankenpflege vorbereiten oder abschließen,
3. die Kranken nach einheitlichen Grundsätzen überwachen,
4. Heilanstalten und Genesungsheime anlegen und betreiben,
5. die Ausgaben für die Leistungen bis zur Hälfte oder innerhalb dieser Grenze die Ausgaben für bestimmte Krankheitsarten oder Erkrankungsfälle bis zur vollen Höhe tragen.

Vgl. § 46 Abs. 1, § 64, § 72 Abs. 3, § 73 Abs. 1 KVG.

Unter die zulässigen Aufgaben des Verbandes ist die wichtige Krankenüberwachung neu aufgenommen worden. Abgelehnt wurde dagegen die Bearbeitung der Statistik und die vom Regierungsentwurf vorgeschlagene Veranstaltung von Fortbildungskursen für Ärzte. Darin wurde auffälligerweise eine Kränkung des Ärztestandes erblickt!

Nr. 5 bringt eine erfreuliche Neuerung. Für sehr langwierige und kostspielige Heilverfahren, z. B. bei Lupuserkrankung, deren Kosten (wie es das alte Recht gestattete) auch nur zur Hälfte zu tragen, kleinere Kassen oft nicht in der Lage sind, können jetzt die Verbände in vollem Umfang eintreten.

Auch andere als die eigentlichen Krankenfürsorgekosten, z. B. Wochen-, Schwangeren- und Sterbegeld, fallen unter die Vorschrift.

Andere Aufgaben darf der Kassenverband nicht übernehmen (vgl. unter § 414).

Satzung.

§ 408. Für den Verband ist eine Satzung durch übereinstimmenden Beschluß der beteiligten Kassenausschüsse zu errichten. Sie bedarf der Genehmigung durch das Oberversicherungsamt. Für die Versagung der Genehmigung gilt § 324 Abs. 2, 4.

Die §§ 4 bis 34 gelten entsprechend.

Vgl. § 46 Abs. 2, 3, 4, § 64, § 72 Abs. 3, § 73 Abs. 1 KVG.

Danach ist der Kassenverband rechtsfähig und gelten die allgemeinen Vorschriften über Organe, Ehrenämter, Vermögen und Aufsicht. Diese Vorschriften mußten ausdrücklich für anwendbar erklärt werden, da der Kassenverband nicht Versicherungsträger nach § 3 ist.

Satzungsinhalt.

§ 409. Die Satzung muß bestimmen über

1. Namen und Sitz des Verbandes und der ihm angeschlossenen Kassen,
2. Zwecke des Verbandes,
3. Zusammensetzung, Wahl, Rechte und Pflichten des Vorstandes und des etwa gewählten Ausschusses,
4. Feststellung des Voranschlags und Abnahme der Jahresrechnung,
5. Umlegung der Beiträge zur Deckung der Verbandsausgaben sowie Ausschreibung und Verrechnung etwa erforderlicher Zuschüsse,
6. Änderung der Satzung.

Vgl. § 46 Abs. 2, 3, 4, § 64, § 72 Abs. 3, § 73 Abs. 1 KVG.

Über Zwecke des Verbandes vgl. § 407.

Nach Nr. 3 ist Bestellung eines Ausschusses zulässig, aber nicht erforderlich.

Auch die Änderung der Satzung (Nr. 6) bedarf der Genehmigung des OVA., wie aus § 408 folgt.

Verhältnis zu Ärzten u. s. w.

§ 410. Was nach den §§ 368 bis 376 für Krankenkassen gilt, ist auf Kassenverbände entsprechend anzuwenden.

Neu.

Die angezogenen Paragraphen umfassen Teil VI des 4. Abschnitts über das Verhältnis zu Ärzten, Zahnärzten, Krankenhäusern und Apotheken.

Ausscheiden aus dem Verband.

§ 411. Jede Kasse kann mit dem Schlusse des Geschäftsjahrs aus dem Verband ausscheiden, wenn sie es spätestens sechs Monate zuvor bei dem Vorstande beantragt hat.

Die beteiligten Kassenausschüsse können den Verband durch übereinstimmenden Beschluß auflösen.

Für die zur Zeit des Ausscheidens bestehenden Verbindlichkeiten des Kassenverbandes haftet die ausgeschiedene Kasse wie ein Gesamtschuldner. Die Ansprüche gegen die Kasse aus diesen Verbindlichkeiten verjähren in zwei Jahren nach dem Ausscheiden, sofern nicht der Anspruch gegen den Kassenverband einer kürzeren Verjährung unterliegt; wird der Anspruch gegen den Kassenverband erst nach dem Ausscheiden fällig, so beginnt die Verjährung mit dem Zeitpunkte der Fälligkeit.

Vgl. § 46a Abs. 1, 2, § 64, § 72 Abs. 3, § 73 Abs. 1 KVG.

Geschäftsjahr ist das Kalenderjahr (§ 164).

Der Auflösungsbeschluß bedarf nicht der Genehmigung. Bestehende Verbindlichkeiten im Sinne des 3. Abs. sind solche, für die bereits die Rechtsgrundlage geschaffen ist, also z. B. auch später erst fällig werdende Leistungen. Gesamtschuldner haften dem Gläubiger auf die ganze Leistung, sind aber unter sich zur Ausgleichung verpflichtet (vgl. §§ 421 flg. des BGB.).

Wegen der Berechnung der Fristen vgl. §§ 124 flg.

Auseinandersetzung.

§ 412. Bei Ausscheiden einer Kasse oder Auflösung des Verbandes erhält von seinem Reinvermögen (§ 293) jede ausscheidende Kasse den Anteil, der für das letzte Geschäftsjahr dem Verhältnis ihrer Beiträge zu den Gesamtbeiträgen an den Verband entspricht. Ergibt sich ein Fehlbetrag, so hat jede ausscheidende Kasse nach demselben Verhältnis zuzuschießen.

Durch die Satzung oder durch Übereinkommen kann anderes bestimmt werden.

Vgl. § 46a Abs. 3, § 64, § 72 Abs. 3, § 73 Abs. 1 KVG.

Über Ausscheiden und Auflösung vgl. § 411.

Eine Regelung gemäß Abs. 2 berührt die Haftung gegenüber den Gläubigern (§ 411 Abs. 3) nicht.

Aufsicht.

§ 413. Die Aufsicht über den Verband führt das Versicherungsamt. Die §§ 377 bis 379 gelten entsprechend.

Für die Angestellten des Verbandes gelten die §§ 349 bis 361 entsprechend; ebenso für die Verwaltung der Mittel die §§ 363, 365. Der Bundesrat kann bestimmen, wie weit die §§ 366, 367 gelten.

Entsteht zwischen dem Verband und den beteiligten Kassen Streit aus dem Verbandsverhältnisse, so entscheidet das Versicherungsamt (Beschlußausschuß).

Vgl. § 58 Abs. 3, § 65 Abs. 3, § 72 Abs. 3, § 73 Abs. 1

Gegen die Entscheidung des V. Amts ist Beschwerde an die Beschlußkammer des OVA. und weitere Beschwerde an den Beschlußsenat des RVA. (LV. Amt) zulässig (§§ 1792, 1797, 1781). Die Beschwerdefristen sind ein Monat (§ 128).

Kassenvereinigungen.

§ 414. Für Kassenvereinigungen anderer Art, die den allgemeinen Zwecken der Krankenhilfe dienen, dürfen Kassenmittel nur mit Zustimmung beider Gruppen im Vorstande verwendet werden. Mit Genehmigung der obersten Verwaltungsbehörde dürfen solche Kassenvereinigungen auch einzelne der im § 407 bezeichneten Aufgaben übernehmen.

Neu.

Vereinigungen im Sinne des § 414 sind im Gegensatz zu den Kassenverbänden nicht rechtsfähig. Die Beschränkung des § 406 gilt für sie nicht. Aufgaben, die das Gesetz den Krankenkassen selbst zuweist, dürfen sie nur im Falle des Satz 2, also nur mit Genehmigung und in dem in § 407 vorgesehenen Umfang übernehmen.

Die Bildung solcher freier Vereinigungen ist im allgemeinen hygienischen Interesse sehr wünschenswert. Es ist dabei gedacht worden z. B. an die Bestrebungen zur Heilung tuberkulosekranker Kinder, die durch die finanzielle Unterstützung solcher Vereinigungen ungemein gefördert werden können.

Sektionen.

§ 415. Krankenkassen können mit Zustimmung des Oberversicherungsamts für bestimmte Gruppen ihrer Mitglieder oder für bestimmte Bezirke Sektionen errichten und ihnen einen Teil, jedoch höchstens zwei Drittel, der Einnahmen und der Leistungen zuweisen. Das Nähere, namentlich über Verfassung, Verwaltung, Aufgaben und Zuständigkeit bestimmt die Satzung.

Der in den Kommissionsberatungen eingefügte Paragraph will großen Kassen die Möglichkeit der Zerlegung in Unterabteilungen geben.

Auch die Errichtung der Sektionen erfolgt durch die Satzung. Daher dürfte auch § 324 Abs. 3 für die Zustimmung anwendbar sein (freies Ermessen, Versagung durch Beschlußkammer).

Achter Abschnitt.

Besondere Berufszweige.

I. Allgemeine Vorschrift.

Übersicht.

§ 416. Die Vorschriften dieses Buches gelten mit den besonderen Vorschriften der

§§ 417—434 für die in der Landwirtschaft Beschäftigten,

§§ 435—440 für Dienstboten,
§§ 441—458 für unständig Beschäftigte,
§§ 459—465 für die im Wandergewerbe Beschäftigten,
§§ 466—493 für Hausgewerbtreibende und ihre hausgewerblich Beschäftigten sowie des
§ 494 für Lehrlinge.

Vgl. Reichsgesetz vom 5. Mai 1886 § 133. § 2 Abs. 1, Nr. 6. § 54 Abs. 1 KVG.

Die allgemeinen Vorschriften gelten also nur insoweit, als die angegebenen Bestimmungen nicht Sondervorschriften enthalten.

Vgl. § 166.

II. Landwirtschaft.

Vorbemerkung.

Die Vorschriften über Landwirtschaft gelten nach § 161 auch für Forstwirtschaft.

Der reichsgesetzliche Versicherungszwang für land- und forstwirtschaftlich Beschäftigte ist neu. Schon bisher war aber landesgesetzliche und statutarische Ausdehnung der Versicherungspflicht zulässig und weit verbreitet (Sachsen, Baden, Hessen, Braunschweig, Anhalt, Sachsen-Weimar, die drei sächsischen Herzogtümer, beide Schwarzburg, Reuß j. L., Bremen). Bayern und Württemberg besaßen für landwirtschaftlich Beschäftigte landesrechtliche Krankenfürsorge mit geringeren Leistungen.

Die Besonderheiten der ländlichen Verhältnisse haben zu einer von den regelmäßigen Vorschriften vielfach abweichenden Sonderregelung geführt. Die landwirtschaftlich Beschäftigten können den gewerblich Beschäftigten zwar völlig gleichgestellt, aber auch erheblich verschieden behandelt werden. Dabei ist den obersten Landesbehörden weiter Spielraum gelassen. Wichtig sind insbesondere die weitgehenden Befreiungen von der Versicherungspflicht und Beschränkungen der Leistungen (§§ 418 bis 425) und die Möglichkeit zur Einführung der sogen. erweiterten Krankenpflege (§§ 426 bis 433).

Die Vorschriften über landwirtschaftlich Beschäftigte gelten zum größten Teil auch für Dienstboten (§ 435).

Nebenbetriebe.

§ 417. Als in der Landwirtschaft Beschäftigter gilt auch, wer

1. in landwirtschaftlichen Nebenbetrieben (§§ 918 bis 921) beschäftigt wird,
2. in landwirtschaftlichen Betrieben beschäftigt wird, die Nebenbetriebe eines gewerblichen Betriebs sind, und nicht nach § 540 durch die Satzung einer gewerblichen Berufsgenossenshaft bei dieser versichert ist.

Neu.

Daß landwirtschaftliche Nebenbetriebe dem Hauptbetriebe hinsichtlich der Fragen der Krankenversicherung folgen, entspricht dem Rechtszustande bei der Unfallversicherung. Landwirtschaftliche Nebenbetriebe sind im wesentlichen solche Unternehmer, die ein landwirtschaftlicher Unternehmer neben seiner Landwirtschaft, aber in wirtschaftlicher Abhängigkeit von ihr betreibt. Wegen der Einzelheiten siehe bei den §§ 918 bis 921.

Auch wegen der Versicherung der in solchen landwirtschaftlichen Betrieben, welche Nebenbetriebe eines gewerblichen Betriebs sind, beschäftigten Personen schließt sich das Gesetz der entsprechenden Regelung bei der Unfallversicherung an.

§ 540 Nr. 1 gehören solche Betriebe der landwirtschaftlichen Unfallversicherung an und können nur dann durch die Satzung einer gewerblichen Berufsgenossenschaft der Versicherung bei dieser unterworfen werden, wenn in ihnen überwiegend Personen aus dem Hauptbetrieb tätig sind. Ist eine solche Ausdehnung erfolgt, so gelten die in dem Nebenbetrieb tätigen Personen auch für die Krankenversicherung als gewerblich, sonst aber als landwirtschaftlich Beschäftigte.

Befreiung von der Versicherungspflicht.

§ 418. Von der Versicherungspflicht wird auf Antrag des Arbeitgebers befreit, wer an diesen bei Erkrankung

Rechtsanspruch auf eine Unterstützung hat, die den Leistungen der zuständigen Krankenkasse gleichwertig ist.

Voraussetzung ist, daß

1. der Arbeitgeber die volle Unterstützung aus eigenen Mitteln deckt,
2. seine Leistungsfähigkeit sicher ist,
3. er den Antrag für seine sämtlichen in der Landwirtschaft Beschäftigten stellt, soweit sie durch Vertrag zur regelmäßigen Arbeit für mindestens zwei Wochen verpflichtet sind.

Dabei gilt § 175 mit der Maßgabe, daß statt des Versicherungsamts das Oberversicherungsamt endgültig entscheidet.

Vgl. Reichsgesetz v. 5. Mai 1886 § 136.
Gilt auch für Dienstboten.

Der § 418 hält im wesentlichen das geltende Recht aufrecht. Nach § 136 des Reichsgesetzes vom 5. Mai 1886 ist die Befreiung in dem beantragten Umfang auch jetzt zulässig und viele Großgrundbesitzer haben davon Gebrauch gemacht, dagegen nur wenige kleine und mittlere Gutsbesitzer, weil das Risiko zu groß ist. Nachdem man den Großgrundbesitzern das Recht der Errichtung kleiner Betriebskrankenkassen gegeben hat, will man durch den obigen Paragraphen dem kleineren und mittleren landwirtschaftlichen Unternehmer, wenn ihm besonders daran gelegen ist, ebenfalls die Möglichkeit gewähren, die Fürsorge für seine Arbeiter zu übernehmen, um dadurch bestehende enge persönliche Beziehungen aufrechtzuerhalten.

In der Kommission wurde von einem Regierungsvertreter hervorgehoben, die Befürchtung, daß der § 418 den Landkrankenkassen einen erheblichen Teil der Versicherten entziehen werde, sei kaum begründet. Der Arbeitgeber müsse als Voraussetzung der Befreiung so erhebliche Leistungen übernehmen, daß die Nachprüfung der Leistungsfähigkeit die Befreiung auf einen verhältnismäßig kleinen Kreis von größeren Grundbesitzern beschränken werde, die ohnehin berechtigt sein würden, eine Betriebskrankenkasse zu errichten.

Arbeitgeber, die von der Vergünstigung dieses Paragraphen Gebrauch machen wollen, werden die Arbeitsverträge mit ihren Arbeitnehmern von vornherein entsprechend abzufassen oder zu ergänzen haben.

Die Tätigkeit bei einem Arbeitgeber unter Befreiung nach § 418 steht in allen Beziehungen der Zugehörigkeit zu einer

Krankenkasse gleich, so daß also im Falle vorhergehender Befreiung alle Kassenleistungen ebenso gewährt werden müssen, als wenn der Befreite während dieser Zeit einer gesetzlichen Krankenkasse angehört hätte. Siehe § 419.

Zuständige Krankenkasse ist in der Regel die Landkrankenkasse des Bezirks (§ 235) unter Umständen (§§ 227 bis 229) aber auch die allgemeine Ortskrankenkasse (§ 237 Abs. 2). Es sind zur Vergleichung hier nicht etwa die Regelleistungen (§ 179), sondern der tatsächlich gewährten Leistungen in Betracht zu ziehen.

Der Arbeitgeber kann nicht verhindert werden, sich wegen der übernommenen Leistungen durch Abschluß einer Rückversicherung zu decken. Der Arbeitgeber muß aber die Prämien für diese Rückversicherung völlig aus eigenen Mitteln bezahlen, es ist nicht gestattet, den Befreiten in irgend einer Form zur Zahlung der Prämien heranzuziehen.

§ 418 gilt auch für die Dienstboten. Ein landwirtschaftlicher Arbeitgeber kann nur für seine landwirtschaftlichen Arbeiter oder nur für seine Dienstboten oder für beide zusammen den Antrag auf Befreiung stellen. Die Unterscheidung zwischen landwirtschaftlichen Beschäftigten und Dienstboten ist jedoch nach den tatsächlichen Verhältnissen manchmal schwierig.

Nach § 175 entscheidet über den Befreiungsantrag der Kassenvorstand und wirkt die Befreiung vom Eingang des Antrags an.

Das OVA. (nicht die Beschlußkammer!) entscheidet „statt das V. Amt". Die Beschwerde gegen die Entscheidung des Kassenvorstands geht also unmittelbar an das OVA. Sie ist innerhalb eines Monats einzulegen.

Vgl. auch §§ 419, 422.

Wirkungen der Befreiung.

§ 419. Die Befreiung gilt nur für die Dauer des Arbeitsvertrags. Sie erlischt vorher, wenn der Arbeitgeber seine sämtlichen Befreiten zur Kasse anmeldet, oder wenn das Versicherungsamt von selbst oder auf Antrag eines Befreiten feststellt, daß der Arbeitgeber nicht leistungsfähig ist. Für Versicherungsfälle, die bei Ablauf der Befreiung bereits eingetreten sind oder im Falle des § 214 in den ersten drei Wochen nach diesem Ablauf eintreten, hat die Kasse nichts zu leisten; der Anspruch des Befreiten gegen den Arbeitgeber bleibt unberührt.

Für die Befreiten gilt § 313 sinngemäß so, als ob sie bis zum Ablauf der Befreiung Mitglieder der Kasse gewesen wären; ebenso gelten entsprechend die §§ 195 bis 200, 224.

Neu.

Gilt auch für Dienstboten.

Die Tätigkeit bei einem Arbeitgeber unter Befreiung gemäß § 418, steht im allgemeinen der Zugehörigkeit zu einer Krankenkasse gleich. Läuft die Befreiung unter Fortdauer des Beschäftigungsverhältnisses ab, so ist der bisher Befreite ohne weiteres Mitglied seiner Kasse. Jedoch übernimmt die Kasse nicht, wie es bei Übertritt von einer zur andern Kasse nach § 212 geschieht, die Leistung für bereits eingetretene Versicherungsfälle. Ebensowenig hat sie einzutreten, wenn ein vor Ablauf der Befreiung wegen Erwerbslosigkeit Ausgeschiedener innerhalb drei Wochen nach dem Ausscheiden erkrankt (§ 214). In diesen Fällen muß vielmehr der Arbeitgeber die gesetzlichen Leistungen gewähren.

Scheidet der befreite Beschäftigte aus der Beschäftigung aus, so kann er die Mitgliedschaft bei der für ihn zuständigen Kasse gemäß § 313 so fortsetzen, als wäre er bisher bei ihr versichert gewesen; die Zeit der Befreiung wird ihm also auch die in § 313 vorgeschriebene Wartezeit angerechnet. Ebenso erfolgt die Anrechnung auf die für die Wochenhilfe (§§ 195 bis 200) vorgeschriebene Wartezeiten.

Auch bei Verteilung der Wochengeldlast unter die Kassen nach dem Verhältnis der Mitgliedzeit (§ 197) rechnet die Zeit der Befreiung mit. Hieraus erwachsende Erstattungsansprüche zwischen dem Arbeitgeber und Kassen werden nach § 224, also im Spruchverfahren, von dem V. Amt entschieden.

Vgl. § 422.

Wegfall des Krankengeldes.

§ 420. Auf Antrag des Arbeitgebers werden für die Dauer des Arbeitsvertrags unter Wegfall des Anspruchs der Versicherten auf Krankengeld die Kassenbeiträge entsprechend ermäßigt, wenn erweislich mindestens

1. der Arbeitsvertrag auf ein Jahr abgeschlossen ist,
2. die Versicherten

   entweder für das Jahr Sachleistungen im dreihundertfachen Werte des satzungsmäßigen täglichen Krankengeldes oder für den Arbeitstag einen Entgelt im Werte dieses Krankengeldes beziehen und

3. ihnen ein Rechtsanspruch auf diese Leistungen für die Geltungsdauer des Arbeitsvertrags zusteht.

Ist der Versicherte über die Geltungsdauer des Arbeitsvertrags hinaus krank und arbeitsunfähig, so tritt sein Anspruch auf Krankengeld wieder in Kraft. Der Arbeitgeber hat der Kasse das Krankengeld zu erstatten. § 28 gilt entsprechend.

Die Beiträge werden durch die Satzung mit Zustimmung des Oberversicherungsamts nach dem Verhältnis des Krankengeldes zum Werte der anderen Kassenleistungen ermäßigt.

Vgl. Reichsgesetz v. 5 Mai. 1886 § 137 Abs. 1, 2.

Lediglich der Krankengeldanspruch fällt fort, alle übrigen Ansprüche, also insbesondere die auf Krankenhilfe, Wochenhilfe und Sterbegeld, bleiben bestehen; vgl. aber § 425.

Der Anspruch auf Krankengeld besteht vom Ablauf des Arbeitsvertrags an. Nach § 28 werden Rückstände wie Gemeindeabgaben beigetrieben und gemeinsam im Konkurs das Vorzugsrecht des § 61 Nr. 1 der Konkursordnung.

Die Zustimmung in Abs. 3 erfolgt nach freiem Ermessen, die Versagung nur durch die Beschlußkammer (§ 324 Abs. 3).

Vgl. § 422.

Kürzung des Krankengeldes.

§ 421. Mit Zustimmung des Oberversicherungsamts kann die Satzung für Versicherte, denen in Krankheitsfällen nach ihrem Arbeitsvertrage geringere als die im § 420 Abs. 1, Nr. 2 bezeichneten Leistungen zustehen, das Krankengeld kürzen; die Beiträge sind entsprechend zu ermäßigen.

Vgl. Reichsgesetz v. 5. Mai 1886 § 138.

Die Bestimmung verlangt nur geringere Leistungen als § 420 Abs. 1, Nr. 2 und sieht dafür statt Wegfall des Krankengeldes Kürzung vor; im übrigen sind hier die Voraussetzungen durchaus die gleichen wie in § 420; siehe die Anmerkung zu diesem.

Vgl. auch §§ 422, 425.

Eintritt der Kasse; Streitigkeiten.

§ 422. Soweit der Arbeitgeber die Unterstützung (§§ 418, 419) nicht leistet, hat die Kasse auf Antrag dem Befreiten die satzungsmäßigen Leistungen zu gewähren; soweit der Arbeitgeber die vertragsmäßigen Leistungen (§§ 420, 421) nicht erfüllt, hat sie dem erkrankten Mitglied auf Antrag das Krankengeld zu zahlen.

Der Arbeitgeber hat ihr das Geleistete zu erstatten. § 28 gilt entsprechend.

Bei Streit über den Erstattungsanspruch (Abs. 2, § 420 Abs. 2) entscheidet das Versicherungsamt im Spruchverfahren.

Vgl. Reichsgesetz v. 5 Mai 1886 § 137 Abs. 3, § 138.

Gilt auch für Dienstboten.

Nach § 28 werden Rückstände wie Gemeindeabgaben beigetrieben und haben im Konkurs das Vorzugsrecht des § 61 Nr. 1 der Konkursordnung.

Der obige § 422 hat keinerlei Bedeutung für Entscheidungen über Fortzahlung oder Fortfall des Lohnes bei Erkrankung des Versicherten. Nach den §§ 420, 421 muß dem Versicherten vertragsmäßig ein gewisser Lohn auch für die Zeit der Erkrankung zugesichert sein, damit eine Kürzung des Krankengeldes eintreten kann. Diese Vorschrift ergänzt § 422 dahin, daß bei Nichterfüllung der in den §§ 420, 421 vorausgesetzten vertragsmäßigen Leistungen der Anspruch auf Krankengeld wieder auflebt (Abs. 1); das gezahlte Krankengeld muß der Arbeitgeber der Kasse ersetzen (Abs. 2) und bei Streit über den Erstattungsanspruch greift Abs. 3 Platz. Für das Spruchverfahren gelten die besonderen Vorschriften der §§ 1771 bis 1779.

Vgl. auch § 425.

Wegfall des Krankengeldes für Rentenempfänger.

§ 423. Die Satzung einer Landkrankenkasse kann mit Zustimmung des Oberversicherungsamts bestimmen, daß Versicherte kein Krankengeld erhalten, denen auf Grund der Reichsversicherung eine dauernde jährliche Rente mindestens im dreihundertfachen Betrage des satzungsmäßigen täglichen Krankengeldes gewährt ist.

Die Beiträge für diese Mitglieder sind entsprechend (§ 420 Abs. 3) zu ermäßigen.

Die Satzung kann mit Zustimmung des Oberversicherungsamts für Beschäftigte, die dauernd nur zu einem geringen Teil arbeitsfähig sind, den Grundlohn niedriger als den Ortslohn festsetzen.

Neu.

Die Vorschrift in Abs. 1 soll die Kasse gegen eine übermäßige Inanspruchnahme durch Personen schützen, die ohnehin der Grenze der Arbeitsunfähigkeit nahe stehen.

Ähnliche Erwägungen liegen der Vorschrift im Abs. 3 zu Grunde: es ist weder berechtigt noch zweckmäßig, wenn das Krankengeld, das ein Versicherter erhält, dessen regelmäßigen Arbeitsverdienst übersteigt.

Die Bestimmung der Satzung bezieht sich trotz der allgemeinen Fassung nur auf die landwirtschaftlichen Mitglieder der Kasse. Sind diese aber ausnahmsweise in der allgemeinen Ortskrankenkasse (§§ 227, 228, 229, § 237 Abs. 2), so kann eine solche Bestimmung für sie nicht erfolgen.

Die Zustimmung des OVA.s erfolgt nach freiem Ermessen, die Versagung nur durch die Beschlußkammer (§ 324 Abs. 3).

Die Rente muß bereits gewährt sein. Erfolgt die Bewilligung erst nachträglich, so ist Abs. 1 nicht anwendbar.

Über den Betrag des Krankengeldes vgl. § 182, Nr. 2, § 191.

Nach § 181 kann bei Landkrankenkassen der Ortslohn (vgl. §§ 149 bis 152) als Grundlohn bestimmt werden. Unter den Voraussetzungen des Abs. 3 kann für einzelne Versicherte noch weiter heruntergegangen werden. Eine Ermäßigung der Beiträge ist in diesem Falle nicht erforderlich, weil sich diese unmittelbar nach dem Grundlohn berechnen (§ 385).

Vgl. § 425.

Herabsetzung des Krankengeldes im Winter.

§ 424. Die Satzung einer Landkrankenkasse kann allgemein oder für gewisse Gruppen Versicherter mit Zustimmung des Oberversicherungsamtes das Krankengeld für die Zeit vom 1. Oktober bis zum 31. März oder für einen Teil dieser Zeit bis auf ein Viertel des Ortslohns herabsetzen; sie muß entsprechend entweder für dieselbe Zeit die Beiträge ermäßigen oder für die übrige Zeit das Krankengeld in den zulässigen Grenzen erhöhen. Das Gleiche gilt entsprechend für das Hausgeld.

Neu.

Der Zweck eines Krankengeldes geht dahin, dem Versicherten in gewissen Grenzen einen Ersatz für den Ausfall an Verdienst zu verschaffen, den er infolge des Eintritts einer Arbeitsunfähigkeit erleidet. Erhält er daher das Krankengeld für eine Zeit, in der er ohnehin, weil seine Beschäftigung unterbrochen oder gemindert ist, keinen oder nur einen geringen Arbeitsverdienst erzielt, so trifft der Grund für den Bezug des Krankengeldes nicht oder nur zum Teil zu. Unter Umständen kommt dann sogar der Versicherte durch seine Erkrankung in eine günstigere wirtschaftliche Lage. Es liegt auf der Hand, daß damit ein nicht zu unterschätzender Anreiz gegeben wird, zu simulieren. Diese Gefahr liegt auf dem Lande besonders nahe, wo im Winter vielfach regelmäßig und für lange Dauer die Arbeit unterbrochen wird und überdies die Kranken infolge der großen Entfernungen schwerer überwacht werden können. Bei einem geringeren Krankengeld ist das Interesse des Versicherten an der Simulation und vor allem die Last für die Kasse entsprechend geringer. Mit der Verminderung des Krankengeldes in den Wintermonaten muß eine angemessene Heraufsetzung im Sommer oder aber eine entsprechende Ermäßigung der Beiträge verbunden sein.

Die Bestimmung bezieht sich, ebenso wie § 423 trotz ihrer allgemeinen Fassung nur auf landwirtschaftliche Mitglieder von Landkrankenkassen. Dagegen können weder Landkrankenkassen für ihre übrigen Mitglieder, noch allgemeine Ortskrankenkassen für etwaige landwirtschaftliche (§§ 227 bis 229, 237 Abs. 2) von ihr Gebrauch machen.

Eine dem § 424 entsprechende Bestimmung ist aber nur dann zulässig, wenn nach den tatsächlichen Verhältnissen der Arbeitsverdienst in dieser Zeit ganz oder entsprechend wegfällt.

Die Zustimmung des OVA.s erfolgt nach freiem Ermessen, die Versagung nur durch die Beschlußkammer (§ 324 Abs. 3).

Über Hausgeld siehe § 186. Auf die übrigen Barleistungen (insbes. Wochen- und Sterbegeld) bezieht sich die Vorschrift nicht (§ 425).

Entsprechende Anwendung.

§ 425. Was nach den §§ 420 bis 423 für das Krankengeld gilt, gilt auch für die anderen Barleistungen der Kasse mit Ausnahme des Sterbegeldes.

Neu.

Andere Barleistungen sind insbesondere Hausgeld (§ 186), Wochengeld (§ 195), Stillgeld (§ 200), Sterbegeld (§ 201) und in gewissem Umfang Familienhilfe (§ 205 Nr. 2 und 3). Keine Barleistungen sind aber Leistungen, die regelmäßig Sach- und nur ausnahmsweise Geldleistungen sind (vgl. z. B. § 370).

Der Wert der Sachleistungen oder Rente (vgl. §§ 420 Nr. 1, 421, 423) muß hier statt mit dem Krankengeld mit den übrigen jeweils in Betracht kommenden Barleistungen verglichen werden.

Über die Möglichkeit der Kürzung des Wochengeldes bei Mitgliedern von Landkrankenkassen vgl. § 195 Abs. 2.

Erweiterte Krankenpflege.

§ 426. Die oberste Verwaltungsbehörde kann für das Gebiet des Bundesstaats oder Teile davon den Landkrankenkassen gestatten, durch die Satzung für arbeitsunfähig Erkrankte erweiterte Krankenpflege (§ 429) einzuführen.

Neu.

Gilt auch für Dienstboten und hausgewerblich Beschäftigte.

Erweiterte Krankenpflege hat schon bisher in Form der Krankenpflegeversicherung vielfach landesrechtlich bestanden. Sie stellt zwar gegenüber der regelmäßigen Kranken*hilfe* des § 182 eine geringere Leistung, aber insofern eine Erweiterung der Kranken*pflege* (§ 182 Nr. 1) dar, als statt der ärztlichen Behandlung und Versorgung mit Arznei regelmäßig Kur und Verpflegung in einem Krankenhaus gewährt wird (§ 429).

Die Satzung darf die erweiterte Krankenpflege, abgesehen von der Gestattung durch die oberste Verwaltungsbehörde, nur *unter gewissen Voraussetzungen* (§ 427) und mit *Zustimmung des OVA.s* (§ 428) einführen.

Die Einführung darf nicht für alle Mitglieder der Landkrankenkassen erfolgen, sondern nur *soweit es besonders gestattet ist*, also für land- und forstwirtschaftliche Arbeiter (§§ 426, 161), für *Dienstboten* (§ 435) und für *hausgewerblich Beschäftigte* (§ 487).

Voraussetzungen.

§ 427. Die Satzung darf dies nur bestimmen, wenn im Bezirke der Landkrankenkasse

1. sonst die Leistungsfähigkeit der in der Landwirtschaft Beschäftigten oder ihrer Arbeitgeber beeinträchtigt werden würde und
2. eine ausreichende Zahl von Krankenhäusern und ähnlichen Heilanstalten die Durchführung der erweiterten Krankenpflege sichert.

Neu.

Gilt auch für Dienstboten, jedoch ohne Nr. 1 (vgl. § 435) und hausgewerblich Beschäftigte.

Das Vorliegen dieser Voraussetzungen ist vom OVA. bei Erteilung der Zustimmung (§ 428) zu prüfen.

Zustimmung.

§ 428. Die Bestimmung bedarf der Zustimmung des Oberversicherungsamts, jedoch in Bezirken, in denen die in der Landwirtschaft Beschäftigten bereits nach den allgemeinen Vorschriften dieses Buches oder nach dem Krankenversicherungsgesetze versichert sind, denjenigen der obersten Verwaltungsbehörde.

Neu.

Gilt auch für Dienstboten und hausgewerbl. Beschäftigte.

Die Zustimmung des OVA.s erfolgt nach freiem Ermessen, die Versagung nur durch die Beschlußkammer (§ 324 Abs. 3).

Zustimmung der obersten Verwaltungsbehörde ist erforderlich, soweit die Einführung der erweiterten Krankenpflege erst nach dem Inkrafttreten der RVO. erfolgt oder soweit die landwirtschaftlich Beschäftigten bereits nach dem Krankenversicherungsgesetz versichert waren. Letzteres war der Fall in Sachsen, Baden, Hessen, Braunschweig, Anhalt, Sachsen-Weimar, den drei sächsischen Herzogtümern, Schwarzburg-Sondershausen und Rudolstadt, Reuß j. L. und Bremen. Außerdem hatten zahlreiche Gemeinden und Gemeindeverbände von der Möglichkeit statutarischer Ausdehnung Gebrauch gemacht.

Gegenstand der erweiterten Krankenpflege.

§ 429. Als erweiterte Krankenpflege wird statt der Krankenpflege und des Krankengeldes Kur und Verpflegung in einem Krankenhaus oder einer ähnlichen Heilanstalt gewährt. Diese Leistung gilt als Regelleistung.

Neu.

Gilt auch für Dienstboten und hausgewerbl. Beschäftigte.

Über Kur und Verpflegung in einem Krankenhaus vgl. bei § 184. Die Kasse ist zur Gewährung, der Versicherte zur Entgegennahme der Krankenhauspflege regelmäßig verpflichtet (vgl. § 430, 431).

Der letzte Satz ist von der Kommission beigefügt. Er bringt zum Ausdruck, daß die erweiterte Krankenpflege nicht eine Minderleistung für einzelne Personen, sondern eine gleichgeordnete Regelleistung im Sinne des § 179 ist.

Ausnahme.

§ 430. Der arbeitsunfähig Erkrankte braucht nicht in eine Heilanstalt gebracht zu werden, wenn es nach ärztlichem Gutachten die Heilung nicht fördern würde.

Wenn der arbeitsunfähig Erkrankte ohne sein Verschulden in keine Heilanstalt gebracht wird, so hat die Landkrankenkasse die gesetzliche Krankenhilfe zu gewähren. Die Satzung kann bestimmen, daß unter den Voraussetzungen der §§ 420, 421 das Krankengeld ganz oder teilweise nicht ausgezahlt, sondern auf die demnächst fälligen Beiträge für die Versicherten verrechnet wird.

Neu.

Gilt auch für hausgewerbl. Beschäftigte und Dienstboten, für letztere jedoch mit Einschränkung (§ 435).

Ist der Erkrankte nicht arbeitsunfähig, so hat er Anspruch auf die regelmäßige Krankenpflege nach § 182 Nr. 1. Ist er aber arbeitsunfähig, so hat er, von der Ausnahme des Abs. 1 abgesehen, stets Anspruch auf Krankenhauspflege.

Daß der Erkrankte ohne sein Verschulden nicht in eine Heilanstalt gebracht wird, ist sowohl im Falle des Abs. 1 als auch dann möglich, wenn die Verbringung unmöglich ist. In diesem Falle ist die volle Krankenhilfe nach § 182, also insbesondere auch Krankengeld zu gewähren. Letzteres kann jedoch bei längeren Arbeitsverträgen, die dem Versicherten einen Rechtsanspruch auf entsprechende Leistungen auch für eine etwaige Krankheitszeit sichern (§§ 420, 421), auf künftige Beiträge verrechnet werden.

Vgl. § 431.

Ablehnung.

§ 431. Solange der Erkrankte die Krankenhauspflege da ablehnt, wo sie nach § 184 seiner Zustimmung bedürfen würde, hat er, sofern die Satzung nichts anderes bestimmt, nur auf Krankenpflege und, wenn er bisher von seinem Arbeitsverdienst Angehörige ganz oder überwiegend unterhalten hat, auf das halbe Krankengeld Anspruch.

N e u.

Gilt auch für Dienstboten und hausgewerbl. Beschäftigte.

Wenn ein Versicherter die Annahme der ihm von der Krankenkasse angebotenen Krankenhauspflege unberechtigt in Fällen ablehnt, in denen nach § 184 seine Zustimmung nicht erforderlich ist, so geht er für die Dauer der Weigerung aller Ansprüche aus der Versicherung an die Krankenkasse verlustig. Dies gilt auch bei der erweiterten Krankenpflege.

Der Zustimmung des Versicherten bedarf es nach § 184, wenn der Kranke einen eigenen Haushalt hat oder Mitglied des Haushalts seiner Familie ist (soweit nicht die Ausnahmen des § 184 Abs. 3 gegeben sind). Diese Gründe berechtigen nicht auch zur Ablehnung der erweiterten Krankenpflege, finden aber auch bei dieser insofern Berücksichtigung, als nicht Verlust, sondern nur eine Minderung der Ansprüche eintritt.

Wegen Krankengeld vgl. § 182 Nr. 2.

Sonstige Leistungen und Beiträge.

§ 432. Die Satzung bestimmt, ob und in welcher Höhe bei erweiterter Krankenpflege neben der Krankenhauspflege ein Hausgeld zu gewähren ist.

Schreibt die Satzung erweiterte Krankenpflege vor, so kann sie zugleich für das Sterbegeld einen Höchstbetrag von dreißig Mark festsetzen.

Sie kann die Gewährung erweiterter Krankenpflege auf Versicherungsfälle beschränken, die während der Erwerbslosigkeit und binnen drei Wochen nach dem Ausscheiden aus der Mitgliedschaft eintreten.

Sie hat die Beiträge für die Versicherten, denen bei Erkrankung nur die erweiterte Krankenpflege zusteht, entsprechend zu ermäßigen.

N e u.

Gilt auch für Dienstboten und hausgewerbl. Beschäftigte.

Über H a u s g e l d vgl. § 186. Die H ö c h s t g r e n z e für das Hausgeld bildet auch bei erweiterter Krankenpflege § 194 Nr. 1 (vgl. § 179 Abs. 3).

Über S t e r b e g e l d vgl. §§ 101 flge.

In ländlichen Bezirken wird häufig nur ein verhältnismäßig kleiner Teil der Mitglieder das ganze Jahr hindurch der Kasse angehören. Diejenigen aber, die nur mit größeren Unterbrechungen arbeiten und jedesmal beim Ausscheiden auf die Vergünstigung des § 214 Anspruch haben, können dann die Kasse stark belasten, zumal bei weiter Entfernung sie nur schwer überwacht werden können. Abs. 3 des § 432 gibt deshalb den Kassen die Möglichkeit, die erweiterte Krankenpflege nur für die Fälle aus § 214 einzuführen.

Die Ermäßigung der Beiträge erfolgt nach dem Verhältnis des Wertes der Leistungen, der erweiterten Krankenpflege zu den der regelmäßigen Leistungen der Kasse.

Die Bestimmungen über Krankenpflege beruhen nach den Ausführungen eines Regierungsvertreters in der Kommission auf der folgenden Erwägung: Die Krankenversicherung ist auf dem Lande vielfach wegen der Verhältnisse im Wege der Gewährung von Krankenpflege und Krankengeld nicht durchführbar, wie dies bei der Beratung in erster Lesung eingehend dargelegt worden sei. Nur um die Durchführung der Krankenversicherung auch für solche Verhältnisse zu ermöglichen, läßt die RVO. die erweiterte Krankenpflege zu. Will man aber diese tatsächlich unentbehrliche Maßnahme auch praktisch wirksam gestalten, so ist ein gegenüber den allgemeinen Vorschriften erweiterter Zwang nötig, um die Versicherten allgemein zur Annahme der Krankenhauspflege zu veranlassen. Diesen Zwang übt das Gesetz dadurch aus, daß es Krankengeld und Hausgeld versagt, wenn der Versicherte die Krankenhauspflege da ablehnt, wo dafür bei der Regelversicherung seine Zustimmung erfordert wird. Gewährt man in diesen Fällen trotz der Ablehnung der Krankenhauspflege neben der Krankenpflege noch das Hausgeld, so wird vielfach der Versicherte diese Leistungen der Krankenhauspflege vorziehen. Darüber hinaus ist die Entscheidung über die Annahme der Krankenhauspflege völlig in das Belieben des Versicherten gestellt, wenn die Satzung ihm in diesem Falle das Krankengeld gewähren kann, und sie von dieser Befugnis Gebrauch macht.

Landwirtschaftliche Betriebskrankenkassen.

§ 433. Enthält die Satzung einer Landkrankenkasse Bestimmungen nach den §§ 423 bis 432, so können die Satzungen landwirtschaftlicher Betriebskrankenkassen, die ihren Sitz im Bezirke dieser Landkrankenkasse haben, das Gleiche bestimmen.

Neu.

Gilt auch für Dienstboten.

Die Versicherten sollen dadurch, daß eine Betriebskrankenkasse für sie errichtet wird, nicht weniger günstig gestellt werden, als wenn sie bei der örtlich zuständigen Orts- oder Landkrankenkasse versichert wären. Deshalb darf eine landwirtschaftliche Betriebskrankenkasse, d. i. eine für einen landwirtschaftlichen Betrieb errichtete, derartige Bestimmungen nur dann einführen, wenn sie auch die zuständige Landkrankenkasse getroffen hat.

Vgl. auch § 245 Abs. 3.

§ 434. Für die in der Landwirtschaft Beschäftigten mit Ausnahme der Gärtner sowie der vorübergehend in der Landwirtschaft beschäftigten gewerblichen Arbeiter gelten die §§ 503, 517 bis 520 nicht; welche Beschäftigung als vorübergehend gilt, bestimmt der Bundesrat.

Neu.

Gilt auch für Dienstboten.

Während Versicherte, die Mitglieder von Ersatzkassen sind, nach § 517 das Ruhen ihrer Rechte und Pflichten bei den gesetzlichen Kassen herbeiführen können, gilt das für landwirtschaftlich Beschäftigte nicht. Sie müssen also trotz Mitgliedschaft bei einer Ersatzkasse Beiträge bezahlen.

Für die Gärtner wurde eine Ausnahme gemacht, weil sie bereits eine große eingeschriebene Hilfskasse besitzen.

Ein Bundesratsbeschluß zu § 434 ist noch nicht ergangen.

III. Dienstboten.

Vorbemerkung.

Dienstboten sind Personen, die ihre Arbeitskraft zur Leistung häuslicher oder landwirtschaftlicher Dienste berufsmäßig einem Dienstherrn gegen Entgelt zur Verfügung stellen und regelmäßig in dessen Haushalt aufgenommen sind. Die Entscheidung muß im Einzelfall nach den landesgesetzlichen Bestimmungen erfolgen. (Vergl. auch § 165 Nr. 1).

Die Dienstboten waren schon bisher vielfach landesrechtlich gegen Krankheit versichert. Soweit solche Versicherungen gleichwertige Leistungen gewähren und nicht höhere Beiträge fordern, können sie aufrecht erhalten werden (§ 440). Landesrechtliche Vorschriften, die dem Dienstherrn die Krankenfürsorge auferlegen, werden aufgehoben, landesrechtliche Vorschriften über die Fortzahlung des Lohnes während der Krankheit aber vorbehaltlich des § 436 aufrechterhalten (Art. 42 Einf.-Ges., vergl. auch § 616 des Bürgerl. Ges.-Buchs).

Die Versicherung der Dienstboten bietet ähnliche Schwierigkeiten wie die der landwirtschaftlich Beschäftigten. Die RVO. hat daher auch für sie Befreiung bei gleichwertigen Ansprüchen gegen den Dienstherrn und erweiterte Krankenpflege, letztere allerdings unter erheblichen Abweichungen (§§ 435, 437) zugelassen.

Die Dienstboten sind im allgemeinen in der Landkrankenkasse versichert (§ 235). Sind sie aber auch im Betrieb beschäftigt, so ist diese Tätigkeit für ihre Versicherung maßgebend (§ 439). Sie können dann also auch zu Orts-, Betriebs- und Innungskrankenkassen gehören.

Befreiung von der Versicherungspflicht. Erweiterte Krankenpflege.

§ 435. Die §§ 418, 419, 422, 426 bis 434 gelten auch für die Versicherung der Dienstboten; jedoch ist die Einführung der erweiterten Krankenpflege nicht an die Voraussetzung des § 427 Nr. 1 gebunden und für die Zustimmung immer das Oberversicherungsamt zuständig. Auf Antrag des Dienstberechtigten oder des Versicherten ist von der Unterbringung in eine Heilanstalt abzusehen, wenn sie nach ärztlichem Gutachten nicht notwendig ist.

Vgl. § 4 Abs. 2, § 26a Abs. 2, Nr. 5 KVG.

Die §§ 418, 419, 422 betreffen die Befreiung auf Antrag eines Arbeitgebers, gegen den der Dienstbote im Falle der Erkrankung Anspruch auf eine den Leistungen der zuständigen Kasse gleichwertige Unterstützung hat. Dieser Fall ist z. B. auch dann gegeben, wenn der Dienstherr den Dienstboten auf seine Kosten bei einer privaten Versicherungsgesellschaft versichert.

Die §§ 426 bis 434 betreffen die erweiterte Krankenpflege.

Soweit es sich um landwirtschaftliche Dienstboten handelt, liegen für sie in bezug auf die erweiterte Krankenpflege die Verhältnisse ganz ähnlich wie bei den landwirtschaftlichen Arbeitern, von denen sie ohnehin vielfach kaum zu sondern sind. Aber sowohl bei den ländlichen als auch bei den städtischen Dienstboten empfiehlt es sich aus dem ferneren Grunde, die erweiterte Krankenfürsorge zuzulassen, weil eine ausreichende Krankenpflege im Hause des Dienstberechtigten oft schwer gewährt werden kann, und weil nach Ablauf des Dienstverhältnisses der arbeitsunfähige Dienstbote nicht immer leicht ein geeignetes Unterkommen findet. Deshalb wird die erweiterte Krankenfürsorge hier unter leichteren Voraussetzungen zugelassen. Insbesondere braucht nicht die Besorgnis vor einer Beeinträchtigung der Leistungsfähigkeit der beitragspflichtigen Gruppen gegeben zu sein. Die Zustimmung des Oberversicherungsamts genügt auch bei den Kassen, die den Dienstboten bereits die allgemein vorgeschriebenen Leistungen gewährt haben. Da erweiterte Krankenpflege nur von Landkrankenkassen eingeführt werden kann (§ 426), gelten die §§ 426 bis 434 nur für Dienstboten, die in Landkrankenkassen versichert sind.

Wird nach dem letzten Satze von der Unterbringung abgesehen, so ist die gesetzliche Krankenhilfe (§ 182) zu gewähren (§ 430 Abs. 2).

Anrechnung des Krankengeldes.

§ 436. Der Dienstberechtigte kann das Krankengeld auf den Lohn anrechnen, den er dem Dienstboten während der Krankheit weiterzuzahlen hat.

Vgl. §§ 616, 617, 619 BGB. Einf.-Ges. z. BGB Art. 95.

Der Dienstherr ist unter Umständen verpflichtet, den Lohn während einer Krankheit weiterzuzahlen (vgl. §§ 616, 619 des Bürgerl. Gesetzbuchs, Art 42 Abs. 2 des Einf.-Ges.). Auf diesen kann er aber nach § 436 das Krankengeld aufrechnen und zwar ohne Rücksicht darauf, von was für einer Krankenkasse es gewährt wird.

Die Aufrechnung ist aber nur bezüglich der gleichen Zeiten zulässig. Übersteigt das Krankengeld den Lohn, so bleibt dem Dienstboten daher der Überschuß.

Erweiterte Krankenpflege ohne Einführung.

§ 437. Auch wo die erweiterte Krankenpflege durch die Satzung nicht eingeführt ist, hat die Krankenkasse sie auf Antrag des Dienstberechtigten oder des Dienstboten dem in die häusliche Gemeinschaft aufgenommenen Dienstboten zu gewähren, wenn die Krankheit ansteckend ist, oder wenn er nach ihrer Art in der häuslichen Gemeinschaft nicht oder nur unter erheblicher Belästigung des Dienstberechtigten behandelt oder verpflegt werden kann.

Vgl. §§ 616, 617, 619 BGB. Einf.-Ges. z. BGB Art. 95.

Die hier vorgesehene Pflicht, erweiterte Krankenpflege zu gewähren, beschränkt sich nicht auf Landkrankenkassen. Der Zustimmung des Dienstboten selbst bedarf es hier nicht, wenn der Dienstherr den Antrag stellt.

Der Dienstbote hat an sich Anspruch auf die gesetzliche oder satzungsmäßige Krankenhilfe. Über diesen Anspruch hinaus soll jedoch das Recht der Krankenhausbehandlung gewährt werden mit Rücksicht auf die besonderen Verhältnisse, wegen deren eine Verpflegung im Haushalt des Dienstberechtigten vielfach nicht durchführbar ist. Der Grund für die Gewährung dieses Ausnahmerechts fällt weg mit der Auflösung des Dienstverhältnisses. Es hat dann die regelmäßige Fürsorge in derselben Weise einzutreten, wie in dem Falle, wo der bis dahin im Haushalt der Dienstherrschaft verpflegte Dienstbote nach Ablauf des Dienstvertrags noch nicht gesund und arbeitsfähig ist.

Im übrigen überdauert die besondere Pflicht, welche dieser Paragraph der Kasse auflegt, nicht die Zeit, für die die Kasse überhaupt leistungspflichtig ist.

Vgl. § 438.

Streitigkeiten.

§ 438. Bei Streit zwischen dem Dienstberechtigten und der Kasse über diese Art der Verpflichtung (§ 437) entscheidet endgültig das Versicherungsamt.

Es kann die Kasse auf ihren Antrag von der erweiterten Krankenpflege in Fällen entbinden, in denen sich diese ohne Verschulden der Kasse nicht durchführen läßt.

Neu.

Ist die Unterstützungspflicht der Krankenkasse überhaupt streitig, so ist darüber im Spruchverfahren (§§ 1636 flge.) zu entscheiden. Hier handelt es sich nur darum, ob die Krankenkasse verpflichtet ist, ihre an sich unbestrittene Pflicht zur Fürsorge für den erkrankten Dienstboten in der Form der erweiterten Krankenpflege zu erfüllen. Eine endgültige Entscheidung muß dabei der Natur der Sache nach rasch erfolgen; deshalb sind weitere Rechtsmittel abgeschnitten.

Wird die Kasse von der erweiterten Krankenpflege entbunden, so ist die regelmäßige Krankenhilfe zu leisten (§ 430 Abs. 2).

Gewerbliche Nebenbeschäftigung.

§ 439. Werden Dienstboten auch in dem Betrieb oder anderen Erwerbsgeschäft des Dienstberechtigten beschäftigt, so ist diese Beschäftigung für ihre Versicherung und die Ansprüche maßgebend, die sie nach Gesetz oder Satzung gegen den Arbeitgeber in Krankheitsfällen haben, sofern sie nicht für sich allein nach § 168 versicherungsfrei ist.

Neu.

Es kann sich beispielsweise um Reinigen und Heizen der Geschäftsräume handeln. Die Versicherungspflicht an sich ist jetzt nicht mehr zweifelhaft, da ihr die Dienstboten schon als solche unterliegen. Wohl aber könnte Ungewißheit über die Kassenzugehörigkeit und über die Anwendbarkeit der für die Dienstboten geltenden besonderen Vorschriften entstehen. Dem beugt § 439 vor.

Nach § 168 sind vorübergehende Dienstleistungen nach näherer Bestimmung des Bundesrats versicherungsfrei. Derartig geringfügige Beschäftigungen sollen auch für die Kassenzugehörigkeit unerheblich sein.

Ist die gewerbliche Tätigkeit für die Versicherung maßgebend, so gehören Dienstboten nicht in die Landkrankenkasse (§ 235), sondern regelmäßig in die allgemeine Ortskrankenkasse (§ 234), unter Umständen aber auch in eine besondere Orts- (§ 243), eine Betriebs- (§ 245 Abs. 3) oder eine Innungskrankenkasse (§ 250).

Versicherungsfreiheit bei landesrechtlicher Fürsorge.

§ 440. Die Landesregierung kann bestimmen, daß Dienstboten nach diesem Gesetze versicherungsfrei sind, wenn für sie bei dessen Verkündung landesrechtlich Fürsorge im Krankheitsfalle getroffen ist.

Diese Fürsorge muß nach Umfang und Dauer mindestens den Regelleistungen der Krankenkassen gleichwertig sein oder binen sechs Monaten, nachdem dieses Gesetz in Kraft getreten ist, gleichwertig gemacht sein.

Für einen Dienstboten dürfen dabei nicht höhere Beiträge erhoben werden, als nach diesem Gesetz Beitragsteile auf ihn fallen würden.

Neu.

Nach dieser Bestimmung können landesrechtlich oder nach statutarischer Bestimmung bestehende Einrichtungen aufrecht erhalten werden.

Die Landesregierung wird auch Bestimmung zu treffen haben, wie und an welcher Stelle die Befreiung festgestellt und nach außen hin, insbesondere den sonst zuständigen Krankenkassen gegenüber nachgewiesen wird.

Die §§ 259 bis 263 über Gleichwertigkeit der Leistungen finden hier keine Anwendung.

Über Regelleistungen vgl. §§ 179, 429, 435, über Beiträge §§ 380 flge.

Siehe auch Art. 42 Einf.-Ges.

IV. Unständige Beschäftigung.

Vorbemerkung.

Bisher konnte die Versicherungspflicht auf unständige Arbeiter statutarisch ausgedehnt werden (§ 2 KVG.). Die RVO. erklärt sie schlechtweg für versicherungspflichtig, soweit es sich nicht um vorübergehende Dienstleistungen handelt (§ 442). Die Mitgliedschaft beginnt aber erst mit der Eintragung in ein von der Kasse geführtes Verzeichnis (§§ 442 flge.).

Die Versicherung der unständig Beschäftigten bietet zahlreiche Besonderheiten. Insbesondere werden die Arbeitgeberbeiträge (vorschußweise oder endgiltig) vom Gemeindeverband bezahlt (§§ 453, 454).

Da es kaum möglich ist, alle für die zahlreichen Arten unständig Beschäftigten in sämtlichen verschiedenartigen Verhältnissen reichsgesetzlich den allgemeinen Vorschriften für die Versicherung einzuordnen, beschränkt sich das Gesetz darauf, eine für diese Verhältnisse allgemein passende Regel aufzustellen; daneben läßt es aber den Regierungen der Einzelstaaten im weitesten Maße freie Hand, die Versicherung der unständig Beschäftigten in einer den jeweiligen Verhältnissen mehr angepaßten Weise oder, wofern dies angemessen durchführbar ist, sogar nach den allgemeinen Vorschriften der Krankenversicherung zu regeln (§ 458).

Begriff.

§ 441. Unständig ist die Beschäftigung, die auf weniger als eine Woche entweder nach der Natur der

Sache beschränkt zu sein pflegt oder im voraus durch den Arbeitsvertrag beschränkt ist.

Vgl. § 1 Abs. 1, § 2 Abs. 1, Nr. 1, § 54 Abs. 1 KVG.

Unter Beschäftigung ist hier Beschäftigungsverhältnis zu verstehen; es kommt daher nicht darauf an, ob die ganze Zeit wirklich auch gearbeitet wird.

„Woche“ bedeutet „Arbeitswoche“, das heißt regelmäßig 6 Werktage, soweit nicht nach der Art der Beschäftigung Sonntagsarbeit üblich ist. Falls kein fester Arbeitsvertrag geschlossen ist, genügt es, daß die Beschäftigung nicht länger zu dauern pflegt; im Einzelfalle kann sie auch einmal länger dauern.

Zuständige Kasse; Verzeichnis.

§ 442. Unständig Beschäftigte, die nicht nach § 168 versicherungsfrei sind, werden bei der allgemeinen Ortskrankenkasse oder, wenn sie überwiegend landwirtschaftlich beschäftigt sind, bei der Landkrankenkasse ihres Wohnorts versichert.

Die Kasse hat über sie ein Mitgliederverzeichnis nach der Buchstabenfolge zu führen und laufend zu halten.

Die Mitgliedschaft bei der Kasse beginnt mit der Eintragung in das Verzeichnis.

Neu.

Soweit eine unständige Beschäftigung unter § 168 fällt (vorübergehende Dienstleistung) ist der Beschäftigte versicherungsfrei, aber unter Umständen zum freiwilligen Beitritt berechtigt (§ 176 Abs. 2).

Auf die einzelne Tätigkeit an der jeweilig wechselnden Arbeitsstelle wird keine Rücksicht genommen. Dementsprechend ist auch diese Einzeltätigkeit ohne Einfluß auf die Kassenzugehörigkeit der Versicherten dieser Art. Damit ist der Vorteil verbunden, daß sie für ihre Gesamttätigkeit, solange sie nicht in ein ständiges Beschäftigungsverhältnis eintreten oder den Wohnort wechseln, dauernd derselben Kasse als Mitglieder zugewiesen werden können. Als diese Kasse kann nur die allgemeine Ortskrankenkasse, für die landwirtschaftlichen Arbeiter die Landkrankenkasse in Betracht kommen. Maßgebend ist der Wohnort, weil leicht auch der Beschäftigungsort dieser Personen fortdauernd wechseln kann.

Auch für diejenigen unständig Beschäftigten, welche hiernach wegen ihrer überwiegenden Tätigkeit in landwirtschaftlichen Betrieben einer Landkrankenkasse angehören, sind nicht die Vorschriften der §§ 417 bis 434, sondern die der §§ 441 bis 457 anzuwenden, soweit nicht gemäß § 458 Abs. 2 etwas anderes angeordnet wird.

Der letzte Absatz stellt eine im Interesse der Kasse vorgesehene Durchbrechung des Grundsatzes des § 306 dar (vgl. auch § 468).

Eintragung durch die Kasse.

§ 443. Sobald die Kasse Kenntnis erhält, daß ein unständig Beschäftigter ihres Bezirkes keiner Krankenkasse angehört, obwohl er versicherungspflichtig ist, trägt sie ihn von selbst in das Verzeichnis ein.

Neu.

Diejenigen unständig Beschäftigten, welche nachweisen können, daß sie gemäß § 313 Mitglieder einer Krankenkasse geblieben sind, werden nicht von Amts wegen in das alphabetische Mitgliederverzeichnis eingetragen und unterliegen nicht der Meldepflicht aus § 444. Werden sie aber auf Grund ihrer freiwilligen Anmeldung eingetragen, so hört nach § 313 ihre freiwillige Mitgliedschaft auf.

Mit der Eintragung beginnt die Mitgliedschaft (§ 442 Abs. 3).

Meldepflicht.

§ 444. Der Versicherungspflichtige soll sich selbst zur Eintragung anmelden.

Das Versicherungsamt, die Gemeinde- und Polizeibehörde, die Ausgabestelle für Quittungskarten (§ 1419) sowie alle Organe und Angestellten der Versicherungsträger haben der zuständigen Kasse jeden Versicherungspflichtigen zu melden, der unständig beschäftigt und nicht schon Mitglied einer Krankenkasse ist.

Die oberste Verwaltungsbehörde kann diese Pflicht näher regeln.

Vgl. § 2 Abs. 2 KVG.

Die Verletzung der Meldepflicht hat Rechtsnachteile oder Strafe nicht zur Folge. Wird die unständige Beschäftigung bekannt, so erfolgt Eintragung von Amtswegen (§ 443). Unständige Beschäftigte, die Mitglied einer Kasse geblieben sind (§ 313), brauchen sich nicht anzumelden.

Vorladungsrecht.

§ 445. Die Kasse kann unständig Beschäftigte zur Feststellung ihrer Versicherungspflicht laden und durch Geldstrafe bis zu zehn Mark anhalten, der Ladung zu folgen.

Neu.

Daraus, daß die Ladung „zur Feststellung der Versicherungspflicht" geschieht, ergibt sich, daß die unständig Beschäftigten nicht nur auf die Ladung hin zu erscheinen, sondern auch die zu dem bezeichneten Zwecke für erforderlich erachtete Auskunft zu erteilen haben, beispielsweise also die Namen ihrer Arbeitgeber und die Dauer ihrer Beschäftigung angeben müssen.

Gegen die Strafe ist fristlose Beschwerde an die Aufsichtsbehörde möglich (§ 377). Die Strafe fließt in das Vermögen der Krankenkasse (§ 146). Sie wird wie Rückstände beigetrieben (§ 146 Abs. 2, § 28).

Vorübergehende Nichtbeschäftigung.

§ 446. Der Eingetragene bleibt Mitglied auch während der Zeit, in der er vorübergehend nicht gegen Entgelt beschäftigt wird.

Vgl. § 142 RG. v. 5. Mai 1886.

Bei den unständig Versicherten tritt nicht nur häufig ein Wechsel der Arbeitsstelle, sondern auch ein Wechsel zwischen versicherungspflichtiger Beschäftigung, nicht versicherungspflichtiger Beschäftigung und gelegentlicher Beschäftigungslosigkeit ein. Ebenso wie ein fortdauerndes Ändern der Kassenzugehörigkeit muß aber für sie ein beständiges Schwanken zwischen dem Zustand des Versichertseins und dem des Nichtversicherungsseins vermieden werden.

Während dieser Zeiten muß der unständig Beschäftigte auch seinen Beitragsteil einzahlen (§ 450 Abs. 4).

Ist der Eingetragene dauernd nicht mehr gegen Entgelt beschäftigt, so wird er nach § 447 im Verzeichnis gelöscht.

Über Entgelt vgl. § 160.

Löschung.

§ 447. Der Versicherte wird auf seine Abmeldung im Verzeichnisse gelöscht, wenn er glaubhaft macht, daß er Mitglied einer anderen Kasse geworden ist oder die unständige Beschäftigung nicht nur vorübergehend aufgegeben hat.

Er wird auch dann gelöscht, wenn die Kasse diese Tatsachen anderweit feststellt, oder wenn sie erfahrt, daß der Versicherte gestorben oder in den Bezirk einer anderen Kasse verzogen ist.

Wer gelöscht wird, kann nach § 313 Mitglied bleiben. Die Satzung bestimmt näheres über Beiträge und Leistungen.

Neu.

Die Mitgliedschaft erlischt gemäß § 312 auch dann, wenn die Löschung im Verzeichnis zu Unrecht unterbleibt, beispielsweise deshalb, weil die Kasse von der Tatsache, die das Erlöschen bewirkt, keine Kenntnis erhalten hat. Es ist also wohl der Beginn der Mitgliedschaft an die Eintragung (§ 442 Abs. 3), nicht aber ihr Ende an die Löschung geknüpft.

Erfolgt die Löschung zu Unrecht, so erlischt die Mitgliedschaft trotzdem und muß neue Eintragung erfolgen.

Eine Fortsetzung der Versicherung nach dem letzten Absatz ist natürlich nur dann zulässig, wenn der Gelöschte keine ständige versicherungspflichtige Beschäftigung aufnimmt.

Wiederanmeldung.

§ 448. Scheidet der Versicherte aus der andern Kasse (§ 447) wieder aus oder nimmt er die unständige Beschäftigung wieder auf, so soll er sich sofort wieder zur Eintragung in das Verzeichnis melden.

Die Kasse hat das Versicherungsverhältnis solcher Personen zu überwachen.

Neu.

Die Wiedermeldung hat stets zu geschehen, wenn der Versicherte wieder zur Gruppe der unständig Versicherten gehört, sei es, daß er inzwischen als ständig Beschäftigter oder vermöge freiwilliger Fortsetzung der Versicherung Mitglied einer anderen Kasse gewesen ist oder daß er zeitweise nicht versichert war.

Meldet er sich nicht an, so greifen wieder die §§ 443, 444 Abs. 2, 445 Platz. Mit der Wiedereintragung beginnt die neue Mitgliedschaft (§ 442 Abs. 3).

Anmeldung durch Arbeitgeber.

§ 449. Wird der Versicherte bei seiner Kasse nach § 317 durch einen Arbeitgeber angemeldet, so ist dies in dem Verzeichnisse zu vermerken.

Die Mitgliedschaft auf Grund dieser Anmeldung setzt die frühere unmittelbar fort.

Nach Abmeldung durch den Arbeitgeber ist der Vermerk in dem Verzeichnisse zu löschen.

Neu.

§ 449 hat den Fall im Auge, daß ein unständig Beschäftigter in ein ständiges Beschäftigungsverhältnis eintritt, das ihn bei derselben Kasse, in deren Verzeichnis er bis dahin eingetragen war, zum Mitglied nach den regelmäßigen Vorschriften des Gesetzes macht. Da es sich dabei in sehr vielen Fällen nur um eine vorübergehende Unterbrechung der seither ausgeübten unständigen Beschäftigungsart handeln wird, so empfiehlt es sich, nicht alsbald die Löschung im Verzeichnis zu bewirken, sondern die Änderung im Mitgliedsverhältnisse dort nur durch einen Vermerk zu kennzeichnen.

Abs. 2 schützt den Versicherten vor dem Neubeginn der Wartezeiten.

Mit der Löschung des Vermerks tritt wieder die Versicherung als unständig Beschäftigter ein.

Wird der Eingetragene durch ständige Beschäftigung Mitglied einer andern Kasse, so wird er nach § 447 gelöscht.

Beiträge und Leistungen.

§ 450. Beiträge und Leistungen setzt die Satzung nach dem Ortslohn besonders fest; sie kann dabei für einzelne Gruppen unständig Beschäftigter die Sätze des Ortslohns durch Zuschläge erhöhen. Die Festsetzungen bedürfen der Zustimmung des Oberversicherungsamts.

Abs. 2, 3 des § 423 können angewendet werden.

Die Kasse hat diese Beiträge und Leistungen gesondert zu buchen.

Die unständig Beschäftigten haben ihren Beitragsteil (§ 381 Abs. 1) selbst einzuzahlen.

Auf die satzungsmäßigen Mehrleistungen ihrer Kasse haben sie nur Anspruch, soweit es die Satzung bestimmt.

Neu.

Ein sehr großer Teil der unständig Beschäftigten pflegt wirtschaftlich ungünstiger als die ständig beschäftigten Arbeitnehmer gestellt zu sein. Einmal aus diesem Grunde, der auch satzungsmäßige Mehrleistungen wegen der davon untrennbaren Höherbemessung der Beiträge ausschließt, und sodann, weil ein durchschnittlicher Tagesentgelt (§ 180 Abs. 1) für die Versicherten dieser Gruppe nicht zu ermitteln, ihr wirklicher Arbeitsverdienst (§ 180 Abs. 3) aber völlig schwankend ist, muß für die unständig Beschäftigten der Ortslohn als Grundlohn festgesetzt werden.

Über Ortslohn vgl. §§ 143 flge. Die Möglichkeit von Zuschlägen ist für hochgelohnte Gelegenheitsarbeiter (z. B. Hafenarbeiter) vorgesehen. Niedriger als der Ortslohn darf der Grundlohn nur mit Zustimmung des OVA. für unständig Beschäftigte, die dauernd nur zu einem geringen Teil arbeitsfähig sind, festgesetzt werden (§ 423 Abs. 3).

Die Zustimmung des OVA.s erfolgt nach freiem Ermessen, die Versagung nur durch die Beschlußkammer (§ 324 Abs. 3).

Es kann auch bestimmt werden, daß die unständig Beschäftigten keine Beitragsteile zahlen (§ 455). Wegen der Beitragsteile der Arbeitgeber vgl. §§ 453, 454.

Erfolgt eine Bestimmung nach Abs. 5 nicht, so haben die unständig Beschäftigten nur Anspruch auf die Regelleistungen (§ 179).

Wartezeit.

§ 451. Die Satzung kann bestimmen, daß für unständig Beschäftigte der Anspruch auf Kassenleistungen erst nach einer Wartezeit von höchstens sechs Wochen ensteht. Liegt eine frühere Mitgliedschaft nicht länger als sechsundzwanzig Wochen zurück, so wird ihre Dauer auf die Wartezeit angerechnet.

Vgl. § 26 Abs. 2, Nr. 4 KVG.

Da ungeachtet der Vorschriften des Gesetzes die unständig Beschäftigten sich der Versicherungspflicht immer noch leichter werden entziehen können als andere Versicherte, so wird, um das Vermögen der Kasse vor Schaden zu bewahren, der Satzung das Recht gegeben, für die Unständigen ähnlich wie für die freiwillig Versicherten (§ 207), eine höchstens sechswöchige Karenzzeit einzuführen.

Die sechswöchige Frist ist von der Eintragung ins Verzeichnis an (§ 442) zu rechnen.

Die Bedeutung der Wartezeit besteht darin, daß für Versicherungsfälle, die innerhalb dieser Frist eintreten, kein Anspruch auf Kassenleistungen besteht.

Folgen unzureichender Beitragsleistung.

§ 452. Hat ein unständig Beschäftigter im Laufe der letzten sechsundzwanzig Wochen vor der Erkrankung für mehr als acht Wochen seinen Beitragsteil nicht geleistet, so erhält er nur Krankenpflege; das Sterbegeld darf 30 Mark nicht übersteigen.

Das Gleiche gilt für einen Versicherten, dessen Mitgliedschaft noch nicht sechsundzwanzig Wochen besteht, wenn er seinen Beitragsteil für mehr als ein Viertel der Versicherungsdauer nicht geleistet hat.

N e u.

Über Krankenpflege vgl. § 182 Nr. 1. Es fällt also das Krankengeld (§ 182 Nr. 2) fort. Auf W o c h e n h i l f e bezieht sich die Vorschrift nicht. Über Sterbegeld siehe §§ 201 flge.

Zahlungspflicht des Gemeindeverbandes.

§ 453. Der Gemeindeverband hat der Kasse am Schlusse jedes Vierteljahrs den Gesamtbetrag der Beitragsteile für die Arbeitgeber auf Grund einer eingereichten Rechnung zu zahlen.

N e u.

Diese Art der Beitragserhebung ist gewählt, weil die regelmäßige Beitragszahlung der Arbeitgeber bei den unständig Beschäftigten zu den größten Schwierigkeiten und Unbequemlichkeiten führen würde.

Über die Aufbringung der verauslagten Summe siehe § 454.

Handelt es sich nach § 527 hier statt des Gemeindeverbandes um einen Zweckverband, so wird die oberste Verwaltungsbehörde, die ja bei Bildung eines solchen Verbandes ohnehin die näheren Bestimmungen zu treffen hat, dabei zugleich die Frage regeln müssen, wie dann die Beiträge vom Verband aufzubringen und umzulegen, und welche Organe zur Beschlußfassung berufen sind.

Über Gemeindeverband vgl. die §§ 526, 527.

Da die Arbeitgeber nach § 453 keine unmittelbaren Beiträge bezahlen, sind sie auch an der Kassenverwaltung nicht beteiligt (§ 457).

Umlegung.

§ 454. Der Verband kann den Betrag umlegen, und zwar entweder auf alle Einwohner des Kassenbezirkes oder getrennt für die Ortskrankenkassen und die Landkrankenkassen des Bezirkes je auf die beteiligten Einwohner.

Dabei soll er solche Einwohner, welche unständig Beschäftigte in größerer Zahl oder für längere Zeit zu beschäftigen pflegen, zur Umlage in höherem Maße heranziehen.

Neu.

Eine getrennte Umlegung nach Abs. 1 wird sich in der Regel nur da bewerkstelligen lassen, wo die Kreise der Versicherten, die den beiden Kassenarten angehören, auch örtlich genügend getrennt sind. Wo dieses nicht der Fall ist, dürfte auch das Bedürfnis nach getrennter Umlegung nur gering sein (Begr.).

Die Umlagen sind wie die gewöhnlichen Gemeindeumlagen zu behandeln.

Vgl. auch § 456.

Befreiung von der Beitragsleistung.

§ 455. Die Satzung der Kasse kann mit Zustimmung des Verbandes und des Oberversicherungsamts bestimmen, daß die unständig Beschäftigten keine Beitragsteile zahlen.

Die Kasse gewährt ihnen dann nur die Leistungen nach § 452 Abs. 1.

Neu.

Ein Beschluß nach Abs. 1 wird nur dann zu fassen und nicht zu beanstanden sein, wo der Anteil der unständig Beschäftigten wegen ihrer besonders schlechten wirtschaftlichen Lage oder aus andern örtlichen Gründen voraussichtlich nicht beibringlich ist, oder wo sich herausstellt, daß andernfalls die Leistungsfähigkeit der Kasse gefährdet wird (Begr.).

Nach Abs. 2 erhalten die unständig Beschäftigten kein Krankengeld und nur einen Teil des Sterbegeldes; im übrigen aber die regelmäßigen Leistungen, insbesondere also auch Wochengeld (§§ 179, 450 Abs. 5, 452 Abs. 1).

Vgl. auch § 456.

Weitere Regelung durch die Landesregierung.

§ 456. Die Landesregierung kann bestimmen, wieweit im übrigen die nach den §§ 454, 455 gefaßten Beschlüsse des Verbandes der Genehmigung bedürfen.

Sie kann die gegen die Umlage (§ 454) zulässigen Rechtsmittel bestimmen.

Neu.

Ausschluß von der Kassenverwaltung.

§ 457. Die Arbeitgeber unständig Beschäftigter als solche, sowie unständig Beschäftigte, die nach § 455 keine Beitragsteile zahlen, sind bei der Kasse weder wählbar noch wahlberechtigt.

Neu.

Die Befugnisse der Arbeitgeber aus der Beschäftigung anderer Versicherter werden hierdurch nicht berührt. Bei der Bemessung ihres Stimmrechts nach der Zahl ihrer versicherungspflichtigen Beschäftigten (§ 333 Abs. 3) sind die unständigen Arbeitnehmer nicht mitzuzählen.

Landesrechtliche Anordnungen.

§ 458. Die Landesregierung kann für den Bundesstaat oder Teile davon Meldung und Beitragsleistung für die unständig Beschäftigten abweichend regeln.

Ebenso kann sie anordnen, daß die unständig Beschäftigten nach den allgemeinen Vorschriften dieses Buchs, soweit sie jedoch in der Landwirtschaft beschäftigt sind, nach den dafür geltenden besonderen Vorschriften versichert werden, wenn sie selbst oder ein Statut des Gemeindeverbandes oder die Kassensatzung dafür sorgt, daß die Versicherung, namentlich das Meldewesen, ordnungsmäßig durchgeführt wird und die Beiträge richtig eingehen.

Vgl. § 54 Abs. 1 KVG.

Da es gestattet wird, die unständig Beschäftigten statt in der in §§ 441 flge. bestimmten Art auch in gleicher Weise zu versichern, wie ihre Berufsgenossen in ständigen Beschäftigungsverhältnissen, so wird folgerichtig da, wo die ständigen landwirtschaftlichen Arbeiter nach §§ 418 ff. in besonderer Weise versichert sind, diese besondere Art der Versicherung auch für die unständig in der Landwirtschaft Beschäftigten zugelassen.

V. Wandergewerbe.

Vorbemerkung.

Was als Wandergewerbe anzusehen ist, bestimmt sich nach dem unten wiedergegebenen § 55 der Gewerbeordnung. Selbständige Wandergewerbetreibende sind nicht versichert, sondern nur die im Wandergewerbbetriebe Angestellten, soweit die allgemeinen Vorraussetzungen der Versicherungspflicht gegeben sind.

Die Schwierigkeiten der Versicherung, die zu den besonderen Vorschriften der §§ 459 bis 465 Anlaß geben, machen sich nur bei denjenigen im Wandergewerbbetriebe Beschäftigten bemerkbar, welche der Unternehmer von Ort zu Ort mit sich führt. Nimmt er dagegen beispielsweise unterwegs zur Aushilfe nur für einen Ort, an dem er einige Zeit verweilt, dort einen Gehilfen an, so ist dieser nach den allgemeinen Vorschriften des Gesetzes oder, sofern es sich etwa um einen unständig Beschäftigten handelt, nach §§ 441 ff. versichert.

Als ein wesentliches Hilfsmittel zur Versicherung für die hier besprochene Personenklasse benutzt die RVO. den Wandergewerbeschein. Die Vorschriften beziehen sich daher zunächst nur auf die Beschäftigten solcher Wandergewerbbetriebe, deren Unternehmer gemäß der Regelvorschrift des § 55 der Gewerbeordnung eines Wandergewerbscheins bedürfen.

Wesentliche Besonderheiten der Versicherung der im Wandergewerbe Beschäftigten sind insbesondere die Vorausbezahlung der Beiträge (§ 460) und die Beschränkung auf die Regelleistungen (§ 462).

Die in Betracht kommenden Bestimmungen der Gewerbeordnung sind die folgenden.

§ 55 Gew. O.

Wer außerhalb des Gemeindebezirks seines Wohnorts oder der durch besondere Anordnung der höheren Verwaltungsbehörde dem Gemeindebezirke des Wohnorts gleichgestellten nächsten Umgebung desselben, ohne Begründung einer gewerblichen Niederlassung und ohne vorgängige Bestellung in eigener Person

1. Waren feilbietet;
2. Warenbestellungen aufsucht oder Waren bei anderen Personen als bei Kaufleuten, oder an anderen Orten als in offenen Verkaufsstellen zum Wiederverkauf ankauft;
3. gewerbliche Leistungen anbieten;
4. Musikaufführungen, Schaustellungen, theatralische Vorstellungen oder sonstige Lustbarkeiten, ohne daß ein höheres Interesse der Kunst oder der Wissenschaft dabei obwaltet, darbieten will,

bedarf eines Wandergewerbescheins, soweit nicht für die in Ziffer 2 bezeichneten Fälle in Gemäßheit des § 44a eine Legitimationskarte genügt.

In dem Falle der Ziffer 4 ist auch für den Marktverkehr (§ 64) ein Wandergewerbeschein erforderlich.

§ 59 Gew. O.

Eines Wandergewerbescheines bedarf nicht

1. wer selbstgewonnene oder rohe Erzeugnisse der Land- und Forstwirtschaft, des Garten- und Obstbaues, der Geflügel- und Bienenzucht sowie selbstgewonnene Erzeugnisse der Jagd und Fischerei feilbietet;
2. wer in der Umgegend seines Wohnorts bis zu 15 Kilometer Entfernung von demselben selbstverfertigte Waren, welche zu den Gegenständen des Wochenmarktverkehrs gehören, feilbietet oder gewerbliche Leistungen, hinsichtlich deren dies Landesgebrauch ist, anbietet;
3. wer selbstgewonnene Erzeugnisse oder selbstverfertigte Waren, hinsichtlich deren dies Landesgebrauch ist, zu Wasser anführt und von dem Fahrzeuge aus feilbietet;
4. wer bei öffentlichen Festen, Truppenzusammenziehungen oder anderen außergewöhnlichen Gelegenheiten mit Erlaubnis der Ortspolizeibehörde die von derselben zu bestimmenden Waren feilbietet.

Die Landesregierungen können in weiterem Umfange den Gewerbebetrieb im Umherziehen mit Gegenständen des gemeinen Verbrauchs ohne Wandergewerbeschein innerhalb ihres Gebiets gestatten.

§ 62 Gew. O.

Wer beim Gewerbebetrieb im Umherziehen andere Personen von Ort zu Ort mit sich führen will, bedarf der Erlaubnis derjenigen Behörde, welche den Wandergewerbeschein erteilt hat, oder in deren Bezirke sich der Nachsuchende befindet. Die Erlaubnis wird in dem Wandergewerbeschein unter näherer Bezeichnung dieser Personen vermerkt.

Die Erlaubnis ist zu versagen, insoweit bei ihnen eine der im § 57 bezeichneten Voraussetzungen zutrifft; außerdem darf dieselbe nur dann versagt werden, insoweit eine der im § 57a und § 57b bezeichneten Voraussetzungen vorliegt. Die Zurücknahme der Erlaubnis erfolgt nach Maßgabe des § 58 durch eine für deren Erteilung zuständige Behörde.

Die Mitführung von Kindern unter 14 Jahren zu gewerblichen Zwecken ist verboten.

Die Erlaubnis zur Mitführung von Kindern, welche schulpflichtig sind, ist zu versagen und die bereits erteilte Erlaubnis zurückzunehmen, wenn nicht für einen ausreichenden Unterricht der Kinder gesorgt ist.

Die Erlaubnis zur Mitführung von Kindern unter vierzehn Jahren kann versagt und von der für die Erteilung derselben zuständigen Behörde zurückgenommen werden. Dasselbe gilt von der Erlaubnis zur Mitführung von Personen anderen Geschlechts mit Ausnahme der Ehegatten und der über vierzehn Jahre alten eigenen Kinder und Enkel.

Anmeldung der Beschäftigten.

§ 459. Der Arbeitgeber, der eines Wandergewerbscheines bedarf, hat die in seinem Wandergewerbbetriebe Beschäftigten, soweit er sie von Ort zu Ort mit sich führen will, ihrer Zahl nach bei der Landkrankenkasse des Ortes als Mitglieder anzumelden, bei dessen Polizeibehörde er den Schein beantragt.

Beschäftigte, für die er über die angemeldete Zahl hinaus die Erlaubnis nach § 62 der Gewerbeordnung erst nach Empfang des Scheines nachsucht, hat er durch Vermittlung der für diese Erlaubnis zuständigen Behörde anzumelden.

Neu.

Im Wandergewerbe beschäftige Personen, deren Arbeitgeber eines Wandergewerbescheins nicht bedürfen, insbesondere Personen, die an ihrem Wohnsitz für einen Arbeitgeber hausieren, gehören nicht zum Wandergewerbebetriebe im Sinne der Gewerbeordnung: diese Personen (die sogenannten Hausierer) unterfallen daher der regelmäßigen Krankenversicherung. Ihre Zahl wird nur gering sein, denn § 59 der Gewerbeordnung sieht an dem Erfordernis eines Wandergewerbescheins hauptsächlich nur beim Vertrieb selbstverfertigter Waren oder selbstgewonnener landwirtschaftlicher Produkte ab. Aus diesem Grunde überläßt es § 465 (siehe bei § 465) Abs. 2 dem Bundesrat, die so beschäftigten Personen in die Versicherung einzubeziehen, falls es sich als nötig erweist.

Über die vom Arbeitgeber unterwegs an Ort und Stelle Angenommenen vgl. die Vorbemerkung.

Die zu versichernden Beschäftigten werden der Zahl nach angemeldet; damit wird dem Arbeitgeber die Versicherung seines Personals ganz wesentlich erleichtert, denn es bedarf infolgedessen bei einem Wechsel in der Person des Beschäftigten nicht jedesmal einer Ab- und Neuanmeldung bei der Kasse. Die Beiträge werden mithin nicht für bestimmte Personen, sondern für eine bestimmte Zahl von solchen geleistet. Wird diese Zahl nachträglich durch Hinzunahme weiterer Begleiter überschritten, so bedarf es allerdings der nachträglichen Anmeldung, wobei ebenfalls die Angabe der Zahl genügt, sowie der Zahlung der entsprechenden Beiträge.

Welche Polizeibehörde für die Beantwortung des Wandergewerbescheins zuständig ist, richtet sich nach den landesrechtlichen Ausführungsbestimmungen zur Gewerbeordnung. In Preußen ist es die Polizeibehörde des Wohnorts oder des Aufenthaltort des Nachsuchenden.

Unterbleibt die Anmeldung, so sind die im Wandergewerbe Beschäftigten gleichwohl bei der zuständigen Kasse versichert. Eine Strafbestimmung ist nicht vorgesehen.

Beitragsentrichtung.

§ 460. Bei der Anmeldung hat der Arbeitgeber die Beiträge für die Zeit bis zum Ablaufe des Wandergewerbscheins oder mit Erlaubnis des Kassenvorstandes für kürzere Zeit im voraus zu entrichten.

Wird der Schein oder die Erlaubnis (§ 459 Abs. 2) zurückgenommen oder der Betrieb sonst eingestellt, so erstattet der Vorstand auf Antrag die zu viel gezahlten Beiträge zurück, ebenso für volle Kalenderwochen, in denen nachweislich der Arbeitgeber die Personen nicht mit sich geführt hat.

Neu.

Der Wandergewerbschein wird nach § 60 der Gewerbeordnung in der Regel für die Dauer des Kalenderjahrs erteilt, jedoch kann er nach Abs. 2 daselbst in gewissen Fällen auch für kürzere Dauer oder für bestimmte Tage während des Kalenderjahrs erteilt werden. Für die ganze hiernach von der Anmeldung der Versicherten ab noch laufende Zeit sind die Kassenbeiträge im voraus zu entrichten; jedoch kann der Vorstand, wenn er des Eingangs der weiteren Beiträge genügend sicher zu sein glaubt, sowie aus Billigkeitsgründen Ausnahmen gestatten.

Da die Beiträge nur zur Sicherung für die Kasse im voraus entrichtet werden, so müssen sie zurückerstattet werden, soweit die Voraussetzungen der Zahlung hinterher nicht zutreffen. Daß es auch geschehen muß, wenn der Wandergewerbschein überhaupt nicht erteilt wird, ist selbstverständlich.

Streitigkeiten über die Beitragszahlung oder Zurückerstattung werden nach § 405 Abs. 2 erledigt.

Vgl. § 461.

Bescheinigung der Beitragsleistung.

§ 461. Im Falle des § 459 Abs. 1 bescheinigt die Krankenkasse nach einem vom Bundesrate bestimmten Muster die empfangenen oder gestundeten Beiträge unter Angabe des Grundlohns und des Wochenbeitrags. Diese Bescheinigung ist der Polizeibehörde vorzulegen, sobald der Wandergewerbschein beantragt wird.

Im Falle des § 459 Abs. 2 werden die Beiträge an die dort bezeichnete Behörde gezahlt und von ihr der zuständigen Landkrankenkasse übermittelt.

Der Wandergewerbschein darf nur erteilt werden, wenn die Bescheinigung vorgelegt ist, die Erlaubnis nur, wenn die Beiträge entrichtet sind,

Auf dem Wandergewerbschein ist der Grundlohn und der Wochenbeitrag anzugeben.

Neu.

Die Angabe des Grundlohns (§§ 180, 181) dient zur Nachricht für die Krankenkasse, welche die Krankenhilfe leistet; diejenige des Wochenbeitrags dazu, um bei nachträglicher Anmeldung weiterer Begleiter die im § 461 Abs. 2 bezeichnete Behörde über die Höhe der Beiträge zu vergewissern, die der Arbeitgeber bei ihr zu leisten hat.

Die Änderungen, deren die einschlägigen Vorschriften der Gewerbeordnung mit Rücksicht auf § 461 bedurften, sind in Art. 103 des Einf.-Ges. vorgesehen.

Regelleistungen.

§ 462. Die Versicherten erhalten die Regelleistungen der Krankenkassen. § 382 gilt für sie nicht. Die Satzung kann bestimmen, daß der Versicherte auf seinen Antrag auch Anspruch auf die Mehrleistungen der Kasse hat, solange die Personen, denen sie zu gewähren sind, sich im Bezirk der Kasse aufhalten.

Gewährt die Kasse ihren anderen Mitgliedern mehr, so kann sie die Beiträge für die im Wandergewerbe Beschäftigten entsprechend kürzen.

Neu.

Die Krankenfürsorge für im Wandergewerbe Beschäftigte wird häufig von einer Kasse zu leisten sein, der der Unterstützte nicht angehört (vgl. auch § 220). Da diese vielfach die Satzungsbestimmungen der ersatzpflichtigen Kasse nicht kennen wird, muß die Unterstützung auf die Regelleistungen (§ 179) beschränkt werden. Wenn deshalb eine Ermäßigung der Beiträge für das Wandergewerbe im Gesetze nicht vorgeschrieben, sondern nur zugelassen wird, so liegt darin keine Unbilligkeit für die Wandergewerbtreibenden; denn ihre Versicherung verursacht den Kassen immerhin erhöhte Kosten und Umstände.

„Entsprechend" in Abs. 3 bedeutet im Verhältnis der satzungsgemäßen Leistungen zu den Regelleistungen.

Beitragsleistung der Versicherten.

§ 463. Der Arbeitgeber kann den Versicherten für Zeiten, die längstens einen Monat zurückliegen, zwei Drittel der von ihm dafür gezahlten Beiträge vom Lohn abziehen.

Bei Streit über Abzüge entscheidet das Versicherungsamt des Aufenthaltsorts.

Neu.

Diese Ausnahme vom Grundsatz des § 395 war erforderlich, da die Beiträge auf so lange Frist vorausbezahlt werden.

Die Zuständigkeit ist in Abs. 2 so geordnet, daß ein bei den Abzügen etwa auftauchender Streit so rasch wie möglich entschieden werden kann. Gegen die Entscheidung des V. Amts (nicht Beschlußausschuß') ist binnen einen Monat (§ 128) Beschwerde an das OVA. (§ 1792) und weitere Beschwerde an das RVA. (LV. Amt) zulässig (§ 1797).

Betreibung des Wandergewerbes für einen anderen.

§ 464. Wer für einen anderen ein Wandergewerbe betreibt (§ 60 d Abs. 2 der Gewerbeordnung), hat die Rechte und Pflichten des Arbeitgebers nach den §§ 459 bis 463.

Neu.

Ob der für den andern Tätige selbst versicherungspflichtig ist, richtet sich nach den allgemeinen Vorschriften.

§ 60d Abs. 2 Gew. O. lautet:

Wer für einen anderen ein Gewerbe im Umherziehen zu betreiben beabsichtigt, unterliegt für seine Person den Bestimmungen dieses Gesetzes.

Bundesrätliche Bestimmungen.

§ 465. Der Bundesrat kann zur Durchführung der §§ 459 bis 464 näheres bestimmen.

Er kann bestimmen, wieweit Personen versicherungspflichtig sind, die ein Arbeitgeber ohne Wandergewerbschein in seinem Wandergewerbbetriebe beschäftigt (§ 59 der Gewerbeordnung) und von Ort zu Ort mit sich führt, und ihre Versicherung auch abweichend von den §§ 459 bis 464 regeln.

Neu.

§ 59 der Gewerbeordnung lautet:

„Eines Wandergewerbescheins bedarf nicht:

1. wer selbstgewonnene oder rohe Erzeugnisse der Land- und Forstwirtschaft, des Garten- und Obstbaues, der Geflügel- und Bienenzucht sowie selbstgewonnene Erzeugnisse der Jagd und Fischerei feilbietet;
2. wer in der Umgebung seines Wohnorts bis zu 15 Kilometer Entfernung von demselben selbstgefertigte Waren, welche zu den Gegenständen des Wochenmarktverkehrs gehören, feilbietet oder gewerbliche Leistungen, hinsichtlich deren dies Landesgebrauch ist, anbietet;

3. wer selbstgewonnene Erzeugnisse oder selbstverfertigte Waren, hinsichtlich deren dies Landesgebrauch ist, anbietet;
4. wer bei öffentlichen Festen, Truppenzusammenziehungen oder anderen außergewöhnlichen Gelegenheiten mit Erlaubnis der Ortspolizeibehörde die von derselben zu bestimmenden Waren feilbietet.

Die Landesregierungen können außerdem in weiterem Umfang den Gewerbbetrieb im Umherziehen mit Gegenständen des gemeinen Verbrauchs ohne Wandergewerbeschein ihres Gebiets gestatten."

Für die von Gewerbtreibenden dieser Art Beschäftigten müßte wegen des Fehlens des Wandergewerbscheins wieder eine besondere Art der Versicherung gefunden werden. Ob dies allgemein möglich sein wird, steht dahin. Zudem ist die Zahl dieser Personen so klein, daß es nicht angezeigt erschien, um ihretwegen das Gesetz mit besonderen Vorschriften zu belasten.

Entsprechende Bundesratsbestimmungen sind bisher noch nicht ergangen.

VI. Hausgewerbe.

Vorbemerkung.

Über den Begriff des Hausgewerbetreibenden siehe § 162. Die RVO. unterscheidet Hausgewerbetreibende im engeren Sinne und ihre hausgewerblich Beschäftigten; beide Gruppen zusammen werden als hausgewerbliche Versicherungspflichtige bezeichnet. (§ 468).

Die Hausgewerbetreibenden konnten bisher durch statutarische Bestimmung versichert werden. Nach der RVO. sind sie schlechtweg versicherungspflichtig (§ 165 Nr. 6), jedoch zeigt ihre Versicherung sehr erhebliche Abweichungen von den allgemeinen Bestimmungen. Im Regelfall wird sich die hausgewerbliche Versicherung folgendermaßen gestalten:

Die hausgewerblichen Versicherungspflichtigen werden durch Eintragung in ein Verzeichnis (§ 468) Mitglieder der Landkrankenkasse (§ 233; vergl. aber auch § 236 Abs. 2) des Bezirks ihrer eigenen Betriebsstätte (§ 466). Für sich und seine Leute zahlt der Hausgewerbetreibende selbst Beiträge (§§ 469, 480). Aus ihnen bestreitet die Kasse in der Hauptsache den Teil ihrer Leistungen, die nicht in Barzahlungen besteht, also insbesondere die Kosten der Kranken- und Krankenhauspflege. Der Auftraggeber bezahlt keine Beiträge sondern Zuschüsse (§ 469) nach dem Entgelt, den er dem Hausgewerbetreibenden zahlt (§ 470). Die Zuschüsse werden für das Reich einheitlich in Prozenten des Entgelts (vorerst 2 %) festgesetzt (§§ 471, 472). Je nach der Höhe der Zuschüsse für den einzelnen Hausgewerbetreibenden richtet sich die Höhe der ihm zu gewährenden Barleistungen (§ 482).

Soweit Hausgewerbetreibende bereits statutarisch versichert sind, kann dieser Zustand durch die oberste Verwaltungsbehörde unter gewissen Voraussetzungen aufrechterhalten bleiben (§ 488). Außerdem können einzelne bereits versicherte Hausgewerbetreibende Mitglieder ihrer Kasse bleiben (Art. 29 Einf.-Ges.).

Zuständige Kasse.

§ 466. Hausgewerbtreibende, die nicht nach § 168 versicherungsfrei sind, werden, soweit das Gesetz nichts anderes vorschreibt oder zuläßt, ohne Rücksicht auf den Betriebssitz ihrer Auftraggeber bei der Landkrankenkasse versichert, in deren Bezirk sie ihre eigene Betriebsstätte haben.

Bei der gleichen Kasse werden ihre hausgewerblich Beschäftigten versichert.

Vgl. § 2 Abs. 1, Nr. 4, § 54 KVG.

Nach § 168 bestimmt der Bundesrat, wieweit vorübergehende Dienstleistungen versicherungsfrei sind. Die diesbezüglichen Anordnungen sind bisher noch nicht ergangen.

Der Gesetzgeber geht von der Auffassung aus, daß Personen, die das Hausgewerbe nur nebenher oder gelegentlich betreiben, ohne anderweit eine versicherungspflichtige Arbeit auszuüben, der Regel nach der Krankenversicherung ebensowenig bedürfen, wie der Invalidenversicherung. Ob die Tätigkeit der hausgewerblich beschäftigten Hilfspersonen diese versicherungspflichtig macht oder nicht, wird sich ebenfalls nach § 168 richten.

Da ein Teil der Hausgewerbtreibenden schon gegenwärtig in Ortskrankenkassen versichert ist, hat das Einführungsgesetz Übergangsbestimmungen vorgesehen, durch die diesen Hausgewerbtreibenden der Verbleib in der alten Kassenzugehörigkeit ermöglicht und auch auf den jetzigen Umfang ihrer Ansprüche Rücksicht genommen wird (vgl. auch § 488).

Für die Zukunft hielt man es aus verschiedenen Gründen für angemessen, die Hausgewerbtreibenden regelmäßig den Landkrankenkassen zuzuweisen. Zunächst ist ein sehr großer Teil der Hausgewerbtreibenden, besonders in der Textil- und der Spielwarenindustrie, nicht das ganze Jahr über hausgewerblich, sondern zeitweilig auch lediglich als landwirtschaftliche Tagelöhner tätig. Dieser Wechsel in der Beschäftigung müßte zu einem höchst unerwünschten häufigen Wechsel der Kassenart führen, wenn man die Hausgewerbtreibenden nicht einheitlich den Landkrankenkassen zuweist. Aber auch aus versicherungstechnischen Gründen empfiehlt sich diese Regelung. Die immerhin etwas verwickelteren Vorschriften über die Versicherung der Hausgewerbtreibenden, die durch die gegebenen eigenartigen Verhältnisse notwendig geworden sind, lassen es nicht angemessen erscheinen, jede Krankenkasse, auch wenn sie vielleicht nur vereinzelte hausgewerbliche Mitglieder hat, mit diesem schwierigen Versicherungszweig zu belasten. Die Besonderheiten dieser Versicherung werden leichter überwunden werden, wenn diese Gruppe von Versicherten einer bestimmten Kassenart angehören, die dann die notwendigen besonderen Einrichtungen treffen kann.

Befreiung bei hohem Einkommen.

§ 467. Der Bundesrat kann bestimmen, unter welchen Voraussetzungen Hausgewerbtreibende, denen ein jährliches Gesamteinkommen von mindestens zweitausendfünfhundert Mark sicher ist, auf ihren Antrag für die eigene Person versicherungsfrei werden.

Neu.

Die Festsetzung einer Höchstgrenze des Einkommens für die Versicherungspflicht der Hausgewerbtreibenden hat da, wo diese Gruppe bisher schon versichert war, mehrfach Unzuträglichkeiten veranlaßt. Die Auftraggeber haben zum Teil nur Personen beschäftigt, die danach versicherungsfrei waren und auf diese Weise manchen Hausgewerbtreibenden mittelbar gezwungen, um überhaupt Aufträge zu erhalten, ein höheres Einkommen anzugeben und zu versteuern, als er tatsächlich besaß. Die Besorgnis hiervor fällt den Vorschriften der RVO. gegenüber weg, weil danach der Zuschuß des Auftraggeberbeitrags ganz unabhängig davon geleistet werden muß, ob der Hausgewerbtreibende persönlich versichert ist oder nicht.

Die Einkommensgrenze deckt sich mit der, welcher in § 165 Abs. 2 für einen Teil der Versicherungspflichtigen gezogen ist. Während aber dort der Jahresarbeitsverdienst entscheidet, ist hier das Gesamteinkommen ohne Rücksicht auf seine Quelle maßgebend.

Die Befreiung ist nur für selbständige Hausgewerbetreibende, nicht aber für ihre hausgewerblich Beschäftigten zulässig. Sie erfolgt nur auf Antrag, der zurücknehmbar ist.

Bisher ist ein Bundesratsbeschluß noch nicht ergangen.

Verzeichnis.

§ 468. Der § 442 Abs. 2, 3 und die §§ 443 bis 449 gelten für die Hausgewerbetreibenden und ihre hausgewerblich Beschäftigten entsprechend (hausgewerbliche Versicherungspflichtige).

Unbeschadet dieser Vorschriften haben Hausgewerbtreibende, die regelmäßig wenigstens zwei hausgewerbliche Versicherungspflichtige, abgesehen von den zur Familie gehörigen Hausgenossen, beschäftigen, sich und alle Beschäftigten bei der Krankenkasse zur Eintragung in das Verzeichnis nach den §§ 317 bis 319 an- und abzumelden.

Vgl. § 2 Abs. 2, § 54 Abs. 1 KVG.

Nach den in Abs. 1 angezogenen Paragraphen ist die Kasse verpflichtet, über die hausgewerblich Versicherungspflichtigen ein besonderes alphabetisches Mitgliederverzeichnis (§ 442 Abs. 2) zu führen. Die Mitgliedschaft beginnt erst mit der Eintragung in dies Verzeichnis (§ 442 Abs. 3), auch wenn eine Meldung nach Abs. 2 vorher erfolgen sollte. Hinsichtlich der Eintragung, Löschung und Wiedereintragung in das Verzeichnis und der Fortsetzung der Mitgliedschaft nach Löschung gelten die gleichen Vorschriften wie bei unständig Beschäftigten (§§ 443 bis 449). Die Unterlassung der Anmeldung zu diesem Verzeichnis ist nicht strafbar, es erfolgt aber gegebenenfalls Eintragung von Amtswegen.

Die allgemeine Meldepflicht der Arbeitgeber (§§ 317 bis 319) ist auf die Inhaber größerer hausgewerblicher Betriebe beschränkt. Diesen liegt sie aber sowohl für ihre Person als für alle von ihnen Beschäftigten einschließlich der zur Familie gehörenden Hausgenossen ob. Unterlassung dieser Meldungen ist nach § 530 Abs. 1, Verletzung der Vorschriften über sie nach § 530 Abs. 2 strafbar.

Über die Meldepflicht der Auftraggeber vgl. die §§ 473, 474, 530.

Aufbringung der Mittel.

§ 469. Die Mittel für die Krankenversicherung werden teils durch Zuschüsse derjenigen aufgebracht, in deren Auftrag und für deren Rechnung hausgewerblich gearbeitet wird (Auftraggeberzuschüsse), teils von den Hausgewerbtreibenden selbst und ihren hausgewerblich Beschäftigten (Beiträge).

Vgl. § 54 Abs. 1 KVG.

Über die Auftraggeberzuschüsse vgl. die §§ 470 bis 479, über die Beiträge §§ 480, 481.

Auftraggeberzuschüsse.

§ 470. Die Zuschüsse der Auftraggeber bemessen sich nur nach dem Entgelt, den sie dem Hausgewerbtreibenden für die gelieferte Arbeit zahlen; es kommt nicht darauf an, ob der einzelne Hausgewerbtreibende einer Kasse angehört, welcher Kasse er angehört, und welche Beiträge er dort für sich und seine Beschäftigten zahlt.

Der Wert von Roh- und Hilfstoffen, die der Hausgewerbtreibende beschafft hat, kann bei Berechnung des Entgelts außer Ansatz bleiben.

Neu.

Über Entgelt vgl. § 160. Daß ein Hausgewerbetreibender keiner Kasse angehört ist nach § 467 möglich.

Der Wert der vom Hausgewerbtreibenden selbst gelieferten Roh- und Hilfsstoffe ist häufig im Verhältnisse zu dem, was ihm als Entgelt für die fertig gelieferte Ware gezahlt wird, so geringfügig, daß es sich nicht verlohnt, ihn bei Berechnung des Prozentsatzes des Entgelts abzuziehen, den der Auftraggeber als Zuschuß zu zahlen hat. Das Gesetz überläßt es daher dem Auftraggeber, ob er der Einfachheit halber von einem solchen Abzug überhaupt absehen will.

Vgl. §§ 471, 472.

Berechnung.

§ 471. Die Zuschüsse der Auftraggeber werden einheitlich für alle Gewerbszweige und für das Gebiet des Reichs in der Weise berechnet, daß jährlich ihre Gesamtsumme die Hälfte der Gesamtlast deckt, die den Landkrankenkassen erwachsen würde, wenn sie die Regelleistungen nach dem Ortslohn als Grundlohn gewährten und ihnen alle hausgewerblichen Versicherungspflichtigen angehörten.

Neu.

Die Auftraggeber der Hausgewerbetreibenden sollen anders als die Arbeitgeber (vgl. §§ 380, 381) die Hälfte der Kosten tragen.

Über Regelleistungen vgl. § 179, über Ortslohn §§ 149 flg. und über Grundlohn §§ 180, 181.

Höhe der Zuschüsse.

§ 472. Bis zum 31. Dezember 1914 werden die Zuschüsse der Auftrageber auf zwei vom Hundert des Entgelts festgesetzt.

Demnächst setzt der Bundesrat sie nach Anhören der Rechnungsstelle des Reichsversicherungsamts immer auf vier Jahre fest; für die ersten zehn Jahre nach dem Inkrafttreten des Gesetzes ist er an diese Zeitabschnitte nicht gebunden.

Neu.

Es wird bis auf weiteres angenommen, daß der Jahresverdienst eines Hausgewerbtreibenden, wenn man den großen Durchschnitt zieht und die doch auch vorhandenen Hausgewerbtreibenden mit größeren Betrieben und entsprechendem Einkommen mit berücksichtigt, nicht allzu verschieden vom Ortslohn (§ 196 Abs. 1) ist. Aus den Ortslöhnen, die für die einzelnen, bei der Hausindustrie hauptsächlich in Frage kommenden Bezirken festgesetzt sind, wird für das Reich ein

Durchschnittslohn berechnet. Die Berechnungen ergeben hierfür den Betrag von 1,81 M. Um nicht zu hoch zu greifen, ist zur Ermittelung des durchschnittlichen Jahresverdienstes, der sich hiernach ergibt, angenommen worden, daß eine Beschäftigung der Hausgewerbtreibenden nur an 250 Tagen im Jahre stattfindet. Als durchschnittlicher Jahresverdienst eines Hausgewerbtreibenden ergibt sich dann 1,81 . 250 = 452,50 M.

Der Gesamtbetrag der Krankheitskosten mit Einschluß des Krankengeldes ist im Durchschnitt jährlich für einen Hausgewerbtreibenden auf 16,74 M. veranschlagt worden. Vergleicht man diesen Betrag mit dem ermittelten durchschnittlichen jährlichen Arbeitsverdienste, so ergibt sich, daß zur Deckung der Kosten der Krankenversicherung der Hausgewerbtreibenden 3.70 vom Hundert ihres durchschnittlichen jährlichen Arbeitsverdienstes erforderlich sind. Rundet man diesen Betrag auf 4 vom Hundert ab, so würden durch das Mehr an Beiträgen zugleich auch die Verwaltungsausgaben und die Rücklagen gedeckt werden. Da die Auftraggeber durch ihre Zuschüsse die Kosten für die Krankenversicherung der Hausgewerbtreibenden zur Hälfte tragen sollen, so haben sie zwei vom Hundert des den Hausgewerbtreibenden für die gelieferten Arbeiten zu zahlenden Entgelts zur Krankenversicherung abzuführen. Vgl. dazu Abschnitt V der finanziellen Begründung zur RVO.

Nach dem 31. Dezember 1914 hat die Rechnungsstelle des Reichsversicherungsamts in Zeitabschnitten von je vier Jahren auf Grund der bei der hausgewerblichen Krankenversicherung gemachten Erfahrungen zu prüfen, ob der im abgelaufenen Zeitraum erhobene Zuschuß beibehalten oder geändert werden soll (Begr.).

Liste der Beschäftigten.

§ 473. Der Auftraggeber hat der Landkrankenkasse seines Betriebsitzes in der ersten Woche jedes Monats eine Liste der im abgelaufenen Monate beschäftigten Hausgewerbtreibenden einzureichen.

Besteht für den Betriebsitz des Auftraggebers keine Landkrankenkasse, so ist die Liste der allgemeinen Ortskrankenkasse einzureichen.

Neu.

Die Kasse gibt die Liste der nicht bei ihr selbst versicherten Hausgewerbetreibenden der zuständigen Kasse weiter (§ 476).

Fälle, wo keine Landkrankenkasse besteht, enthalten die §§ 227 bis 233.

Nichteinreichung der Liste ist nach § 530 strafbar.

Über den Inhalt der Liste vgl. § 474, über Muster § 492 Abs. 2.

Inhalt der Liste.

§ 474. In der Liste ist der Name und eigene Betriebsitz der Hausgewerbtreibenden sowie der Betrag des Entgelts anzugeben.

Ist der Wert der von dem Hausgewerbtreibenden selbst beschafften Roh- und Hilfstoffe angesetzt worden, so sind auch Menge und Wert dieser Stoffe sowie der nach Abzug ihres Wertes tatsächlich gezahlte Betrag anzugeben.

Neu.

Da der Prozentsatz der Zuschüsse allgemein feststeht, kann die Kasse aus dem angegebenen Betrage des gezahlten Entgelts die Höhe des einzelnen Zuschusses ohne weiteres berechnen. Diese braucht also in der Liste nicht besonders aufgeführt zu werden.

Der Wert der Roh- und Hilfsstoffe kann nach § 470 Abs. 2 außer Ansatz bleiben.

Verletzung dieser Vorschriften ist nach § 530 Abs. 2 strafbar.

Vgl. auch § 592 Abs. 2 (Aufstellung von Mustern für die Listen durch den Bundesrat).

Wert der Roh- und Hilfsstoffe.

§ 475. Auf Antrag des Hausgewerbtreibenden setzt das für seinen Wohnsitz zuständige Versicherungsamt den Wert der Roh- und Hilfstoffe endgültig fest.

Für Gewerbe, bei denen im Bezirke der hausgewerbliche Betrieb üblich ist, setzt das Versicherungsamt (Beschlußausschuß) den Durchschnittswert der Roh- und Hilfstoffe von selbst fest und prüft ihn von Zeit zu Zeit nach. Auf Beschwerde entscheidet das Oberversicherungsamt endgültig. Das Versicherungsamt teilt den Durchschnittswert auf Antrag dem Hausgewerbtreibenden, dem Auftraggeber und dessen Krankenkasse (§ 473) mit.

Neu.

In der Regel werden sich der Auftraggeber und der Hausgewerbtreibende über den Wert der von letzterem beschafften Roh- und Hilfsstoffe wohl einigen. Jedoch muß auch für den Fall Vorsorge getroffen werden, daß dabei Zweifel oder Streit entsteht. Das Versicherungsamt am Betriebsitz des Hausgewerbtreibenden ist am besten in der Lage, den Wert nach den örtlichen Verhältnissen festzusetzen.

Abs. 1 regelt den Fall einer solchen Festsetzung auf besonderen Antrag des Hausgewerbetreibenden, Abs. 2 denjenigen einer allgemeinen Festsetzung in Bezirken, wo der Wert jener Stoffe häufiger eine Rolle spielt. Unter Umständen wird es sich empfehlen, diese Festsetzungen öffentlich bekanntzugeben.

Die Beschwerdefrist in Abs. 2 beginnt mit der Mitteilung und beträgt einen Monat (§ 128).

Listenmitteilung an die zuständige Kasse.

§ 476. Diese Kasse hat die Liste der nicht bei ihr selbst versicherten Hausgewerbtreibenden der Kasse mitzuteilen, als deren Mitglieder sie bezeichnet sind. Bei Zweifel vermittelt das Versicherungsamt, zu dem die Betriebstätte des Hausgewerbtreibenden gehört, die Liste der zuständigen Kasse.

Neu.

Die Pflicht liegt der in § 473 bezeichneten Kasse ob, die zu ihrer Erfüllung gegebenenfalls im Aufsichtsweg (§ 377) angehalten wird.

Einzahlung der Arbeitgeberzuschüsse.

§ 477. Beim Einreichen der Listen zahlt der Auftraggeber die fälligen Zuschüsse ein. Die berechneten Beträge sind auf volle Pfennig aufzurunden.

Die Kasse hat die für andere Kassen eingezahlten Zuschüsse bis zur gegenseitigen Verrechnung (§ 492 Abs. 2) zu verwahren.

Neu.

Ein Zinsgenuß, den die Kasse aus den eingezahlten Beiträgen bis zur gegenseitigen Verrechnung zieht, bildet einen gewissen Ausgleich für die Kosten der Listenversendung.

Nach § 492 Abs. 2 bestimmt der Bundesrat, wie die Kassen die Zuschüsse untereinander verrechnen. Eine derartige Bestimmung ist noch nicht erfolgt.

Wegen der Höhe der einzuzahlenden Zuschüsse vgl. §§ 470 und 472.

Verwendung der Zuschüsse.

§ 478. Die Kasse, deren Mitglied der Hausgewerbtreibende ist, hat ihm die nach den Listen für ihn gezahlten Zuschüsse gutzuschreiben.

Sind Zuschüsse von Auftraggebern für Nichtversicherte gezahlt worden oder können sie aus anderen Gründen keinem Versicherten gutgeschrieben werden, so hat sie die Kasse zur Deckung von Ausfällen zu verwenden, die ihr bei der Versicherung ihrer hausgewerblichen Versicherungspflichtigen entstehen.

Verbleiben nach dem Ergebnisse der letzten drei Geschäftsjahre erhebliche Überschüsse, so dienen sie dazu, für die hausgewerblichen Versicherungspflichtigen entweder die Beiträge zu ermäßigen oder die Leistungen zu erhöhen.

Neu.

Falls die Liste nicht unmittelbar bei der zuständigen Kasse einzureichen ist, erhält diese durch Übersendung derselben nach § 476 Kenntnis von der Zahlung. Über die Verwendung der gutgeschriebenen Zuschüsse vgl. §§ 482 Abs. 2, 484.

Geschäftsjahr ist das Kalenderjahr (§ 164).

Streitigkeiten.

§ 479. Die Vorschriften über Beitragsstreitigkeiten (§ 405) gelten entsprechend bei Streit über Zuschüsse.

Die Auftraggeber stehen für die §§ 137—140 den Arbeitgebern gleich.

Neu.

Die Zuschüsse werden also bei Streitigkeiten zwischen dem Auftraggeber und dem Hausgewerbetreibenden oder zwischen diesen und der Kasse wie Beiträge behandelt.

§§ 137, 138 betreffen Gebühren und Stempel. §§ 139, 140 untersagen den Arbeitgebern bei Strafe, Versicherte in der Übernahme von Ehrenämtern zu beschränken oder Vorschriften der RVO. zum Nachteil der Versicherten durch Übereinkunft auszuschließen.

Beiträge.

§ 480. Die Satzung setzt die Beiträge, welche die Hausgewerbtreibenden für sich und ihre hausgewerblich Beschäftigten einzuzahlen haben, sowie die Kassenleistungen für diese Personen besonders fest.

Als Grundlohn dient der Ortslohn.

Vgl. § 2 Abs. 2, § 54 Abs. 1, Abs. 2, Nr. 1 KVG.

Die gesonderte Festsetzung ist notwendig, um einen unbilligen Vorzug oder Nachteil für die übrigen Kassenmitglieder zu begegnen, wie er bei der Eigenart dieser Beitragsleistung sonst leicht eintreten könnte.

Über die Bemessung der Beiträge vgl. § 481, über den Ortslohn §§ 149 flge. (auch § 181).

Bemessung.

§ 481. Die Beiträge sind so zu bemessen, daß sie zusammen mit den Zuschüssen der Auftraggeber die Last decken, die der Kasse durch die Versicherung ihrer hausgewerblichen Mitglieder erwächst.

Solange sich die Höhe der Zuschüsse nicht annähernd feststellen läßt, sind die Beiträge der hausgewerblichen Mitglieder so zu bemessen, daß sie die Hälfte der Last decken, die der Kasse bei Gewährung der Regelleistungen an diese Mitglieder erwachsen würde.

Für die Beiträge, die der Hausgewerbtreibende für sich und seine hausgewerblich Beschäftigten zu leisten hat, gelten die allgemeinen Vorschriften über die Beiträge entsprechend.

Neu.

Über die Arbeitgeberzuschüsse vgl. §§ 470, 472, über Regelleistungen § 179.

Die Beiträge entsprechen zwar den Beitragsteilen der Versicherten nach § 381, werden aber trotzdem nach Abs. 3 so behandelt wie die vollen Kassenbeiträge bei den übrigen Mitgliedern. Sie werden also vom Hausgewerbetreibenden selbst einbezahlt, entfallen aber, sofern er Hilfspersonen hausgewerblich beschäftigt, zum Teil auf diese (vgl. §§ 380 flge.).

Krankengeld.

§ 482. Als Krankenhilfe wird neben der Krankenpflege ein Krankengeld gewährt.

Seine Höhe richtet sich nach dem Betrage der dem Hausgewerbtreibenden gutgeschriebenen Auftraggeberzuschüsse. Dabei verhält sich das Krankengeld, wenn die Satzung nichts anderes bestimmt, zum gesetzlichen Krankengeld wie der Betrag der im letzten Geschäftsjahr dem

Hausgewerbtreibenden gutgeschriebenen Zuschüsse zu dem aller Beiträge, die der Hausgewerbtreibende für diese Zeit gezahlt hat; höhere als die satzungsmäßigen Leistungen werden nicht gewährt.

Bestand die Versicherung erst kürzere Zeit, so werden nur die Beiträge dieser Zeit der Berechnung zu Grunde gelegt.

Neu.

Statt Krankenpflege und Krankengeld kann auch Krankenhauspflege, nach § 184 gewährt werden.

Die Dauer des Krankengeldes ist die regelmäßige nach § 183. Das gesetzliche Krankengeld ist gleich dem halben Grundlohn für jeden Arbeitstag (§ 182 Nr. 2). Durch die Satzung kann es gemäß § 191 erhöht werden.

Das Verhältnis zu bestimmen, in dem das Krankengeld zu den geleisteten Zuschüssen stehen soll, ist Sache der Satzung. Das Gesetz bezeichnet hier nur einen Weg, wie es geschehen kann. Am besten eignet sich zum Vergleiche das letztabgelaufene Geschäftsjahr, da dessen Ergebnisse vorliegen und sich ohne Mühe feststellen lassen. Ist der Hausgewerbtreibende noch nicht während dieses ganzen Geschäftsjahrs bei der Kasse versichert gewesen, so soll die Zeit von seinem Eintritt in die Mitgliedschaft bis zum Eintritt des Versicherungsfalls maßgebend sein. Der Vorschlag eignet sich übrigens für solche Kassen weniger, bei denen die Beiträge der Hausgewerbetreibenden den gewöhnlichen Durchschnitt übersteigen, denn hier würde sich gerade durch die höhere Beitragsleistung das Verhältnis gegenüber den Zuschüssen zu Ungunsten des Versicherten verschieben. Hier wird also die Satzung zweckmäßig ein anderes Verhältnis vorsehen.

Vgl. §§ 478, 484.

Kürzung des Krankengeldes.

§ 483. Die Satzung kann mit Zustimmung des Oberversicherungsamts bestimmen, wie weit das Krankengeld gekürzt oder einbehalten wird, wenn der Hausgewerbtreibende mit seinen Beiträgen im Rückstand ist.

Neu.

Wenngleich das Krankengeld in erster Reihe durch die Zuschüsse der Auftraggeber gedeckt werden soll und sich in seiner Höhe nach ihnen richtet, so muß es doch auch in eine gewisse Beziehung zur Beitragsleistung des Hausgewerbtreibenden gesetzt werden können. Im anderen Falle würden bei der Leistungsschwäche vieler Hausgewerbtreibenden die Kasse und die Kassenmitglieder anderer Art oft schwer geschädigt werden.

Die Kürzung des Krankengeldes trifft dessen schon nach § 482 abgestuften Betrag.

Die Zustimmung des OVA. erfolgt nach freiem Ermessen, die Versagung durch die Beschlußkammer (§ 324 Abs. 3).

Andere Barleistungen.

§ 484. Was für das Krankengeld gilt, gilt auch für die anderen Barleistungen der Kasse mit Ausnahme des Sterbegeldes.

Die Satzung kann mit Zustimmung des Oberversicherungsamts das Sterbegeld entsprechend dem § 482 Abs. 2, 3 abstufen.

Neu.

Vgl. § 384.

Unter Abs. 1 fallen besonders das Haus- (§ 186) und Wochengeld (§ 195). Auch diese werden nach § 482 bemessen und nach 483 gekürzt.

Wegen der Zustimmung des OVA.s siehe bei § 183.

Einzahlung doppelter Beiträge.

§ 485. Die Kasse hat dem Hausgewerbtreibenden auf seinen Antrag zu gestatten, daß er die Beiträge in doppeltem Betrage einzahlt. Die Satzung kann näher bestimmen, wann er den Antrag stellen und zurückziehen darf. Der Beitragsteil seiner hausgewerblich Beschäftigten wird dadurch nicht geändert.

In diesem Falle werden dem Hausgewerbtreibenden die für ihn einkommenden Zuschüsse ausgezahlt oder verrechnet. Er und seine versicherungspflichtig Beschäftigten haben Anspruch auf die vollen Leistungen, welche die Satzung für hausgewerbliche Versicherte vorschreibt.

Die Zuschüsse werden auch Hausgewerbtreibenden ausgezahlt oder verrechnet, die wegen anderer versicherungspflichtiger Beschäftigung versichert sind.

Neu.

Das Gesetz hält den Weg offen, die Versicherung der Hausgewerbtreibenden da, wo es durchführbar und erwünscht ist, der allgemeinen Krankenversicherung entsprechender zu gestalten. Diesem Zweck dienen die §§ 485, 486.

Zahlt der Hausgewerbetreibende die volle Gegenleistung für die Leistungen der Kasse, also außer dem eigenen Beitrag auch die Zuschüsse, die der Hälfte der gesamten Gegenleistung entsprechen sollen (§ 471), so entfällt der Anlaß, ihn anders zu behandeln, als andere Versicherte.

Jedoch darf ein solcher Antrag nicht zu jeder dem Hausgewerbetreibenden gerade genehmen Zeit gestellt oder zurückgezogen werden. Hierüber wird die Satzung Bestimmungen erlassen und namentlich Fürsorge zu treffen haben, daß der Antrag nicht kurz vor einem vermuteten Unterstützungsfall gestellt und nach Ablauf der Unterstützungsdauer alsbald wieder zurückgezogen wird.

In diesem Falle ist die Kasse für die Zuschüsse nur Durchgangsstelle und es ist lediglich Zweckmäßigkeitsfrage, ob die Zuschüsse bar ausbezahlt oder verrechnet werden.

Ist jemand wegen einer nicht hausgewerblichen Tätigkeit versicherungspflichtiges Mitglied einer Kasse, so werden schon deshalb für ihn die vollen Kassenbeiträge gezahlt und die vollen Unterstützungen geleistet: die Kasse würde also auf seine Kosten ohne entsprechende Gegenleistung bereichert werden, wenn sie die für ihn infolge einer daneben betriebenen hausgewerblichen Tätigkeit eingehenden Zuschüsse selbst behielte.

Beitragszahlung durch den Auftraggeber.

§ 486. Sind Hausgewerbtreibende dauernd nur für denselben Auftraggeber beschäftigt, so kann er, wenn sie zustimmen, auch ihre Beiträge einzahlen.

Er kann dann die Beiträge vom Hausgewerbtreibenden in der gleichen Weise einziehen, wie ein Arbeitgeber den Beitragsteil vom Versicherten. Die Zahlung des Entgelts steht dabei der Lohnzahlung gleich.

Neu.

In einer anderen Weise als § 485 nähert § 486 das Versicherungsverhältnis des Hausgewerbtreibenden demjenigen der nach den allgemeinen Regeln versicherten Personen. Er hat den häufig vorkommenden Fall im Auge, daß jemand als Erwerbstätigkeit ausschließlich das Hausgewerbe betreibt, und daß er nach ausdrücklicher oder stillschweigender Vereinbarung dauernd, das heißt entweder auf eine längere, im voraus bestimmte Zeit oder doch schon seit geraumer Zeit und voraussichtlich bis auf weiteres, stets nur für einen und denselben Auftraggeber tätig ist.

Auch hier tritt an Stelle des Beitragsdrittels des Arbeitgebers der Auftraggeberzuschuß, in dem zugleich der Anteil für das hausgewerbliche Hilfspersonal steckt.

Im Verhältnis des Hilfspersonals wird durch die Abmachung nichts geändert.

Vgl. §§ 532, 533 (Strafbestimmungen).

Erweiterte Krankenpflege. Wartezeit.

§ 487. Die §§ 426 bis 432, § 451 gelten entsprechend.

Neu.

Da die wirtschaftliche Lage der Hausgewerbtreibenden in vielen Gegenden derjenigen der versicherten landwirtschaftlichen Bevölkerung ähnlich ist, erleichtert es ihre Versicherung, wenn gewisse für die Landwirtschaft geltende Sondervorschriften auch auf sie übertragen werden.

Die §§ 426 bis 432 betreffen die Einführung der erweiterten Krankenpflege, § 451 die Einführung einer Wartezeit.

Aufrechterhaltung bestehender Versicherungen.

§ 488. Ist für einen Bezirk und ein Gewerbe bei Verkündigung dieses Gesetzes die Versicherung der Hausgewerbtreibenden bereits durch statutarische Bestimmung geregelt, so kann die oberste Verwaltungsbehörde auf Antrag der beteiligten Gemeinden oder des beteiligten Gemeindeverbandes genehmigen, daß die statutarische Bestimmung in Geltung bleibt.

Voraussetzung der Genehmigung ist, daß Auftraggeber und Hausgewerbtreibende im Bezirke des Versicherungsamts oder in dem von der obersten Verwaltungsbehörde nach örtlichem Bedürfnisse bestimmten größeren Bezirke ihren Betriebsitz haben, und daß die den Hausgewerbtreibenden zugebilligten Leistungen denen dieses Gesetzes mindestens gleichwertig sind.

Änderungen der statutarischen Bestimmung bedürfen der Genehmigung der obersten Verwaltungsbehörde.

Zuschüsse, die für einen solchen Hausgewerbtreibenden von anderen Auftraggebern eingehen, werden ihm ausgezahlt oder verrechnet.

Neu.

Statutarische Bestimmungen waren bisher auf Grund des § 2 Nr. 4 des KVG. zulässig.

Durch die Fassung werden auch solche Fälle getroffen, wo benachbarte Gemeinden, die nicht einen Gemeindeverband bilden, schon jetzt durch gemeinschaftliche statutarische Bestimmungen die Krankenversicherung der Hausgewerbtreibenden geregelt haben.

Über Gemeindeverband vgl. §§ 526, 527.

Bei Prüfung der Gleichwertigkeit nach Abs. 2 sind die Leistungen zu Grunde zu legen, welche die Hausgewerbetreibenden nach der RVO., insbesondere nach diesem Abschnitt erhalten.

Übernahme der Beiträge durch den Gemeindeverband.

§ 489. Der Gemeindeverband kann durch Statut die hausgewerblichen Versicherungspflichtigen von der Beitragspflicht befreien und selbst die Kosten übernehmen, soweit die Zuschüsse der Auftraggeber sie nicht decken; § 485 Abs. 1, 2 gilt dann nicht.

Dabei kann bestimmt werden, daß die Kasse diesen Versicherungspflichtigen nur die im § 452 bezeichneten Leistungen gewährt.

Für das Statut ist die Zustimmung des Oberversicherungsamts (Beschlußkammer), für die Bestimmung des Abs. 2 die Genehmigung der obersten Verwaltungsbehörde erforderlich.

Neu.

Wenn mit Rücksicht auf die Leistungsfähigkeit der Hausgewerbtreibenden der Gemeindeverband die Kosten der Versicherung übernimmt, soweit sie nicht durch die Zuschüsse der Auftraggeber gedeckt werden, so muß er sie abweichend vom Falle des § 454 endgültig tragen. Denn bei dem Hausgewerbe treffen die Gründe nicht zu, die bei den unständig Beschäftigten die Umlegung auf alle Einwohner des Kassenbezirkes rechtfertigen.

Über Gemeindeverband siehe §§ 526, 527.

Bei Versagung der Zustimmung durch die Beschlußkammer ist binnen einem Monat (§ 128) Beschwerde an den Beschlußsenat (§ 1781) des RVA.s (LVA.s) zulässig (§ 1793).

Beitragsübernahme auf Anordnung der Landesregierung.

§ 490. Für Bezirke, in denen die Hausgewerbtreibenden außerstande sind, Beiträge zu leisten, kann die Landesregierung anordnen, daß der Gemeindeverband die im § 489 Abs. 1 bezeichneten Kosten übernimmt.

Die hausgewerblichen Versicherten erhalten dann nur die Leistungen nach § 452; § 485 Abs. 1, 2 gilt nicht.

Neu.

Wegen Gemeindeverband siehe §§ 526, 527.

Zwischenpersonen.

§ 491. Werden Hausgewerbtreibende durch Zwischenpersonen, wie Ausgeber, Faktoren, Zwischenmeister, im Auftrage eines Dritten beschäftigt, so gilt dieser als ihr Auftraggeber.

Der Bundesrat kann die Pflichten des Auftraggebers ganz oder zum Teil den Zwischenpersonen übertragen; der Auftraggeber hat ihnen die ausgelegten Zuschüsse zu erstatten.

Vgl. 54 Abs. 2, Nr. 3, Abs. 3, 6 KVG.

Dem Abs. 2 entsprechende Bundesratsbeschlüsse sind noch nicht ergangen.

Bundesratliche Bestimmungen.

§ 492. Der Bundesrat bestimmt, wie die Vorschriften über die hausgewerbliche Krankenversicherung durchzuführen sind.

Er regelt insbesondere, wie Kassen die Zuschüsse untereinander verrechnen. Bei der Verrechnung kann er die Rechnungsstelle des Reichsversicherungsamts beteiligen. Er stellt die Muster für die Listen fest und bestimmt die Unterlagen, die zur Nachprüfung der Zuschüsse einzureichen sind.

Neu.

Die Durchführung der hausgewerblichen Versicherung wird noch eine Reihe näherer Bestimmungen nötig machen, die zur

Zeit des Erlasses der RVO. noch nicht völlig übersehen werden konnten. Deswegen ist dem Bundesrat in gewissem Umfang freie Hand gelassen.

Wegen der Verrechnung der Zuschüsse vgl. § 477 Abs. 2.

Der am Schlusse erwähnten Bestimmung der Unterlagen bedarf die Rechnungsstelle des Reichsversicherungsamts für die Berechnungen, die sie wegen des § 472 Abs. 2 in gewissen Zeitabschnitten aufzustellen hat.

Heranziehung inländischer Auftraggeber ausländischer Hausgewerbetreibender.

§ 493. Der Bundesrat kann bestimmen, wie inländische Auftraggeber ausländischer Hausgewerbtreibender zu Zahlungen für die hausgewerbliche Krankenversicherung so herangezogen werden, wie wenn sie Inländer beschäftigten, und wie diese Zahlungen zu verwenden sind. Er kann Zuwiderhandlungen gegen diese Bestimmungen mit Geldstrafe bis zu dreihundert Mark bedrohen.

Neu.

Hier und da ist die Befürchtung ausgesprochen worden, daß viele Auftraggeber, um die neuen Lasten für die reichsgesetzliche Krankenversicherung zu sparen, ihre Aufträge nicht mehr den bisher beschäftigten inländischen Hausgewerbtreibenden zuwenden, sondern damit ins Ausland gehen würden. Sollte dies zutreffen, so würde die Einführung der Krankenversicherung den beteiligten deutschen Hausgewerbtreibenden Schaden statt Nutzen bringen. Wenngleich kaum anzunehmen ist, daß jene Besorgnis begründet sei, so empfiehlt es sich immerhin, für den schlimmsten Fall ein Mittel der Abwehr zur Hand zu haben. Sollte wider Erwarten von der Vorschrift Gebrauch gemacht werden müssen, so werden die eingehenden Beiträge zu Gunsten der hausgewerblichen Versicherten in einer vom Bundesrat näher zu regelnden Weise verwendet werden.

VII. Lehrlinge.

§ 494. Krankengeld wird nicht gewährt Lehrlingen aller Art, die ohne Entgelt beschäftigt werden.

Die Beiträge sind entsprechend zu ermäßigen.

Diese Bestimmung wurde von der Kommission beigefügt, nachdem Lehrlinge im Gegensatz zum Entwurf auch bei Beschäftigung ohne Entgelt für versicherungspflichtig erklärt wurden (§ 165 Abs. 2).

Über Krankengeld vgl. § 182 Nr. 2.

Die Ermäßigung muß dem Verhältnis des Wertes des Krankengeldes zu dem der anderen Leistungen entsprechen.

Neunter Abschnitt.

Knappschaftliche Krankenkassen.

Vorbemerkung.

Die knappschaftlichen Krankenkassen sind nicht Krankenkassen im Sinne der RVO. (§ 225). Sie sind landesrechtliche Einrichtungen, deren Verhältnisse landesgesetzlich geregelt sind, soweit nicht die folgenden Paragraphen eingreifen.

Die RVO. läßt die bisherige Regelung (§ 74 KVG.) in allen wesentlichen Beziehungen unberührt. Sie hat aber die bisherige nicht ganz zutreffende Bezeichnung „Knappschaftskassen“ fallen lassen. Die betreffenden Einrichtungen sind nicht, wie man nach dieser Bezeichnung vermuten müßte, selbständige Organisationen, sondern bilden meistens einen Zweig der Tätigkeit der Knappschaftsvereine, deren Kasse auch noch anderen Zwecken zu dienen hat.

Wer Mitglied einer knappschaftlichen Krankenkasse ist, bestimmt die Landesgesetzgebung. Personen, die ihnen angehören, können nicht zu Krankenkassen gehören (§§ 225 Abs. 2, 234, 312).

Mindestleistungen.

§ 495. Die knappschaftlichen Krankenkassen müssen ihren Mitgliedern durch die Satzung mindestens die Regelleistungen der Ortskrankenkassen zubilligen.

Das Krankengeld können sie mit Genehmigung der Aufsichtsbehörde anders als wöchentlich, längstens jedoch halbmonatlich zahlen.

Vgl. § 74 Abs. 2 KVG.

§ 74 Abs. 2 des alten Krankenversicherungsgesetzes forderte, daß die in Rede stehenden Kassen ihren Mitgliedern mindestens das Gleiche wie die Betriebskrankenkassen leisten müssen. Da nach der RVO. die Ortksrankenkasse die Hauptform der Versicherung bildet, nach deren Leistungen sich auch diejenigen der Betriebskrankenkassen zu richten haben, so ist die Orts- an die Stelle der Betriebskrankenkasse gesetzt worden. Sachlich wird damit nichts geändert.

Über Regelleistungen vgl. § 179, über Auszahlung des Krankengeldes § 210.

Eintrittsgeld.

§ 496. Von Mitgliedern, die nachweislich bereits einer anderen Krankenkasse angehört haben, dürfen die knappschaftlichen Krankenkassen Eintrittsgeld nur erheben, wenn zwischen Ausscheiden und Beitritt mehr als sechsundzwanzig Wochen liegen.

Vgl. § 74 Abs. 3, § 26 Abs. 1, Abs. 2 Satz 1 KVG.

Im übrigen werden über die Leistungen der Mitglieder keine Vorschriften getroffen.

Die reichsgesetzlichen Krankenkassen dürfen ein Eintrittsgeld überhaupt nicht mehr erheben.

Vgl. § 498.

Befreiung von der Versicherungspflicht.

§ 497. Ein Antrag auf Befreiung von der Versicherungspflicht nach § 173 bedarf der Zustimmung der Mehrheit der Stimmen sowohl aus der Gruppe der Arbeitgeber als auch der Versicherten im Vorstande.

Neu.

Nach § 173 werden Personen, die auf die Dauer nur zu geringem Teil arbeitsfähig sind, von der Versicherungspflicht auf ihren Antrag befreit. Nach § 175 entscheidet über den Antrag der Vorstand.

§ 497 erschwert nun den Vorstandsbeschluß, um ein Gegengewicht dagegen zu geben, daß nur teilweise arbeitsfähige Personen, einem Druck des Arbeitgebers nachgebend, die Befreiung von der Versicherung beantragen.

Die Bestimmung ist erst in den Kommissionsverhandlungen beigefügt und stellt einen weitgehenden Eingriff in die landesrechtliche Regelung der knappschaftlichen Krankenkassen dar.

Wartezeit; keine Beiträge bei Arbeitsunfähigkeit.

§ 498. Für die Mitglieder gelten die §§ 206, 383.

Bestimmt die Satzung für den Anspruch auf Mehrleistungen eine Wartezeit, so können Mitglieder, die zur Erfüllung ihrer Dienstpflicht im Heere oder der Marine ausscheiden, diese Wartezeit auf die Dauer der Dienstzeit sowie noch auf höchstens sechsundzwanzig Wochen unterbrechen. In diesem Falle darf von ihnen kein neues Eintrittsgeld erhoben werden.

Vgl. § 74 Abs. 3, § 26 Abs. 1, Abs. 2 Satz 1 KVG.

§ 206 bestimmt, daß der Anspruch auf die Regelleistungen für Versicherungspflichtige mit der Mitgliedschaft beginnt. Nach § 383 sind bei Arbeitsunfähigkeit für die Dauer der Krankenhilfe und während des Bezugs des Wochen- und Schwangerengeldes keine Beiträge zu entrichten.

Zu Abs. 2 vgl. §§ 208, 209.

Übertragung, Verpfändung, Aufrechnung.

§ 499. Die Vorschriften der §§ 119, 223 Abs. 2, 3 wegen Übertragung, Verpfändung, Pfändung und Aufrechnung der Versicherungsansprüche gelten für alle Leistungen, die den Knappschaftsvereinen oder Knappschaftskassen nach diesem Gesetz oder nach den Landesgesetzen obliegen.

Die oberste Verwaltungsbehörde bestimmt, welche Behörde für die Genehmigung nach § 119 Abs. 2 zuständig ist.

Vgl. § 74 Abs. 3, § 26 Abs. 1, Abs. 2 Satz 1 KVG.

Die RVO. spricht hier nicht wie sonst von „knappschaftlichen Krankenkassen" sondern (wie in § 502) von „Knappschaftsvereinen". Dieser Ausdruck erfaßt sowohl den ganzen Verein als auch seine Einrichtung die „knappschaftliche Krankenkasse". Dabei ist zu bemerken, daß dasselbe, was hier als Knappschaftsverein bezeichnet wird, im Königreich Sachsen gerade „Knappschaftskasse" genannt wird. Diese werden daher neben den Knappschaftsvereinen aufgeführt.

Aushilfe durch andere Kassen etc.

§ 500. Die §§ 211 bis 214, 219 bis 222, 224, 313, 314 gelten entsprechend.

Gehört der Wohnort des Erkrankten zum Bereich einer knappschaftlichen Krankenkasse, so hat, von dringenden Fällen abgesehen, diese die vorläufige Hilfe zu bewilligen.

Vgl. § 74 Abs. 3, § 57a KVG.

Die §§ 211 bis 214 betreffen den Einfluß von Satzungsänderungen auf schwebende Unterstützungsansprüche, den Kassenwechsel während des Bezugs von Leistungen, formelle Versicherung und die Ansprüche nach Ansscheiden wegen Erwerbslosigkeit.

Die §§ 219 bis 222 und 224 beziehen sich auf Erkrankungen auswärts wohnender Mitglieder, auf Erkrankungen während vorübergehenden Aufenthalts außerhalb des Kassenbezirks und auf solche im Ausland.

Nach der Fassung hat die knappschaftliche Krankenkasse zwar nicht ihrerseits die vorläufige Unterstützung zu leisten, kann aber für ihre Mitglieder diese von den nach § 219 vorläufig verpflichteten Kassen beanspruchen.

Abs. 2 ergänzt die Vorschrift sachgemäß dahin, daß für Mitglieder knappschaftlicher Krankenkassen in erster Reihe, soweit möglich, die andere Kasse der gleichen Art aushelfend eintreten soll.

§ 313 betrifft die freiwillige Fortsetzung der Versicherung, § 314 das Erlöschen der Mitgliedschaft Versicherungsberechtigter.

Geheime Vertreter-Wahl.

§ 501. Die Vertreter der Versicherten in der Generalversammlung (Knappschaftsälteste), im Vorstand der knappschaftlichen Krankenkassen, Knappschaftsvereine und Knappschaftskassen müssen in geheimer Wahl gewählt werden. Die Wahl nach den Grundsätzen der Verhältniswahl ist zulässig.

In die Generalversammlung und den Vorstand einer knappschaftlichen Krankenkasse können Knappschaftsinvaliden gewählt werden, auch wenn sie als freiwillige Mitglieder Beiträge zur Krankenkasse zahlen.

Die Fassung des § 501 wurde erst im Reichstag in zweiter Lesung endgiltig festgestellt.

Über Knappschaftsvereine und Knappschaftskassen siehe bei § 499, über Verhältniswahl bei § 15.

Knappschaftsinvaliden sind nach §§ 500, 313 zu freiwilliger Fortsetzung der Versicherung berechtigt.

§ 502. Die §§ 368 bis 376 gelten.

Im übrigen bleiben, soweit dieses Gesetz nichts anderes vorschreibt, landesgesetzliche Vorschriften über die Knappschaftsvereine und die Knappschaftskassen unberührt.

Die §§ 368 bis 376 betreffen das Verhältnis der Kasse zu Ärzten, Zahnärzten, Krankenhäusern und Apotheken.

Die RVO. berührt die Verhältnisse der Knappschaftsvereine (Knappschaftskassen) und knappschaftlichen Krankenkassen außer in diesem Abschnitte noch an mehreren Stellen dieses (z. B. §§ 188, 195, 197, 208, 225, 234, 312, 313) und der übrigen Bücher (z. B. §§ 42, 60, 61, 63, 82, 112, 573, 576, 581, 583, 605, 630, 730, 903, 1246, 1271, 1320 ff., 1369, 1372, 1447, 1484, 1516, 1521, 1528, 1529, 1538, 1544 und die in diesem angezogenen Paragraphen, §§ 1628, 1676, 1775, 1787). Hierauf ist der Vorbehalt zurückzuführen.

Zehnter Abschnitt.

Ersatzkassen.

Vorbemerkung.

Dieser Abschnitt steht in engem Zusammenhang mit dem Einführungsgesetz Art. 25 bis 28 und dem voraussichtlich noch Ende 1911 zu erlassenden Gesetz, betreffend die Aufhebung des Hilfskassengesetzes.

Nach jenem Gesetz sollen die eingeschriebenen Hilfskassen für die Folge als Versicherungsvereine auf Gegenseitigkeit weiterbestehen. Bis zu seinem Inkrafttreten gelten die eingeschriebenen Hilfskassen als Versicherungsvereine auf Gegenseitigkeit im Sinne der RVO. und treten an Stelle einiger Bestimmungen des Hilfskassengesetzes die entsprechenden Vorschriften der RVO. (Art. 27 Einf.-Ges.).

Die RVO. läßt die Verhältnisse der Hilfskassen, soweit sie der Versicherung der reichsgesetzlich nicht versicherten Personen dienen, übrigens auch, soweit sie von den reichsgesetzlich versicherungspflichtigen Personen als Zuschußkassen benutzt werden, völlig unberührt. Sie beschränkt insbesondere ihr Fortbestehen oder ihre Neugründung in der Form von „Versicherungsvereinen auf Gegenseitigkeit" nicht. In dieser Hinsicht soll das Gesetz, betreffend Aufhebung des Hilfskassengesetzes, neue Bestimmungen über ihre innere und äußere Verfassung und ihre Stellung zur staatlichen Aufsicht bringen; die RVO. beschäftigt sich lediglich mit der Zulassung eingeschriebener Hilfskassen als Ersatzkassen. Die Zulassung ist in den §§ 503 flge. an bestimmte Voraussetzungen geknüpft. Sie erfolgt nur bei bereits vorhandenen und seit einem bestimmten Zeitpunkt (vergl. aber Art. 26 Einf.-Ges.) nach § 75 des Krankenversicherungsgesetzes privilegierten eingeschriebenen Hilfskassen von bestimmter Mindestgröße unter Beschränkung auf ihren bisherigen Mitgliederkreis. Der Antrag auf Zulassung muß 6 Monate vor dem durch Kaiserliche Verordnung zu bestimmenden Tag des Ablaufs der Privilegierung gestellt werden (Art. 25 Einf.-Ges.). Die Zulassung erfolgt durch die höhere Verwaltungsbehörde (§ 514).

Durch die Zulassung wird die Kasse zur Ersatzkasse im Sinne der RVO.. Ihr Verhältnis zu den Krankenkassen bestimmt sich nach §§ 517 flge. RVO. Ihre Mitglieder gehören zwar der Krankenkasse an, können aber Ruhen ihrer Rechte und Pflichten beantragen (§ 517).

Wird eine Hilfskasse nicht zugelassen, so hat die Versicherung bei ihnen keinerlei Bedeutung für die Versicherung ihrer Mitglieder bei den gesetzlichen Krankenkassen. Ihre bisherige Privilegierung erlischt mit einem durch Kaiserliche Verordnung zu bestimmenden Tag (Art. 25 Einf.-Ges.). Den Übergang regelt Art. 28 Einf.-Ges.

I. Zulassung.

Voraussetzungen.

§ 503. Versicherungsvereine auf Gegenseitigkeit, denen als eingeschriebenen Hilfskassen vor dem 1. April 1909 eine Bescheinigung nach § 75a des Krankenversicherungsgesetzes erteilt worden ist, sind auf ihren Antrag für den an diesem Tage durch die Satzung bestimmten Bezirk und Kreis ihrer versicherungspflichtigen Mitglieder als Ersatzkassen zuzulassen, wenn ihnen dauernd mehr als eintausend Mitglieder angehören und ihre Satzung den §§ 504 bis 513 genügt.

Auf Antrag eines solchen Versicherungsvereins kann für ihn die oberste Verwaltungsbehörde seines Sitzes die Mindestzahl der Mitglieder auf zweihundertundfünfzig herabsetzen.

Vgl. § 75 KVG.

Damit nicht eingeschriebene Hilfskassen in der Zwischenzeit den durch ihre Satzung bestimmten Kreis und Bezirk ihrer versicherungspflichtigen Mitglieder ausdehnen, muß dieserhalb ein bestimmter Stichtag festgesetzt werden. Als solcher wird der 1. April 1909 bestimmt, weil etwa zu diesem Zeitpunkte der Inhalt der Reichsversicherungsordnung öffentlich bekannt geworden ist. Hilfskassen, die gleichwohl inzwischen noch den Mitgliederkreis oder -bezirk erweitert haben sollten, würden sich deshalb die daraus für sie später etwa erwachsenden Unzuträglichkeiten selbst zuzuschreiben haben.

Der § 503 erfordert ferner in der Regel eine Mindestzahl von 1000 Mitgliedern und, wie bisher, den Antrag des Versicherungsverein. Die übrigen Anforderungen, die an die Ersatzkassen gestellt werden, sind im wesentlichen aus dem früheren Entwurfe des Hilfskassengesetzes hierher übernommen worden.

Den eingeschriebenen Hilfskassen waren bisher durch das Hilfskassengesetz allgemein gewisse Pflichten auferlegt worden, die für die nunmehr ihre Stelle einnehmenden Versicherungsunternehmungen, gesetzlich wenigstens, nicht mehr vorgeschrieben sind. Es liegt indessen kein Anlaß vor und würde dem öffentlichen Interesse zuwiderlaufen, auch diejenigen Versicherungsunternehmungen von jenen Verpflichtungen zu entbinden, welche für die Folge die Vorteile der amtlichen Bescheinigung für sich und ihre Mitglieder beanspruchen wollen. Vielmehr handelt es sich in dieser Beziehung lediglich um die Aufrechterhaltung des bestehenden Zustandes, nur mit der Maßgabe, daß die betreffenden Versicherungsvereine Vorschriften, die bisher kraft Gesetzes für sie galten, jetzt in ihre Satzungen aufzunehmen haben. Die staatlichen oder Reichsbehörden, denen die Ausstellung und der Widerruf der Bescheinigungen oblag, bleiben die nämlichen. In letzterer Hinsicht ändert nur das eine, daß jene Obliegenheit, soweit sie vom Reichskanzler wahrzunehmen war, auf das Reichsversicherungsamt übergeht. Nur erstreckt sich die den betr. Behörden obliegende Prüfungspflicht fortan auch darauf, ob die Satzung den Anforderungen des künftigen Gesetzes genügt. Die Sorge für die tatsächliche Beobachtung der betreffenden Satzungsvorschriften gehört zu den Aufgaben und Befugnissen der Aufsichtsbehörden (vgl. §§ 64, 67 des Gesetzes vom 12. Mai 1901). Im einzelnen handelt es sich hier um die Aufrechterhaltung folgender Bestimmungen des Hilfskassengesetzes: des § 6 Abs. 2, der §§ 12 und 13, sowie einzelner an den § 15 und den § 21 Abs. 1 sich anlehnenden Vorschriften. (Begr.).

Bis zum Inkrafttreten des Gesetzes über die Aufhebung des Hilfskassengesetzes (Reichs-Ges.-Bl. 1876 S. 125, 1884 S. 54) gelten die eingeschriebenen Hilfskassen als Versicherungsvereine auf Gegenseitigkeit im Sinne des § 503 (Art. 27 Einf.-Ges.).

Ist die Bescheinigung nach dem 1. April 1909 erteilt worden, so kann bei Nachweis eines Bedürfnisses der Bundesrat die Zulassung genehmigen (Art. 26 Einf.-Ges.).

Die Zulassung ist auf den 1. April 1909 (etwa dem Zeitpunkt der Bekanntgabe der RVO.) durch die Satzung bestimmten Bezirk und Kreis beschränkt, um eine weitere Durchbrechung der reichsgesetzlichen Organisation durch nachträgliche Satzungsänderungen auszuschließen.

Der Antrag auf Zulassung muß 6 Monate vor dem Ablauf der Giltigkeit der nach § 75a KVG. ausgestellten Bescheinigung gestellt werden (Art. 25 Einf.-Ges.).

Die RVO. läßt die Neubildung oder Vereinigung zweier Ersatzkassen nicht zu. Die Zulässigkeit einer solchen würde — so führte ein Regierungsvertreter in der Kom.-Beratung aus — auch dem Standpunkt des Entwurfs nicht entsprechen, der nur das historisch Gewordene innerhalb gewisser Grenzen habe erhalten, aber neue Gebilde nicht habe zulassen wollen. Auch die durch die Vereinigung bestehender Kassen entstandene Kasse müsse man als ein neues Gebilde ansehen, für das bis dahin ein Bedürfnis nicht bestanden habe.

Über eingeschriebene Hilfskassen, die nicht zugelassen werden, vgl. die Vorbemerkung.

Unzulässige Verpflichtungen.

§ 504. Der Beitritt Versicherungspflichtiger darf von der Beteiligung an anderen Gesellschaften oder Vereinigungen nur abhängig gemacht werden, wenn die Satzung eine solche Beteiligung für alle Mitglieder schon bei Errichtung des Vereins vorgesehen hat.

Im übrigen dürfen die Mitglieder nicht zu Handlungen oder Unterlassungen verpflichtet werden, die den Zweck des Vereins nicht berühren.

Vgl. § 6 Abs. 2 HKG.

Sachlich ändert dieser Paragraph gegenüber dem geltenden Hilfskassengesetz nur das eine, daß die hier vorgesehene Beschränkung der Satzung sich auf den Beitritt lediglich der versicherungspflichtigen Mitglieder der Ersatzkasse bezieht. Der Absicht der Vorschrift genügt es, da die Verhältnisse der übrigen Mitglieder die Reichsversicherung nicht berühren.

Vgl. Art. 27 Abs. 2 Einf.-Ges.

Zurückweisung.

§ 505. Gehören Versicherungspflichtige zu dem Personenkreise, für den der Verein nach seiner Satzung errichtet ist, so darf ihnen, vorbehaltlich des § 504 Abs. 1, der Beitritt nicht versagt, insbesondere nicht von ihrem Lebensalter oder Gesundheitszustande abhängig gemacht werden.

Der Verein kann jedoch diejenigen, welche sich zum Beitritt melden, ärztlich untersuchen lassen und den Beitritt Erkrankter zurückweisen.

Der Verein kann Versicherungspflichtige zurückweisen, die sich zum Beitritt melden und aus einer früheren Mitgliedschaft der Ersatzkasse Beiträge schulden oder aus einer anderen Versicherung Anspruch mindestens auf die Leistungen ihrer Krankenkasse haben.

Vgl. § 4 Abs. 3, § 19 Abs. 3, § 63 Abs. 2 KVG.

Auch die Leistungen dürfen nicht nach Lebensalter oder Gesundheitszustand abgestuft werden (§ 506 Abs. 2), wohl aber die Beiträge in gewissem Umfang (§ 506 Abs. 1).

Unter Erkrankten im Sinne des Abs. 2 sind Kranke im Sinne des Gesetzes zu verstehen, nicht etwa Personen mit einer Krankheitsanlage (vgl. § 182).

Abstufung der Beiträge und Leistungen.

§ 506. Hat der Verein spätestens seit dem 1. Januar 1911 die Beiträge Versicherungspflichtiger nach dem Lebensalter beim Beitritt abgestuft, so kann er diese Stufen beibehalten und mit Zustimmung seiner Aufsichtsbehörde ändern. Jedoch darf die höchste Stufe die niedrigste nicht um mehr, als es bis zum bezeichneten Tage der Fall war, und höchstens um die Hälfte übersteigen. Der Verein kann die Beiträge Versicherungspflichtiger nach ihrem Gesundheitszustande beim Beitritt bis um ein Viertel des Regelsatzes höher bemessen.

Seine Leistungen darf der Verein nicht nach dem Lebensalter oder Gesundheitszustande der Beitretenden abstufen.

Der Ansporn, einer Hilfskasse beizutreten, liegt für jüngere und gesunde Personen in den verhältnismäßig niedrigen Beiträgen, die dieses Abstufungssystem für sie mit sich bringt. Ohne diesen Ausweg ist zu befürchten, daß diese guten Risiken bei den Krankenkassen verbleiben, und daß sie erst in späterem Alter und bei wankender Gesundheit als schlechte Resiken den Hilfskassen wegen deren höherer Leistungen beitreten. Hierin liegt eine große Gefahr für den Bestand der Hilfskassen. Man hat ihnen deshalb die Abstufung der Beiträge belassen, die Zuschläge aber auf einen Höchstbetrag begrenzt, damit die Hilfskassen nicht in der Lage sind, diese Zuschläge so hoch zu bemessen, daß den älteren und kränklichen Personen durch die Höhe der Beiträge der Beitritt unmöglich gemacht wird.

Nicht zulässig ist es, die Beiträge von Mitgliedern, die während ihrer Mitgliedschaft eine höhere Altersstufe erreichen oder in einen schlechten Gesundheitszustand geraten, zu steigern (§ 511). Nur beim Beitritt ist die Berücksichtigung möglich.

Leistungen.

§ 507. An Leistungen sind dem Versicherungspflichtigen mindestens die Regelleistungen der Krankenkassen nach dem Grundlohne zu gewähren, der bei seiner Krankenkasse maßgebend ist. Der Verein kann eintretende Versicherungspflichtige auf die niedrigste der Mitgliederklassen beschränken, die dieser Anforderung genügen.

Versicherungspflichtigen dürfen die Leistungen nur im gleichen Umfange, wie bei den Krankenkassen, gekürzt werden. Der Verein hat für sie eine Krankenordnung (§ 347 Abs. 1) zu erlassen; sie bedarf der Genehmigung des für seinen Sitz zuständigen Versicherungsamts.

Versicherungspflichtigen, die vom Rechte des § 517 Abs. 1 keinen Gebrauch machen, kann der Verein das Krankengeld um ein Viertel des Grundlohns (Abs. 1) erhöhen.

Vgl. § 75 Abs. 1, 3 KVG.

Durch die Mitgliedschaft bei der Ersatzkasse darf der Versicherte in Bezug auf das Maß der Unterstützungen nicht schlechter gestellt werden, als er sich bei einer für Versicherte seiner Art gesetzlich zuständigen Krankenkasse stehen würde. Um dieser Vorschrift entsprechen zu können, wird die Ersatzkasse die erforderliche Zahl von Mitgliederklassen einzurichten und das Mitglied zu veranlassen haben, ihr den für seine Versicherung maßgebenden Grundlohn ausreichend sicher nachzuweisen.

Über Regelleistungen vgl. §§ 179, 429, 435, 487, über Grundlohn §§ 180, 181.

Die Genehmigung muß erteilt werden, wenn die Krankenordnung den gesetzlichen Anforderungen genügt. Bei Versagung ist binnen einem Monat (§ 128) Beschwerde an das OVA. (§ 1792) und weitere Beschwerde an das RVA. (LV. Amt) zulässig (§ 1797).

Abs. 3 bezieht sich auf Mitglieder, die die Hilfskasse als Zuschußkasse benutzen. Die Erhöhung soll eine Vergütung für die Krankenpflege darstellen, die diese Mitglieder bereits aus ihrer Krankenkasse beziehen. Im bisherigen Recht und im Entwurf war dies besonders hervorgehoben.

Mehrleistungen.

§ 508. Der Verein darf seinen Mitgliedern und ihren Angehörigen ohne Beschränkung der Dauer und Höhe alle Leistungen gewähren, die § 179 ihrer Art nach bei den Krankenkassen zuläßt. Die Beihilfe an Hinterbliebene verstorbener Mitglieder darf das Zehnfache der Wochenleistung nicht übersteigen, auf die der Verstorbene Anspruch hatte.

§ 12 des Ges. über die eingeschr. Hilfskassen.

Das Hilfskassengesetz führt in seinem § 12 die als Krankenunterstützung zulässigen Leistungen der Hilfskassen einzeln auf. Die RVO. hält eine solche Aufzählung im einzelnen nicht für nötig, weil sie für die Ersatzkassen ohne Ausnahme alle Arten von Leistungen zuläßt, die den Krankenkassen gestattet sind. Beibehalten ist aus dem alten Hilfskassengesetze nur die Beschränkung hinsichtlich der Höhe des Sterbegeldes, die diesen Versicherungsvereinen den Charakter von Anstalten für die Zwecke der eigentlichen Krankenversicherung wahren und die Entwicklung zu einer Hinterbliebenenversicherung ausschließen soll.

Bei der Bemessung der „Wochenleistung" ist auch die freie ärztliche Behandlung in Anschlag zu bringen.

Vgl. Art. 87 Abs. 2 Einf.-Ges.

Verwendung der Mittel.

§ 509. Die Mittel des Vereins dürfen nur zu den satzungsmäßigen Leistungen zur Füllung der Rücklage, zu den Verwaltungskosten und für allgemeine Zwecke der Krankheitsverhütung verwendet werden.

Es ist auch zulässig, sie für den Besuch von Versammlungen zu verwenden, die den gesetzlichen Zwecken der Krankenversicherung und der Ersatzkassen dienen sollen.

Zu anderen Zwecken darf der Verein keine Beiträge von den Versicherungspflichtigen erheben.

Er darf nur die Geschäfte übernehmen, die das Gesetz über die eingeschriebenen Hilfskassen (Reichs-Gesetzbl. 1876 S. 125, 1884 S. 54) zugelassen hat oder dieses Buch zuläßt.

Vgl. § 13 des Ges. über die eingeschr. Hilfskassen.

Die Vorschriften über die zugelassene Verwendung der Kassenmittel sind gegenüber dem § 13 des alten Hilfskassengesetzes mit Rücksicht auf den § 363 ergänzt worden.

Über Verwendung für allgemeine Zwecke der Krankheitsverhütung siehe bei § 363.

Die Vorschriften über die Rücklage finden sich in § 25 des Hilfskassengesetzes.

Vgl. Art. 27 Abs. 2 Einf.-Ges.

Vorstand und Aufsichtsrat.

§ 510. Dem Vorstand und dem Aufsichtsrate dürfen nur volljährige Mitglieder angehören, welche die bürgerlichen Ehrenrechte besitzen.

Vgl. § 21 des Ges. über die eingeschr. Hilfskassen.

Die Volljährigkeit tritt mit Vollendung des 21. Lebensjahres ein (§ 2 des Bürgerl. Gesetzbuches).

Neu.

Schutz alter und kranker Mitglieder.

§ 511. Der Verein darf Mitglieder nach dem Beitritt nicht deshalb ausschließen oder in Beiträgen oder Leistungen schlechter stellen, weil sie eine Altersgrenze überschreiten oder ihr Gesundheitszustand sich ändert.

§ 15 des Ges. über die eingeschr. Hilfskassen.

Beim Beitritt ist eine Berücksichtigung dieser Umstände in gewissem Umfang zulässig (§ 506 Abs. 1).

Vgl. Art. 27 Abs. 2 Einf.-Ges.

Ausschließung.

§ 512. Er darf Mitglieder, die ihm bereits zwei Jahre angehören, nicht deshalb ausschließen, weil sie aus einer Gesellschaft oder Vereinigung austreten oder ausgeschlossen werden. Schließt er aus solchem Grunde ein Mitglied vor Ablauf von zwei Jahren aus, so muß er ihm mindestens das etwa gezahlte Eintrittsgeld erstatten.

§ 15 des Ges. über die eingeschr. Hilfskassen.

Vgl. § 504 und Art. 27 Abs. 2 Einf.-Ges.

Austrittsgestattung.

§ 513. Versicherungspflichtigen darf der Verein ohne Rücksicht darauf, ob sie inzwischen etwa die Beschäftigung gewechselt haben, den Austritt nur mit dem Schlusse des Kalendervierteljahrs gestatten.

Neu.

Die Vorschrift ist zur Erleichterung der Verwaltung getroffen. Mit dem Augenblick, wo die Versicherungspflicht des Mitglieds aufhört, unterliegt es natürlich auch dieser Beschränkung nicht mehr.

Entscheidung über Zulassung.

§ 514. Beantragt ein Verein seine Zulassung als Ersatzkasse, so entscheidet darüber die höhere Verwaltungsbehörde seines Sitzes. Geht ein Bezirk über die Grenzen des Bundesstaats hinaus, so entscheidet das Reichsversicherungsamt.

Wird dem Antrag stattgegeben, so erhält der Verein darüber eine Bescheinigung und zu seinem Namen den Zusatz „Ersatzkasse".

Die Zulassung darf nur dann versagt werden, wenn der Verein den Vorschriften der §§ 503 bis 513 nicht genügt. Die Gründe der Versagung sind mitzuteilen.

Vgl. § 75a Abs. 1, 2, 3 KVG.

Die höhere Verwaltungsbehörde wird nach § 111 von der obersten Verwaltungsbehörde bestimmt.

Über die Zeit der Antragstellung vgl. Art. 25 Abs. 2 Einf.-Ges.

Die Prüfung, welche die Behörden vorzunehmen haben, hat einen weiteren Umfang als bisher. Sie muß sich nicht nur darauf erstrecken, ob die Ersatzkasse das erforderliche Mindestmaß an Leistungen gewährt, sondern auch darauf, ob die Satzung den Anforderungen der RVO. entspricht. Für die Erlaubnis zum Geschäftsbetrieb nach dem Entwurf zum Hilfskassengesetz und nach dem Gesetz über die privaten Versicherungsunternehmungen (Reichs-Gesetzbl. 1901 S. 139) ist dieser Teil des Satzungsinhalts ohne Bedeutung.

Es dient dem Vorteil des Versicherungsvereins wie seiner Mitglieder, daß seine Eigenschaft als Ersatzkasse nach außen hin erkennbar hervortritt. Ähnlich wie nach dem Hilfskassengesetze der Name der Kasse die zusätzliche Bezeichnung „eingeschriebene Hilfskasse" enthalten muß, wird hier dem Namen des Vereins der Zusatz „Ersatzkasse" beigefügt. Erst dadurch, daß er zugelassen wird und die Bescheinigung erhält, wird der Verein zur Ersatzkasse (Begr.)

Bekanntmachung der Zulassung.

§ 515. Die Bescheinigung der höheren Verwaltungsbehörde wird durch das für ihre amtlichen Bekanntmachungen bestimmte Blatt, die des Reichsversicherungsamts durch den Reichsanzeiger veröffentlicht.

Als Nachweis der Zulassung dient ein Abdruck der Vereinssatzung, der die Bescheinigung nebst Jahrgang, Nummer und Seitenzahl des Blattes angibt.

Vgl. § 75a Abs. 5, § 75b Abs. 2 KVG.

Widerruf der Bescheinigung.

§ 516. Wenn ein zugelassener Verein den Voraussetzungen der Zulassung nicht oder nicht mehr entspricht, auch trotz Aufforderung seiner Aufsichtsbehörde diesem Mangel nicht in der gesetzten, mindesten sechswöchigen Frist abhilft, so wird die Bescheinigung widerrufen.

Sie wird auch widerrufen, wenn die Satzung den Kreis der Versicherungspflichtigen erweitert, die dem Verein angehören können.

Die Gründe des Widerrufs sind mitzuteilen. Er wird in der gleichen Weise wie die Bescheinigung veröffentlicht.

Vgl. § 75a Abs. 4 KVG.

Die Aufsichtsbehörde prüft bei Satzungsänderungen, ob die Voraussetzungen der Zulassung berührt werden und teilt es gegebenenfalls der höheren Verwaltungsbehörde oder dem RVA. mit. Auch ohne Satzungsänderung macht sie diese Mitteilung dann, wenn sie bei der Aufsicht wahrnimmt, daß das Verhalten des Vereins den Voraussetzungen der Zulassung widerspricht. In allen Fällen ist dem Verein vorher eine Frist zur Beseitigung der Beanstandung zu stellen.

Die Fassung des § 516 macht seine Vorschrift auch für den Fall anwendbar, daß ein Verein, obgleich die Voraussetzungen für seine Zulassung als Ersatzkasse nicht vorliegen, gleichwohl irrtümlich die Bescheinigung erhalten hat, und sich der Irrtum hinterher herausstellt.

Der zweite Absatz enthält die für die Folgezeit nötige Ergänzung zum § 503. In der Beseitigung einer für den Beitritt gesetzten Altersgrenze liegt keine Erweiterung des Mitgliederkreises.

II. Verhältnis zu Krankenkassen.

Ruhen der Rechte und Pflichten.

§ 517. Für Versicherungspflichtige, die Mitglieder einer Ersatzkasse sind, ruhen auf ihren Antrag die eigenen Rechte und Pflichten als Mitglieder der Krankenkasse, in die sie gehören; sie haben keinen Anspruch auf die Leistungen der Krankenkasse und sind weder wählbar noch wahlberechtigt.

Ihre Arbeitgeber haben nur den eigenen Beitragsanteil an die Krankenkasse einzuzahlen; der Anteil des Versicherten fällt weg.

Vgl. § 75 Abs. 1, § 75a Abs. 1 KVG.

Nach dem Krankenversicherungsgesetze sind die Mitglieder der durch die erteilte Bescheinigung privilegierten Hilfskassen nicht von der Zugehörigkeit zur reichsgesetzlichen Krankenversicherung ausgeschlossen, sondern nur von der Pflicht befreit, der Gemeindekrankenversicherung oder einer Krankenkasse anzugehören. Sie können daher den letzteren angehören und daneben die Hilfskassen als Zuschußkassen benutzen. Ganz anders nach der RVO. Hier läßt die Mitgliedschaft bei der Ersatzkasse zunächst die Versicherung bei der zuständigen Krankenkasse völlig unberührt. Erst auf Antrag tritt unter Fortbestehen der formellen Mitgliedschaft ein Ruhen der Rechte und Pflichten nach Abs. 1 ein. Fehlt der Antrag, so dient die Ersatzkasse, wie bisher im selben Falle die Hilfskasse, nur als Zuschußkasse. Für land- und forstwirtschaftlich Beschäftigte mit Ausnahme der Gärtner und der vorübergehend in der Land- und Forstwirtschaft beschäftigten gewerblichen Arbeiter gilt § 517 nicht (§§ 434, 161); sie können also die Ersatzkasse nur als Zuschußkasse benutzen.

Über den Antrag vgl. §§ 519, 520.

Nur die eigenen Rechte und Pflichten der Kassenmitglieder ruhen. Ihre Arbeitgeber müssen ihre eigenen Pflichten voll erfüllen und haben daher Anspruch auf ihre vollen Rechte als Arbeitgeber. Demgemäß werden auch bei der Bemessung ihres Stimmrechts gemäß § 333 Abs. 3 die von ihnen beschäftigten Mitglieder der Ersatzkassen mitgezählt.

Die Beitragsanteile der Arbeitgeber werden nicht den Ersatzkassen zugewandt, weil es nicht Aufgabe der Reichsversicherung sein kann, den Bestand der Ersatzkassen zu sichern; es kann sich hier vielmehr lediglich darum handeln, die gesetzlichen Regelkassen gegen eine zuweit gehende Gefährdung durch die gegenüber der gesetzlichen Organisation nur in beschränktem Umfang berechtigten Ersatzkassen und die Versicherten gegen die der Absicht des Gesetzgebers widersprechende Neigung der Arbeitgeber zu schützen, sich von der gesetzlichen Beitragslast zu befreien. Bisher haben an manchen Orten die Arbeitgeber sogar unter einander vereinbart, nur solche Arbeiter einzustellen, welche Mitglieder von eingeschriebenen Hilfskassen sind. Schon aus diesem Grunde muß das Gesetz den Arbeitgebern jedes Interesse an der Zugehörigkeit ihrer Angestellten zu einer Ersatzkasse nehmen und sie auch in diesen Fällen zur Zahlung des Arbeitgeberbeitrags verpflichten. Eine Abführung des Arbeitgeberbeitrags an die Ersatzkassen scheint unannehmbar, weil man dadurch eine außerordentlich große Zahl von meist guten Risiken den gesetzlichen Krankenkassen entziehen würde. Die gesetzliche Organisation leistungsfähig zu gestalten, ist in erster Linie Aufgabe des Gesetzgebers, und eine Ersatzorganisation ist nur soweit zugelassen werden, als es mit den Interessen der gesetzlichen Organisation vereinbar sei. Jede schrankenlose Gleichberechtigung der Ersatzkassen mit den gesetzlichen Krankenkassen oder gar eine Privilegierung muß aber notwendig die Leistungsfähigkeit der letzteren Kassen schwächen und damit auch die bei ihnen Versicherten schädigen. (Staatssekretär des Innern in den Kom.-Ber.).

Die Beitragsteile der Arbeitgeber werden zur Ansammlung der Rücklage benutzt (§ 364).

Vgl. § 518.

Ausnahmsweise Überführung der Beitragsanteile.

§ 518. Besteht der Mitgliederkreis einer Ersatzkasse überwiegend aus Versicherten der im § 165 Abs. 1, Nr. 3 bis 5 bezeichneten Art oder aus Bureauangestellten oder Zieglern oder anderen Versicherten, in deren Beruf ein häufiger Wechsel der Beschäftigung von Ort zu Ort üblich ist, so kann auf Antrag dieser Ersatzkasse der Bundesrat widerruflich anordnen, daß die Krankenkassen an die Ersatzkasse die bei ihnen für deren Mitglieder nach § 517 Abs. 2 eingehenden Beitragsteile der Arbeitgeber zu vier Fünfteln abzuführen haben.

Der Bundesrat kann hierüber und über die Bekanntgabe der Anordnung näheres bestimmen.

Neu.

Die Bestimmung ist in den Kommissionsverhandlungen beigefügt.

Für die hier bezeichneten Kreise besteht ein Bedürfnis, sich Hilfskassen anzuschließen. Die Versicherung bei örtlichen Kassen bietet für sie wegen des häufigen Wechsels des Beschäftigungsortes gewisse Schwierigkeiten. Es soll ihnen daher die Zugehörigkeit zu den Hilfskassen erleichtert werden.

Antragstellung.

§ 519. Will ein Versicherungspflichtiger vom Rechte des § 517 Abs. 1 Gebrauch machen, so hat er den Antrag beim Eintritt in die Krankenkasse oder spätestens am zweiten Zahltage darauf beim Kassenvorstande zu stellen; dabei hat er ihm Namen und Sitz der Ersatzkasse mitzuteilen und seine Zugehörigkeit zu ihr nachzuweisen.

Auf Antrag einer Ersatzkasse kann der Bundesrat es ihr übertragen, die Anträge statt der Versicherungspflichtigen zu stellen.

Den Arbeitgebern des Versicherungspflichtigen soll die Krankenkasse Auskunft nur darüber erteilen, ob seine Rechte und Pflichten ruhen, nicht aber, welcher Ersatzkasse er angehört.

Neu.

§ 519 ist in der 2. Lesung im Reichstag endgiltig gefaßt worden.

Pflichtwidrige Unterlassung der Antragstellung nach Abs. 2 ist nach § 530 Abs. 3 strafbar.

Vgl. § 522 und über Zahltag § 393.

Der Antrag nach § 517 darf der Ordnung halber nicht zu jeder beliebigen Zeit gestellt werden, vielmehr nur bei Beginn der Kassenmitgliedschaft, sonst erst wieder gemäß § 520 mit Wirkung vom Schlusse jedes Kalendervierteljahres ab.

Ein Wechsel der Beschäftigung und des Arbeitgebers, der nicht zugleich einen Wechsel der Kassenmitgliedschaft nach sich zieht, ist ohne Einfluß.

Vgl. § 519.

Folgen nicht rechtzeitiger Antragstellung.

§ 520. Ist der Antrag beim Eintritt in die Krankenkasse nicht rechtzeitig gestellt worden, so kann er frühestens für den Beginn des nächsten Kalendervierteljahrs gestellt werden; es muß mindestens einen Monat zuvor beim Kassenvorstande geschehen; ihm ist auch der Beitritt zur Ersatzkasse nachzuweisen.

Das Gleiche gilt für Mitglieder der Krankenkasse, die erst nach dem Eintritt einer Ersatzkasse beitreten.

Vgl. § 19 Abs. 5, § 63 Abs. 3, § 72 Abs. 3, § 73 Abs. 1 KVG.

Anzeige des Austritts.

§ 521. Die Ersatzkasse hat den Austritt eines versicherungspflichtigen Mitglieds, das vom Rechte des § 517 Gebrauch gemacht hat, dem Vorstande seiner Krankenkasse oder der für diese errichteten gemeinsamen Meldestelle spätestens bis zum Schlusse des Kalendervierteljahrs anzuzeigen, ebenso spätestens binnen einem Monat den Ausschluß eines solchen Mitglieds oder seinen Übertritt zu einer Mitgliederkasse, die geringere Leistungen zu beanspruchen hat, als § 507 Abs. 1 angibt.

Kennt die Ersatzkasse diese Krankenkasse oder Meldestelle nicht, so geht die Anzeige an das Versicherungsamt, in dessen Bezirke das Mitglied bei der letzten Beitragszahlung beschäftigt war. Diese Beschäftigung und der damalige Aufenthaltsort sind anzugeben. Das Versicherungsamt überweist die Anzeigen den Vorständen der danach zuständigen Krankenkassen.

Vgl. § 49a Abs. 1 KVG.

Wegen der gemeinsamen Meldestelle vgl. § 319.

Wer die Anzeige zu erstatten hat, bestimmt die Satzung (§ 523). Pflichtwidrige Unterlassung ist nach § 530 Abs. 3 strafbar.

Anzeigepflichtiges Organ.

§ 522. Die Satzung der Ersatzkasse hat zu bestimmen, welche ihrer Organe oder Angestellten die Anzeigen zu erstatten und die der Kasse nach § 519 Abs. 2 übertragenen Anträge zu stellen haben.

Vgl. § 49a Abs. 2, 3, 4, § 64, § 72 Abs. 3, § 73 Abs. 1 KVG.
Vgl. §§ 521, 530 Abs. 3.

Erhöhung des Krankengeldes.

§ 523. Erhöht sich für das Mitglied einer Ersatzkasse das Krankengeld, das ihm bei seiner Krankenkasse zustehen würde, so daß das Krankengeld seiner Mitgliederkasse bei der Ersatzkasse dem § 507 Abs. 1 nicht mehr genügt, so ruhen seine Rechte und Pflichten nach § 517 Abs. 1 noch bis zum Schlusse des Kalendervierteljahrs, mindestens aber noch für zwei Wochen.

Neu.

Der Paragraph ist von der Kommission eingefügt.

Wegen Eintritt dieses Falles durch Minderung der Leistungen der Ersatzkasse vgl. § 521.

Rechtshilfe. Gewährung der Büchereinsicht.

§ 524. Die Verpflichtung der Versicherungsträger nach § 116 und der Kassenvorstände nach § 344 gilt auch für Ersatzkassen.

Vgl. §§ 76a, 76d KVG.

Der § 116 betrifft die Pflicht zur Rechtshilfe, § 344 diejenige zur Gewährung der Bücher- und Listeneinsicht an Versicherungsträger.

Streitigkeiten.

§ 525. Bei Streit zwischen Ersatzkassen und Krankenkassen über den Ersatz zu Unrecht gewährter Leistungen (§ 224 Nr. 2) entscheidet das Versicherungsamt im Spruchverfahren.

Vgl. § 76 KVG.

Gegen das Urteil des V. Amts (Spruchausschuß) ist binnen einem Monat (§ 128) Berufung an die Spruchkammer des OV. Amts (§ 1675), gegen deren Entscheidung in der gleichen Frist Revision an den Spruchsenat des RV. Amts zulässig (§ 1694; vgl. aber § 1695.

Für das Verfahren gelten die §§ 1771 flge.

Elfter Abschnitt.

Schluss- und Strafvorschriften.

I. Schlußvorschriften.

Gemeindeverband.

§ 526. Gemeindeverband im Sinne dieses Buches ist derjenige, dessen Bezirk den Kassenbezirk bildet oder als nächstgrößerer Verband umfaßt.

Die oberste Verwaltungsbehörde kann bestimmen, in welchen Fällen da, wo der Bezirk der Kasse nicht über den der Gemeinde hinausgeht, diese statt des Gemeindeverbandes zuständig ist.

Wo keine Gemeindeverbände bestehen, bestimmt die Landesregierung, wer zuständig ist.

Vgl. § 84 KVG.

„Gemeindeverband" bedeutet das Gleiche wie im Krankenversicherungsgesetz und anderen Gesetzen der „weitere Kommunalverband". Eine einzelne Gemeinde bezeichnet das Gesetz nicht als Gemeindeverband. Sie gilt aber nach § 111 Nr. 2 dafür dann, wenn es die oberste Verwaltungsbehörde bestimmt. Außerdem kann eine einzelne Gemeinde, die hiernach nicht allgemein als ein Gemeindeverband zu gelten hat, doch in bestimmten Beziehungen nach Abs. 2 des § 526 an dessen Stelle gesetzt werden, wenn der Bezirk der Kasse nicht über den der Gemeinde hinausreicht.

§ 526 bestimmt den zuständigen Gemeindeverband. Als „nächstgrößerer Verband" für einen Kassenbezirk, der über den Bezirk einer Gemeinde hinausgeht, kommen z. B. in Preußen die Kreise.

Vgl. § 527.

Zweckverband.

§ 527. Ist eine Orts- oder Landkrankenkasse für mehrere Gemeinden (selbständige Gutsbezirke oder Gemarkungen, ausmärkische Bezirke) errichtet, die zusammen keinen Gemeindeverband bilden, so werden sie nach näherer Bestimmung der Landesregierung zu einem Zweckverbande zusammengeschlossen.

Die Vorschriften dieses Buches für Gemeindeverbände gelten auch für solche Zweckverbände.

Vgl. § 84 KVG.

Der § 527 deckt auch den Fall, daß der größte Gemeindeverband eines Bundesstaats, in Preußen die Provinz, mit kleineren Bezirken zusammen einen Kassenverband bildet, wenn also beispielsweise eine besondere Ortskrankenkasse für Berlin und einzelne Vororte von Berlin zusammen zugelassen werden sollte.

Vgl. § 526.

Zuständiges V. Amt.

§ 528. Überschreitet der Bereich einer Kasse den Bezirk eines Versicherungsamts, so ist für sie das Versicherungsamt ihres Sitzes zuständig.

Vgl. § 58 Abs. 1 KVG.

§ 528 kann im gleichen Fall wie § 527 und wird im übrigen namentlich für Betriebskrankenkassen mit räumlich ausgedehntem Gebiet in Betracht kommen.

Diese Vorschrift ist z. B. bei Bestimmung der Aufsichtsbehörde wichtig (§ 377).

II. Strafvorschriften.

Vorbemerkung.

Die hier geregelten Strafen sind teils gerichtliche (§§ 532, 533, 535), teils außergerichtliche (§§ 529, 530).

Für die gerichtlichen Strafen gelten die allgemeinen Vorschriften des Gerichtsverfassungsgesetzes, des Strafgesetzbuchs und der Strafprozeßordnung. Zuständig zu ihrer Verhängung ist das Schöffengericht (§ 532; auch amtsrichterlicher Strafbefehl) oder die Strafkammer (§§ 533, 535). Unbeibringliche Geldstrafen werden in Gefängnis oder Haft umgewandelt. Die Verjährung bestimmt sich nach §§ 66 fge. des Strafgesetzbuchs.

Die außergerichtlichen Strafen werden teils vom Vorstand (§ 529) teils vom VA. (§ 530) verhängt. Sie werden wie Gemeindeabgaben beigetrieben (§§ 146

Abs. 2, 28). Der Strafbetrag fließt der Kasse zu (§ 146 Abs. 1). Umwandlung in Freiheitsstrafe ist ausgeschlossen. Die Verjährung richtet sich nach §§ 147, 148.

Wird durch Begehung einer außergerichtlichen Straftat zugleich der Tatbestand einer schwerer bedrohten gerichtlichen (z. B. Betrug) erfüllt, so ist für die Zuständigkeit und Bestrafung die schwerere Strafbestimmung maßgebend.

Die hier vorgesehenen Straftaten erfordern durchweg Verschulden. Teils ist Vorsatz erforderlich (§§ 532, 533), teils genügt Fahrlässigkeit (§ 529), teils ist der Strafrahmen nach dem Verschulden abgestuft (§ 530). Vorsätzliches Handeln erfordert Kenntnis des Täters vom gesamten gesetzlichen Tatbestand, nicht aber eine gewinnsüchtige Absicht.

Die §§ 534, 536 enthalten nähere Bestimmungen über die strafbare Person.

Übertretung der Krankenordnung.

§ 529. Gegen einen Versicherten, der die Krankenordnung oder die Anordnungen des behandelnden Arztes übertritt oder die ihm nach § 190 obliegende Mitteilung unterläßt, kann der Vorstand der Kasse Strafen bis zum dreifachen Betrage des täglichen Krankengeldes für jeden Übertretungsfall festsetzen.

Die gleiche Befugnis hat der Vorstand einer knappschaftlichen Krankenkasse und einer Ersatzkasse gegen ein versicherungspflichtiges Mitglied, das die Krankenordnung oder die Anordnungen des behandelnden Arztes übertritt.

Auf Beschwerde entscheidet das Versicherungsamt endgültig.

Vgl. § 6a Abs. 2. § 26a Abs. 2, Nr. 2a, § 76e Abs. 1 KVG.

Der § 529 entspricht dem bisherigen Rechte mit der durch das Einführen einer Krankenordnung bedingten Maßgabe.

Die Kasse kann nur versicherte Mitglieder bestrafen, nicht etwa mitversicherte Familienangehörige des Versicherten (§ 205).

Wegen der Krankenordnung vgl. §§ 347, 507 über knappschaftliche Krankenkassen §§ 495 flg., über Ersatzkassen §§ 503 flg. § 190 betrifft die Pflicht Bezüge und andere Krankenversicherungen mitzuteilen.

Die zulässige Strafhöhe richtet sich nach dem Krankengeld, das dem einzelnen Versicherten satzungsgemäß zusteht (§ 182 Nr. 2, §§ 191, 180, 181).

Die Beschwerde an das V. Amt (nicht Beschlußausschuß) ist binnen Monatsfrist einzulegen (§ 128).

Im übrigen vgl. die Vorbemerkung.

Unterlassung von Meldungen.

§ 530. Wer seiner Pflicht zuwider Versicherungspflichtige nicht anmeldet (§§ 317, 319, 468 Abs. 2) oder die Listen über beschäftigte Hausgewerbtreibende nicht einreicht (§ 473), kann, falls er vorsätzlich handelt, mit Geldstrafe bis zu dreihundert Mark, und falls er fahrlässig handelt, mit Geldstrafe bis zu einhundert Mark bestraft werden.

Wer die Vorschriften über die Meldung Versicherungspflichtiger oder die Einreichung der Listen der Hausgewerbtreibenden (§§ 317 bis 319, 468 Abs. 2, §§ 473, 474) in anderer Weise verletzt, kann mit Geldstrafe bis zu zwanzig Mark bestraft werden.

Wer seiner Pflicht zuwider das Stellen von Anträgen nach § 519 Abs. 2, § 522 oder Anzeigen nach § 521 unterläßt, kann mit Geldstrafe bis zu zwanzig Mark bestraft werden.

Diese Strafen verhängt das Versicherungsamt. Auf Beschwerde entscheidet das Oberversicherungsamt endgültig.

Vgl. § 50 Abs. 1, § 81 KVG.

Die strafbare Unterlassung ist mit dem unbenutzten Ablauf der Meldefrist vollendet. Die Pflicht zur Meldung bleibt aber bestehen. Erst mit ihrer Erfüllung oder mit der Beendigung des Beschäftigungsverhältnisses endet der ordnungswidrige Zustand und kann Verjährung eintreten.

Unter Abs. 2 fällt Unterlassung der Abmeldung und andere leichtere Verstöße gegen die Meldepflicht.

Die Beschwerde gegen die Strafverhängung durch das V. Amt (nicht Beschlußausschuß!) ist binnen Monatsfrist einzulegen (§ 128).

Vgl. § 531 und die Vorbemerkung vor § 529.

Nachholung der rückständigen Beiträge.

§ 531. Unabhängig von der Strafe hat die Kasse die rückständigen Beiträge nachzuholen.

Sie kann dem Bestraften außerdem die Zahlung des Ein- bis Fünffachen der rückständigen Beiträge auferlegen. Der Betrag wird wie Gemeindeabgaben beigetrieben. Dies gilt nicht für Hausgewerbtreibende, die dem § 468 Abs. 2 zuwiderhandeln.

§ 396 gilt entsprechend.

Vgl. § 50 Abs. 2 KVG.

Die Ersatzpflicht des § 50 KVG., die vielfach sehr hart war und ungleichmäßig wirkte, ist beseitigt. Dafür erhöht die RVO. den bisherigen Strafrahmen (20 M.) sehr erheblich, damit die Strafe je nach dem Grade des Verschuldens abgestuft werden kann und gibt der Kasse das Recht, dem bestraften Arbeitgeber — gewissermaßen als Ersatz für ihre tatsächlichen oder doch möglich gewesenen Aufwendungen — das Ein- bis Fünffache der Rückstände aufzuerlegen. Daneben bleibt ihr Recht und ihre Pflicht bestehen, die rückständigen Beiträge selbst nachzuholen.

Abs. 2 ist auf Hausgewerbetreibende nicht anwendbar, weil trotz ihrer Meldepflicht (§ 468 Abs. 2) die Leistungspflicht der Kasse erst mit der Eintragung in das Verzeichnis beginnt.

§ 396 betrifft die gesamtschuldnerische Haftung mehrerer gleichzeitiger Arbeitgeber.

Unzulässige Abzüge.

§ 532. Mit Geldstrafe bis zu dreihundert Mark oder mit Haft werden bestraft, wenn nicht nach anderen gesetzlichen Vorschriften härtere Strafe verwirkt ist, Arbeitgeber und Auftraggeber (§ 486), die vorsätzlich

1. den Beschäftigten höhere Beitragsteile vom Entgelt abziehen, als dieses Gesetz zuläßt, oder im Falle des § 398 Abzüge machen,
2. den Vorschriften des § 402 zuwiderhandeln.

Die gleiche Strafe trifft Arbeitgeber, die der Vorschrift des § 400 zuwiderhandeln.

Vgl. § 82 KVG.

Unzulässige Abzüge im Sinne der Nr. 1 liegen auch dann vor, wenn durch ungleichmäßige Verteilung der Abzüge zu hohe Beträge abgezogen werden (§ 395 Abs. 1) oder der Abzug verspätet erfolgt (§ 395 Abs. 2).

Die Bestimmung betrifft auch die Lohnabzüge, die Hausgewerbetreibende ihren Hilfspersonen machen, und den Fall des § 463.

Die §§ 398, 400, 402 betreffen die Schutzvorschriften gegen zahlungsunfähige Arbeitgeber.

Vgl. im übrigen die Vorbemerkung.

Vorenthaltung von Beitragsteilen.

§ 533. Arbeitgeber und Auftraggeber (§ 486) werden mit Gefängnis bestraft, wenn sie Beitragsteile, die sie den Beschäftigten einbehalten oder von ihnen erhalten haben, der berechtigten Kasse vorsätzlich vorenthalten.

Daneben kann auf Geldstrafe bis zu dreitausend Mark und auf Verlust der bürgerlichen Ehrenrechte erkannt werden. Bei mildernden Umständen kann ausschließlich auf Geldstrafe erkannt werden.

Vgl. § 82b KVG.

„Einbehalten" ist ein Beitragsteil, wenn er dem Beschäftigten am Lohn in Abzug gebracht ist. Von einem „Vorenthalten" kann erst bei Eintritt der Fälligkeit die Rede sein.

Die Worte „oder von ihnen erhalten haben" beziehen sich auf die Fälle, in denen kein Barlohn gezahlt wird und eine Bestimmung nach § 394 Abs. 2 getroffen ist.

Da nach § 481 Abs. 3 auf die Beitragszahlungen der hausgewerblichen Versicherungspflichtigen die allgemeinen Vorschriften über die Kassenbeiträge entsprechend anzuwenden sind, gelten die Vorschriften des § 533 auch für die Lohnabzüge, die Hausgewerbtreibende ihrem Hilfspersonal machen.

Vgl. im übrigen die Vorbemerkungen vor § 529.

Bestellte Stellvertreter.

§ 534. Der Arbeitgeber darf die Pflichten, die ihm dieses Gesetz auferlegt, Betriebsleitern, Aufsichtspersonen oder anderen Angestellten seines Betriebs übertragen.

Handeln solche Stellvertreter den Vorschriften dieses Gesetzes zuwider, so trifft sie die Strafe. Neben ihnen ist der Arbeitgeber strafbar, wenn

1. die Zuwiderhandlung mit seinem Wissen geschehen ist,
2. er bei Auswahl und Beaufsichtigung der Stellvertreter nicht die im Verkehr erforderliche Sorgfalt beobachtet hat; in diesem Falle darf gegen den Arbeitgeber auf keine andere Strafe als auf Geldstrafe erkannt werden.

Das Ein- bis Fünffache der rückständigen Beiträge (§ 531 Abs. 2) kann auch dem Stellvertreter auferlegt und von ihm beigetrieben werden. Neben ihm haftet für diesen Betrag der Arbeitgeber, falls er nach Absatz 2 bestraft ist.

Vgl. § 82a KVG.

Die Bestimmung entspricht dem § 913 auf dem Gebiet der Unfall- und dem § 1494 auf dem Gebiet der Invaliden- und Hinterbliebenenversicherung. (Siehe die dortigen Ausführungen.)

Für die Bestrafung des Arbeitgebers ist die vom Stellvertreter verletzte Strafbestimmung maßgebend, in Nr. 2 darf jedoch lediglich auf Geldstrafe, nicht auf die nebenher etwa vorgesehenen Freiheits- oder Ehrenstrafen (§§ 532, 533) erkannt werden.

Nach Abs. 3 kann sich die Kasse sowohl an den Stellvertreter als an den Arbeitgeber wenden. Wer im Verhältnis dieser Personen unter einander verpflichtet ist, den Betrag endgültig zu tragen, bestimmt sich nach den Vorschriften des bürgerlichen Rechts.

Untreue der Beamten und Angestellten.

§ 535. Für die geschäftsleitenden Beamten und Angestellten der Kassen und Kassenverbände, bei den Betriebskrankenkassen für den Arbeitgeber und die nach § 362 Abs. 1 bestellten Personen gelten, wenn sie vorsätzlich zum Nachteil der Kasse handeln, die Strafvorschriften des § 23 Abs. 2.

Vgl. § 42 Abs. 3, § 64, § 72 Abs. 3 KVG.

Hiernach tritt Gefängnisstrafe ein, neben der auf Verlust der bürgerlichen Ehrenrechte erkannt werden kann. Ist die Handlung begangen, um sich oder einem andern einen Vermögensvorteil zu verschaffen, so kann neben der Gefängnisstrafe auf Geldstrafe bis zu 3000 M. erkannt werden (§ 23 Abs. 2).

Vgl. §§ 361, 413 Abs. 2.

Strafbarkeit gesetzlicher Vertreter.

§ 536. Die gleichen Strafvorschriften (§§ 529 bis 535) gelten

1. wenn eine Aktiengesellschaft, ein Versicherungsverein auf Gegenseitigkeit, eine eingetragene Genossenschaft, eine Innung oder andere juristische Person Arbeitgeber ist, für die Mitglieder des Vorstandes,
2. wenn eine Gesellschaft mit beschränkter Haftung Arbeitgeber ist, für die Geschäftsführer,
3. wenn eine andere Handelsgesellschaft Arbeitgeber ist, für alle persönlich haftenden Gesellschafter, soweit sie von der Vertretung nicht ausgeschlossen sind,
4. für die gesetzlichen Vertreter geschäftsunfähiger und beschränkt geschäftsfähiger Arbeitgeber sowie für die Liquidatoren einer Handelsgesellschaft, eines Versicherungsvereins auf Gegenseitigkeit, einer eingetragenen Genossenschaft, einer Innung oder einer anderen juristischen Person.

Die Bestimmung entspricht dem § 912 auf dem Gebiet der Unfallversicherung und § 1493 auf dem Gebiet der Invaliden- und Hinterbliebenenversicherung. (Siehe die dortigen Ausführungen.)

Ergänzungen.

Zu § 165 Ziffer 7 auf Seite 16 bezw. zu der entsprechenden Anmerkung auf Seite 24:

Seemannsordnung.

§ 59. Falls der Schiffsmann nach Antritt des Dienstes oder nach der Anmusterung erkrankt oder eine Verletzung erleidet, trägt der Reeder die Kosten der Verpflegung und Heilbehandlung. Vorbehaltlich der Vorschrift im Abs. 2 erstreckt sich diese Verpflichtung: 1. wenn der Schiffsmann wegen der Krankheit oder Verletzung die Reise nicht antritt, bis zum Ablaufe von sechsundzwanzig Wochen seit der Erkrankung oder Verletzung; 2. wenn er die Reise angetreten hat, bis zum Ablaufe von sechsundzwanzig Wochen nach dem Verlassen des Schiffes.

Bei Verletzung infolge eines Betriebsunfalls werden die Fristen im Abs. 1 auf dreizehn Wochen beschränkt, im Falle der Nr. 2 jedoch nur, wenn der Schiffsmann das Schiff in einem deutschen Hafen verläßt, oder wenn er aus einem außerdeutschen Hafen in die Krankenanstalt eines deutschen Hafens überführt wird. Die Verpflichtung des Reeders hört dem Verletzten gegenüber auf, sobald und soweit die Berufsgenossenschaft die Fürsorge übernimmt.

Der Reeder ist berechtigt, die Verpflegung und Heilbehandlung dem Schiffsmann in einer Krankenanstalt zu gewähren.

Ein Schiffsmann, der wegen Krankheit oder Verletzung außerhalb des Reichsgebiets zurückgeblieben ist, kann mit seiner Einwilligung und der des behandelnden Arztes oder des Seemannsamts nach einem deutschen Hafen in eine Krankenanstalt überführt werden. Ist der Seemann außerstande, die Zustimmung zu erteilen, oder verweigert er sie ohne berechtigten Grund, so kann sie nach Anhörung eines Arztes durch dasjenige Seemannsamt ersetzt werden, in dessen Bezirke der Schiffsmann sich zurzeit befindet.

Der Schiffsmann, welcher sich der Heilbehandlung ohne berechtigten Grund entzieht und hierdurch nach ärztlichem Gutachten die Heilung vereitelt oder wesentlich erschwert hat, verliert den Anspruch auf kostenfreie Verpflegung und Heilbehandlung. Über die Berechtigung des Grundes sowie über Beginn und Dauer des Verlustes entscheidet vorläufig das Seemannsamt.

Dem Schiffsmanne gebührt, falls er nicht mit dem Schiffe nach dem Hafen der Ausreise (§ 14) zurückkehrt, freie Zurückbeförderung (§§ 78, 79) nach diesem Hafen oder nach Wahl des Kapitäns eine entsprechende, im Streitfalle vom Seemannsamte vorläufig festzusetzende Vergütung.

§ 60. Liegt der Hafen der Ausreise außerhalb des Reichsgebiets, so kann der in einem deutschen Hafen geheuerte Schiffsmann in den Fällen des § 59 Abs. 6, des § 66 Abs. 3 und der §§ 69, 71, 72, 79 die Rückbeförderung auch nach dem Hafen, an welchem er geheuert ist, verlangen. Im übrigen kann vereinbart werden, daß für die dem Schiffsmann in den vorbezeichneten Fällen zustehenden Rückbeförderungsansprüche an Stelle des Hafens der Ausreise ein anderer Hafen, insbesondere derjenige, an welchem die Heuerung oder die Anmusterung stattgefunden hat, treten soll.

Unterläßt es der Reeder oder sein Vertreter, dem Anspruche des Schiffsmanns auf freie Zurückbeförderung innerhalb einer vom Seemannsamte gestellten Frist zu genügen, oder befindet sich der Reeder oder sein Vertreter wegen Abwesenheit nicht in der Lage, entsprechende Vorkehrungen zu treffen, so kann das Seemannsamt, sofern dadurch dem Reeder keine höheren Kosten erwachsen, auf Antrag des Schiffsmanns anordnen, daß an die Stelle des gesetzlich oder vertragsmäßig bestimmten Rückbeförderungshafens ein anderer, vom Seemannsamte zu bezeichnender Hafen tritt.

§ 61. Die Heuer bezieht der erkrankte oder verletzte Schiffsmann: 1. wenn er die Reise nicht antritt, bis zur Einstellung des Dienstes; 2. wenn er die Reise angetreten hat, bis zu dem Tage, an welchem er das Schiff verläßt.

Für die Dauer des Aufenthalts in einer Krankenanstalt gebührt dem Schiffsmanne keine Heuer. Hat er aber Angehörige, deren Unterhalt er bisher ganz oder überwiegend aus seinem Arbeitsverdienst als Schiffsmann bestritten hat, so ist ein Viertel der Heuer zu zahlen. Für Schiffsleute, die zur Verpflegung und Bedienung der an Bord befindlichen Personen angenommen sind, tritt in diesem Falle, sofern es für den Schiffsmann günstiger ist, an Stelle der vertragsmäßigen Monatsheuer der gemäß § 10 des See-Unfallversicherungsgesetzes vom Reichskanzler festgestezte Durchschnittsbetrag des Monatslohns ohne Hinzurechnung des Wertes der gewährten Beköstigung. Die Zahlung kann unmittelbar an die Angehörigen erfolgen.

Ist der Schiffsmann bei der Verteidigung des Schiffes zu Schaden gekommen, so hat er auf eine angemessene, im Streitfalle vom Seemannsamte vorläufig festzusetzende Belohnung Anspruch.

§ 62. Auf den Schiffsmann, welcher die Krankheit oder Verletzung durch eine strafbare Handlung sich zugezogen oder den Dienst ohne einen ihn nach § 74 dazu berechtigenden Grund verlassen hat, finden die §§ 59—61 keine Anwendung.

Ob die Voraussetzungen des Abs. 1 vorliegen, entscheidet vorläufig das Seemannsamt.

Handelsgesetzbuch.

§ 553. Falls der Schiffer nach Antritt des Dienstes erkrankt oder eine Verletzung erleidet, trägt der Reeder die Kosten der Verpflegung und Heilbehandlung. Vorbehaltlich der Vorschrift in Abs. 2 erstreckt sich diese Verpflichtung: 1. wenn der Schiffer wegen der Krankheit oder Verletzung die Reise nicht antritt, bis zum Ablaufe von sechsundzwanzig Wochen seit der Erkrankung oder Verletzung; 2. wenn er die Reise angetreten hat, bis zum Ablaufe von sechsundzwanzig Wochen nach dem Verlassen des Schiffes.

Bei Verletzung infolge eines Betriebsunfalls werden die Fristen im Abs. 1 auf dreizehn Wochen beschränkt, im Falle der Nr. 2 jedoch nur, wenn der Schiffer das Schiff in einem deutschen Hafen verläßt, oder wenn er aus einem außerdeutschen Hafen in die Krankenanstalt eines deutschen Hafens überführt wird. Die Verpflichtung des Reeders hört dem Verletzten gegenüber auf, sobald und soweit die Berufsgenossenschaft die Fürsorge übernimmt.

Der Reeder ist berechtigt, die Verpflegung und Heilbehandlung dem Schiffer in einer Krankenanstalt zu gewähren. Hat der Schiffer seinen Wohnsitz an dem Orte, wo er das Schiff verläßt, oder an dem Orte der Krankenanstalt, in welche er aufgenommen werden soll, so kann die Aufnahme nur erfolgen: 1. für den Schiffer, welcher verheiratet ist oder eine eigene Haushaltung hat oder Mitglied der Haushaltung seiner Familie ist, mit seiner Zustimmung, oder unabhängig von derselben, wenn die Art der Krankheit Anforderungen an die Behandlung oder Verpflegung stellt, welchen in der Familie des Erkrankten oder Verletzten nicht genügt werden kann, oder wenn die Krankheit eine ansteckende ist, oder wenn der Zustand oder das Verhalten des Schiffers eine fortgesetzte Beobachtung erfordert; 2. in sonstigen Fällen unbedingt.

Ein Schiffer, der wegen Krankheit oder Verletzung außerhalb des Reichsgebiets zurückgeblieben ist, kann mit seiner Einwilligung und der des behandelnden Arztes oder des Seemannsamts nach einem deutschen Hafen in eine Krankenanstalt überführt werden. Ist der Schiffer außerstande, die Zustimmung zu erteilen, oder verweigert er sie ohne berechtigten Grund, so kann sie nach Anhörung eines Arztes durch dasjenige Seemannsamt ersetzt werden, in dessen Bezirke der Schiffer sich zurzeit befindet.

Der Schiffer, welcher sich der Heilbehandlung ohne berechtigten Grund entzieht und hierdurch nach ärztlichem Gutachten die Heilung vereitelt oder wesentlich erschwert hat, verliert den Anspruch auf kostenfreie Verpflegung und Heilbehandlung. Über die Berechtigung des Grundes sowie über Beginn und Dauer des Verlustes entscheidet vorläufig das Seemannsamt.

Falls der Schiffer nicht mit dem Schiffe nach dem Heimathafen oder dem Hafen, wo er geheuert worden ist, zurückkehrt, gebührt ihm ferner freie Zurückbeförderung (§ 547) oder nach seiner Wahl eine entsprechende Vergütung.

§ 553a. Die Heuer, einschließlich aller sonst bedungenen Vorteile, bezieht der erkrankte oder verletzte Schiffer: wenn er die Reise nicht antritt, bis zur Einstellung des Dienstes; — wenn er die Reise angetreten hat, bis zu dem Tage, an welchem er das Schiff verläßt.

Der Bezug der Heuer wird während des Aufenthalts in einer Krankenanstalt nicht gekürzt.

Ist der Schiffer bei Verteidigung des Schiffes zu Schaden gekommen, so hat er überdies auf eine angemessene, erforderlichenfalls von dem Richter zu bestimmende Belohnung Anspruch.

§ 553b. Auf den Schiffer, welcher die Krankheit oder Verletzung durch eine strafbare Handlung sich zugezogen, oder den Dienst widerrechtlich verlassen hat, finden die §§ 533, 553a keine Anwendung.

Alphabetisches Sachregister

Die Ziffern bedeuten die Seiten.

Druck von Rudolf Vierthaler, Wernigerode.

FSC
www.fsc.org
MIX
Papier | Fördert gute Waldnutzung
FSC® C083411

Kolibri 360 GmbH
Ferdinand-Jühlke-Straße 7
99095 Erfurt, Deutschland
produktsicherheit@kolibri360.de